PUBLIÉ SOUS LA DIRECTION
DE LA
SECTION HISTORIQUE DE L'ÉTAT-MAJOR DE L'ARMÉE

# La Bataille
# DE
# Malplaquet

D'APRÈS

les Correspondants du Duc du Maine à l'Armée de Flandre

PARIS
LIBRAIRIE MILITAIRE R. CHAPELOT ET Cᵉ
IMPRIMEURS-ÉDITEURS
30, Rue et Passage Dauphine, 30

1904

LA

# BATAILLE DE MALPLAQUET

D'APRÈS

les Correspondants du Duc du Maine à l'Armée de Flandre

## DU MÊME AUTEUR

---

**Le Siège de la ville et de la citadelle de Lille en 1708.** *Ouvrage couronné par l'Académie française*, 1899 ....... *Épuisé.*

**Les Frézeau de la Frézelière.** Avec une étude nouvelle sur l'artillerie au XVII$^{e}$ siècle, 1901 .................... *Épuisé.*

**Avis du sieur de Vauban sur le rétablissement des quatre Serments de Lille.** Lille, G. Leleu, et Paris, librairie militaire R. Chapelot et C$^{e}$, 1901 .................... 1 fr. 50

**La Manœuvre de Denain.** — Exposé du rôle des principaux acteurs de Denain : Le conseiller au Parlement de Flandre Lefebvre d'Orval et les maréchaux de Villars et de Montesquiou. Lille, Lefebvre Ducrocq, et Paris, librairie militaire R. Chapelot et C$^{e}$, 1902. In-8 de 300 pages, 6 plans et dessins.................................... 8 fr. »

---

PORTRAIT DE L.-A. DE BOURBON, DUC DU MAINE

(Gravure extraite des *Mémoires d'artillerie,* de Saint-Rémy.

PUBLIÉ SOUS LA DIRECTION
DE LA
SECTION HISTORIQUE DE L'ÉTAT-MAJOR DE L'ARMÉE

# La Bataille
# DE
# Malplaquet

D'APRÈS

les Correspondants du Duc du Maine à l'Armée de Flandre

PAR

**Maurice SAUTAI**
Lieutenant au 24e régiment d'infanterie, détaché à la Section historique

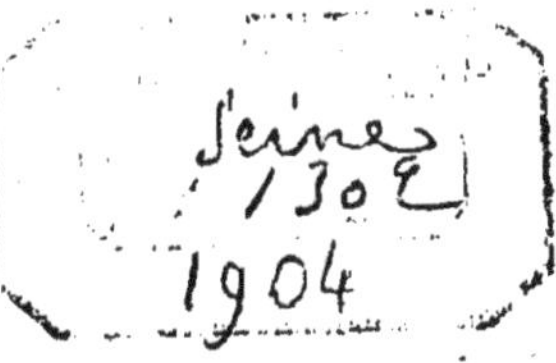


PARIS
LIBRAIRIE MILITAIRE R. CHAPELOT ET Cie
IMPRIMEURS-ÉDITEURS
**30, Rue et Passage Dauphine, 30**

1904

# INTRODUCTION

Dans un précédent travail, *La Manœuvre de Denain*, nous avons déjà eu l'occasion de signaler l'intérêt des lettres adressées de l'armée de Flandre au duc du Maine pendant les dernières années de la guerre de la Succession d'Espagne. « Elles méritent, disions-nous, une mention spéciale. Entrées sans doute au dépôt de la guerre après que la correspondance relative à cette période eut été réunie en volumes, elles ont pris place dans des cartons supplémentaires, dont les historiens n'ont pas encore tiré parti, malgré l'importance des documents ainsi rassemblés.

« Ces cartons sont au nombre de neuf pour le règne de Louis XIV. Le carton n° VII (1706 à 1709) renferme, entre autres pièces, la correspondance adressée au duc du Maine de l'armée de Flandre en 1709. Ces lettres sont ou des originaux ou des copies d'une authenticité certaine. Sur plusieurs d'entre elles se lit en minute la réponse ou l'ébauche de la réponse que le duc du Maine se proposait d'adresser à leur auteur. »

Une feuille sert de chemise à la correspondance de

cette année. Elle donne le classement sommaire des lettres par ordre de date. En voici le relevé numérique :

| | Avril. | Mai. | Juin. | Juillet. | Août. | Sept. |
|---|---|---|---|---|---|---|
| 1709 ..... | 1 | 1 | 1 | 21 | 22 | 36 |

La bataille de Malplaquet s'est livrée le 11 septembre 1709. Comme l'indique le tableau précédent, la correspondance est surtout nourrie pendant la période la plus intéressante de la campagne.

Écrites par les principaux officiers de l'armée de Flandre au cours des événements dont ils étaient les acteurs et les témoins, ces lettres gardent une valeur historique de premier ordre. Pour la seule bataille de Malplaquet, elles nous donnent six récits qui permettent de suivre l'action dans son entier développement, en chaque point du théâtre du combat. Ces récits émanent en effet de M. de Saint-Hilaire qui commandait l'artillerie de l'armée, du chevalier du Rozel qui a combattu à l'extrême gauche et couvert la retraite avec les carabiniers, du marquis de Goësbriand qui a commandé la gauche de l'infanterie de notre première ligne, du chevalier de Folard (1) qui lui servait d'aide de camp, du comte

(1) La relation que nous attribuons au célèbre écrivain militaire ne porte point son nom. Elle a pour titre : *Relation de la bataille de Malplaquet, donnée le 11 septembre 1709, par un officier particulier qui était à la gauche.* Cet officier particulier n'est autre, selon nous, que le chevalier de Folard. Les indices certains, sur lesquels repose cette affirmation, sont les suivants : Folard, qui, dans ses lettres et ses écrits, mentionne sa présence

Dauger qui a chargé au centre, avec la gendarmerie, aux côtés du maréchal de Boufflers, enfin du marquis de La Frézelière qui, placé à la droite de notre seconde ligne, a eu à repousser les attaques de la gauche ennemie (1).

---

à la bataille de Malplaquet où il fut blessé, a fait toute la campagne de 1709 comme aide de camp du marquis de Goësbriand, son protecteur dévoué. Presque toutes ses lettres de cette époque, et notamment celle qu'il adressa à Voysin après la bataille, du camp de Ruesnes, le 22 septembre 1709, sont signées : Le chevalier de Folard, auprès de M. de Goësbriand. En lisant le récit de l'officier particulier qui était à la gauche, on ne peut s'empêcher d'être frappé de la persistance de l'auteur à suivre pas à pas le marquis de Goësbriand dans l'action du 11 septembre 1709, ce qui ne laisse point douter qu'il a lui-même combattu à ses côtés. On y remarquera la citation et l'éloge d'un seul officier particulier, Crévecœur, capitaine de grenadiers au régiment de Béarn où Folard avait fait ses débuts ; les regrets donnés à la mort de M. d'Angennes l'un des protecteurs du chevalier à l'armée d'Italie, puis à l'armée de Flandre ; une comparaison tirée de l'*Histoire de Tite-Live* dont Folard faisait déjà son étude favorite ; enfin les critiques parfois trop sévères adressées à une partie de notre armée, critiques que Folard a pour la plupart reproduites dans son *Commentaire sur Polybe*. La vigueur de ces jugements a sans doute empêché le chevalier de faire figurer son nom au bas de son récit dont le marquis de Goësbriand, en correspondant fidèle, aura communiqué une copie au duc du Maine. C'est cette copie que le prince a lui-même corrigée de sa main.

(1) Nous n'avons pas cru devoir reproduire ici une relation intitulée : « *Copie d'une lettre écrite par un officier des ennemis à un de ses amis de l'armée de France.* » C'est, sans aucune originalité ni détail nouveau, la paraphrase et parfois la copie textuelle de la relation du marquis de La Frézelière, un récit fait de seconde main et destiné probablement à figurer dans une gazette du temps.

« Si l'on veut se rappeler l'affection toute particulière du Roi pour ses enfants nés de M$^{me}$ de Montespan et notamment pour le duc du Maine, l'éclat des charges militaires dont le jeune prince se vit bientôt revêtu, le rôle politique que le duc, poussé par une femme ambitieuse, aspirait à jouer, l'importance de ce rôle durant les dernières années de Louis XIV, le puissant intérêt que le prince attachait aux événements dont l'armée était le théâtre, on ne sera pas étonné de retrouver dans les signataires de ces lettres les premiers officiers généraux de l'armée de Flandre (1). »

D'ailleurs, presque tous se rattachaient au duc par des liens étroits. La longue carrière de M. de Saint-Hilaire s'était écoulée dans l'artillerie, et la charge de premier lieutenant général de l'artillerie de France appartenait au marquis de La Frézelière. Le chevalier du Rozel commandait les gardes du duc du Maine et une brigade de carabiniers. M. Dauger avait eu, pendant quelque temps, le commandement d'une compagnie du régiment du Maine. Or, le duc du Maine possédait le régiment de son nom, était grand maître de l'artillerie, enfin colonel du régiment royal des carabiniers.

Avant de reproduire les relations de ses correspondants, nous retracerons à grands traits la cam-

(1) *La Manœuvre de Denain*, p. 10.

pagne de 1709 et la bataille de Malplaquet, puis nous rappellerons, en une brève notice (1), la brillante carrière des signataires des lettres et en particulier la conduite de chacun d'eux dans l'action dont ils nous ont laissé le récit.

Pour ces notices, comme pour la suite de cette publication, nous avons eu recours aux Archives historiques du Ministère de la guerre, aux témoignages des contemporains eux-mêmes, surtout de Dangeau, de Saint-Simon, du marquis de Sourches, aux *Mémoires militaires relatifs à la Succession d'Espagne,* du lieutenant général de Vault, à la *Chronologie historique militaire* de Pinard, etc..... Parmi les principaux ouvrages publiés à l'étranger sur la campagne de 1709 et Malplaquet, il y a lieu de citer : la *Vie et les Mémoires de Schulenbourg* (Leipzig, 1834), les *Mémoires de Goslinga* (Leeuwarden, 1857), l'*Histoire du prince Eugène,* par Dumont, le *Mercure historique et politique,* le *Theatrum europæum* et l'*Europische Mercurius de 1709,* le tome XI des *Campagnes du prince Eugène,* rédigées par l'état-major autrichien (Vienne, 1886), etc.

Aux récits des correspondants du duc du Maine, nous joindrons en appendice deux relations inédites de la bataille de Malplaquet, rédigées l'une par un

(1) Nous étudierons cependant avec quelques détails la biographie encore peu connue du chevalier de Folard, depuis ses débuts jusqu'à la fin de la guerre de la Succession d'Espagne.

officier de cavalerie de notre armée de Flandre ; l'autre par un exempt aux gardes du corps, M. des Bournays, qui servait comme aide de camp auprès du maréchal de Boufflers. Ces relations figurent dans un recueil de lettres, la plupart adressées au duc du Maine, qui ont servi à composer le volume 2258 des Archives historiques, recueil précieux de documents supplémentaires sur la campagne d'Espagne de 1710 et sur les campagnes de Flandre, d'Allemagne et d'Italie de 1709 et de 1710.

Les archives de la Haye renferment, dans les papiers d'Heinsius, trois lettres inédites d'officiers généraux hollandais qui ont pris part à la bataille de Malplaquet, et, dans les lettres ordinaires de la campagne de 1709, une relation très étudiée de cette journée que les députés hollandais de l'armée adressèrent aux États Généraux, en octobre 1709, pendant le siège de Mons (1). Nous reproduirons aussi ces documents. La reconnaissance nous fait un devoir de remercier sincèrement M. van Riemsdyk, l'éminent archiviste de la Haye, à l'obligeance de qui nous devons la communication des lettres du député Goslinga, qui joua à Malplaquet l'un des premiers rôles, et dont le précieux témoignage nous a servi maintes fois pour le commentaire de cette publication.

Le plan de la bataille de Malplaquet est dû au

(1) Cette relation, d'après nos recherches, n'a pas encore été publiée.

dessinateur et ingénieur Naudin (1). Il a été dressé sur les lieux, à l'époque même du combat, par cet ingénieur qui était attaché à notre armée de Flandre. Il est inédit et surpasse en intérêt les autres plans manuscrits conservés aux Archives historiques.

---

(1) Ingénieur ordinaire du Roi en cour, capitaine réformé au régiment de Piémont en 1709, chevalier de l'ordre de Saint-Louis, Naudin mourut le 23 mai 1743, après 55 ans de services. Le Dépôt de la guerre, aujourd'hui Archives historiques, conserve nombre de dessins et de plans de sa main. Le duc d'Antin, qui possédait « un talent singulier pour les marches, les détails de troupes, de fourrages, de subsistances, avait toujours un dessinateur ou deux qui prenaient, tant qu'ils pouvaient, les plans des pays, des marches, des camps, des fourrages et de tout ce qu'ils pouvaient de l'armée des ennemis ». Naudin l'accompagna à diverses reprises, notamment pendant la campagne de Flandre de 1703. (Saint-Simon, t. V, p. 113, édition de Boislisle.)

LA

# BATAILLE DE MALPLAQUET

D'APRÈS LES

## CORRESPONDANTS DU DUC DU MAINE

À L'ARMÉE DE FLANDRE

---

# PREMIÈRE PARTIE

## Résumé de la campagne de 1709.

---

## CHAPITRE PREMIER.

**De l'ouverture de la campagne au siège de Tournai (du mois de janvier au 28 juin 1709).**

Pleins d'orgueil à la suite des succès de la campagne de 1708, de cette conquête de Lille qui leur ouvrait une brèche pour pénétrer au cœur du royaume, les Alliés avaient rejeté avec dédain les magnifiques conditions de paix que leur offrait Louis XIV. Le roi de France consentait à détruire son œuvre politique, à oublier sa gloire, à fouler aux pieds toutes ses ambitions, sans parvenir à toucher le cœur de ses ennemis. Les Alliés savaient l'immensité de la détresse du royaume aux prises avec la misère, la famine et le manque d'argent. Refonte des monnaies, anticipations de payements, loteries sous le patronage de la duchesse de Bourgogne, impositions sur les maisons de campagne, taxes sur les baptêmes et les mariages, création d'offices personnels et héréditaires, trafic et remaniement des emplois, emprunts multipliés, toutes les sources pour faire naître ou attirer l'argent avaient été vainement essayées par Chamillard. Le Ministre, à bout d'expédients, ne pouvait plus faire face aux dépenses d'une guerre où la France, attaquée sur toutes ses frontières, devait encore soutenir l'Espagne de son or et de ses soldats. Chamillard était accablé sous le poids de cette double administration des finances et de la guerre qu'un Colbert ou un Louvois, dans les mêmes circonstances, n'eût pas envisagé sans frémir. « Notre Père, disait-on à Paris au début de 1709, notre Père qui êtes à Versailles, votre nom n'est plus glorifié ! votre royaume n'est plus si grand ! votre volonté n'est plus faite sur la terre ni sur l'onde ! Donnez-nous notre pain qui nous manque de tous côtés ! Pardonnez à nos ennemis qui nous ont battus et non à vos généraux qui les ont laissés faire ! Ne succombez pas à toutes les tentations de la Maintenon, mais délivrez-nous de Chamillard ! Ainsi soit-il (1). »

Par suite de cet épuisement du trésor, les places frontières se trouvaient dans un dénuement, les troupes dans une misère où jamais elles n'étaient descendues. Fénelon exposait avec découragement au duc de Chevreuse, le 3 décembre 1708, le tableau désastreux d'une situation à laquelle il ne voyait plus de remède. « Vous connaissez l'épuisement et l'indisposition des peuples.

(1) *La Coalition de* 1701 *contre la France*, par M. de Courcy, tome I, page 139.

Dieu veuille qu'on y pense. Mais on ne pourra se résoudre à changer de méthode pour la guerre ni à s'exécuter violemment pour la paix; et l'hiver, déjà fort avancé, finira avant qu'on ait pris de justes mesures. M. de Chamillard me dit, en passant ici, que tout était désespéré pour soutenir la guerre à moins qu'on ne pût tenir les ennemis affamés dans cette fin de campagne entre le canal de Bruges, l'Escaut et notre frontière d'Artois. Toutes ces espérances sont évanouies; mais M. de Chamillard, qui me représentait très fortement l'impuissance de soutenir la guerre, disait, d'un autre côté, qu'on ne pouvait point chercher la paix avec de honteuses conditions. Pour moi, je fus tenté de lui dire : « Ou faites mieux la guerre ou ne la faites plus. Si vous continuez à la faire ainsi, les conditions de paix seront encore plus honteuses dans un an qu'aujourd'hui; vous ne pouvez que perdre à attendre.

« Si le Roi venait en personne sur la frontière..., il verrait qu'on manque de tout, et dans les places en cas de siège, et dans les troupes, faute d'argent. Il verrait le découragement de l'armée, le dégoût des officiers, le relâchement de la discipline, le mépris du gouvernement, l'ascendant des ennemis, le soulèvement secret des peuples et l'irrésolution des généraux dès qu'il s'agit de hasarder quelque grand coup.

« Le branle donné du temps de M. Louvois est perdu : l'argent et la vigueur du commandement nous manquent. Il n'y a personne qui soit à portée de rétablir ces deux points essentiels. Quand même on le pourrait, il faudrait trop de temps pour remonter tous ces ressorts. On ruine et on hasarde la France pour l'Espagne (1). »

Bien que le maréchal de Boufflers connût dans toute

(1) Œuvres de Fénelon. *Correspondance.*

leur étendue les maux dépeints par Fénelon, son ardent patriotisme et sa foi dans le relèvement de la nation n'en étaient point ébranlés. A peine remis des fatigues du long siège de Lille, il avait quitté Versailles pour la Flandre dans les derniers jours de décembre 1708, brûlant de mettre à exécution le projet qu'avait formé Louis XIV de rentrer en possession de Lille par une campagne d'hiver. Trouvant dans l'intendant de Flandre, M. de Bernières, un auxiliaire précieux, un homme de cœur et de caractère, secondé par quelques officiers d'élite, Luxembourg, La Frézelière, Belle-Isle, Nangis, presque tous ses compagnons dans Lille, le Maréchal se mit à l'œuvre avec ardeur; mais les préparatifs de cette grande entreprise furent bientôt rendus vains par une détresse qui paralysait tout. Point d'argent pour payer le prêt aux troupes, manque d'habits, de souliers, d'armes même : rien à donner aux entrepreneurs des vivres ou des charrois, de sorte que le service, de quelque nature qu'il fût, y compris le pain de munition, menaçait de manquer. Les gouverneurs des places frontières n'osaient faire sortir leurs garnisons de peur de désertion. Les lettres arrivaient de tous côtés au Maréchal, pleines de nouvelles attristantes : « Votre Majesté, écrivait-il au Roi, le 6 janvier 1709 (1), verra par les copies ci-jointes des lettres de M. le comte de Bergheick et de M. de Saint-Fremond et de M. de Bernage, les petits désordres et espèces d'émeutes qui sont arrivés à Namur et à Arras : on m'a mandé la même chose du Quesnoy et beaucoup de murmures des troupes de plusieurs autres places ». « Tout crie en ce pays, mandait (2) de son côté le gouverneur de

(1) Vol. 2149, Archives historiques du Ministère de la guerre.

(2) M. de la Bruyère au maréchal de Boufflers, 20 janvier 1709, vol. 2149, Arch. hist.

Maubeuge, M. de la Bruyère, car on doit à toute la terre. »

Aux prises avec ces difficultés surhumaines, le maréchal de Boufflers se vit forcé de retarder l'exécution de l'entreprise de Lille et se borna à mettre en état de défense les places les plus exposées. Sans prendre garde aux rigueurs de l'hiver, sans se laisser arrêter par ses souffrances, il visita de sa personne Béthune, Aire, Saint-Venant, chargea ses lieutenants de s'enquérir des besoins de Dunkerque, Saint-Omer et Ypres, de prescrire à ces places les réparations nécessaires, et de dresser l'état de leurs approvisionnements en cas de siège. Sa présence suffit pour relever les courages abattus et pour ramener au sentiment de la discipline et du devoir les troupes que la misère désorganisait. C'est en parlant de ces services éminents que Mme de Maintenon disait à la princesse des Ursins : « M. le maréchal de Boufflers travaille autant, lui tout seul, que tous nos ministres ensemble. Il tâche de démêler l'horrible désordre où nos généraux ont laissé l'armée. Il a dû partir au milieu de ce grand froid pour aller visiter des places. Nos rois seraient bien heureux s'ils avaient beaucoup de sujets de ce caractère-là. Je voudrais pouvoir vous envoyer de ses lettres ; je ne crois pas qu'il soit possible d'être plus honnête homme (1). »

Vaincu par la maladie, Boufflers dut s'arrêter à Ypres et sollicita du Roi son rappel, qui lui fut accordé au commencement de mars 1709.

Dans des circonstances aussi critiques, Louis XIV fit appel au seul de ses généraux qui, comme le défenseur de Lille, ne se décourageât point au spectacle d'une frontière et d'une armée dénuées de tout, au seul de ses

(1) Madame de Maintenon à Madame la princesse des Ursins, 27 janvier 1709. Lettres publiées par Geffroy.

généraux qui n'eût point encore essuyé les disgrâces du sort, au maréchal de Villars. Cet enfant de la fortune, comme l'appelle Saint-Simon, possédait une foi entière en son étoile. Fanfaron avec une pointe de hâblerie, hardi à faire valoir ses services et à rapporter tout à soi, ambitieux de s'élever au premier rang et d'établir solidement sa maison et sa renommée, il ne négligeait aucune occasion de se distinguer et de faire, le jour d'une action, plus que son devoir. Ses contemporains lui reprochaient d'être souvent vain et léger et de n'avoir que des lueurs d'esprit : au moins ses constants succès à la guerre prouvaient-ils que ces lueurs n'étaient pas l'éclat d'un hasard heureux, mais de réelles qualités militaires. Il comptait à son actif de belles campagnes, celle de 1703 notamment, où il avait parcouru en vainqueur l'Allemagne, du Rhin à Passau, celles de 1705 à 1707 où il avait tenu tête, avec gloire, aux meilleurs généraux de la coalition, au prince Louis de Bade et au duc de Marlborough. Il était un des rares généraux de son temps, qui répugnait à la guerre défensive, qui n'aimait pas à se couvrir de lignes et de retranchements et à s'éterniser dans la guerre de sièges. Il avait l'intelligence de la grande guerre, de celle qui cherche la solution décisive dans la destruction de l'armée ennemie. Partout où il passait, on lui reprochait de se gorger de contributions et de sauvegardes ; à quoi il répondait, non sans vérité, que, s'il n'oubliait point ses affaires, il faisait encore mieux celles du Roi. Avec cet ensemble de qualités et de défauts, partageant le tempérament de la nation, prompt à l'espérance comme au découragement, Villars plaisait au soldat. Lorsqu'il s'adressait à ses troupes, il savait employer de ces mots colorés qui ne s'oublient pas, faire appel à la bonne humeur et à l'amour-propre de ses soldats qui l'écoutaient volontiers. Figure riche en contrastes, plus grand par le génie militaire que par le caractère, tel apparaît, d'après sa correspondance et d'après les témoignages de ses contemporains, le maréchal de Villars (1).

Quand le nouveau général de l'armée de Flandre arriva à Cambrai, le 18 mars 1709, il trouva autour de lui un manque absolu d'argent, de farines et de fourrages. Les premières troupes qu'il eut occasion de passer en revue lui parurent au contraire bien disposées et en meilleur état que ne le laissait supposer le dénuement où on les lui avait dépeintes. Son premier soin fut d'étudier de près l'entreprise du siège de Lille à laquelle le Roi n'avait pas encore renoncé. Il n'eut point de peine à convaincre la cour de l'impossibilité d'en poursuivre l'exécution. Avec les immenses ressources dont disposaient les Coalisés, avec les efforts prodigieux réalisés par la Hollande à l'instigation d'Eugène et de Marlborough, efforts qui portaient à 110,000 hommes les seules troupes au service de la république batave, les ennemis devaient avoir, dès le début de la campagne, une supériorité numérique des plus marquées sur leur adversaire. A la tête d'une armée inférieure en forces, où le pain n'était même pas assuré d'un jour à l'autre; où, pour mettre en mouvement une partie de ses troupes, il lui fallait supprimer la ration des bataillons appelés à demeurer dans le camp, Villars se voyait contraint de renoncer à l'offensive. Toute manœuvre lui était rendue impossible, et c'était au plus s'il pouvait assembler l'armée.

Par bonheur, les Coalisés ne furent prêts à marcher en forces qu'au mois de juin. Ces quelques semaines de répit permirent au Maréchal, à l'armée et à la nation, de se ressaisir. Quand on vit les Alliés décidés à poursuivre leurs conquêtes; quand on sut leur refus d'accepter les

(1) Sur le caractère de Villars, consulter surtout le tome X des *Mémoires* de Saint-Simon avec les notes si instructives de M. de Boislisle, pages 307 et suivantes.

conditions si humiliantes auxquelles Louis XIV s'était abaissé jusqu'à abandonner son petit-fils Philippe V, il n'y eut dans l'armée comme dans la nation qu'une voix pour préférer la continuation de la guerre avec toutes ses misères à une paix marquée au coin du déshonneur et de la honte. Louis XIV écrivit aux gouverneurs des provinces du royaume une lettre d'une haute dignité où il exposait en toute franchise son désir de la paix, ses offres méprisées, son refus de signer un traité « à des conditions également contraires à la justice et à l'honneur du nom français ». Au début de juin, Villars fut averti, par une lettre de la main du Roi, que Louis XIV ne comptait plus sur la paix, que, par son ordre, les négociations commencées à la Haye étaient rompues. « ..... J'ai l'honneur d'assurer Votre Majesté, écrivait (1) Villars le 6 juin 1709, que tout ce que je vois ici de Français sont indignés de l'orgueil de nos ennemis. J'étais à la tête de votre infanterie lorsque le courrier me rendit la dépêche de Votre Majesté, et, sur les premières lignes qui faisaient connaître sa résolution, j'en marquai ma satisfaction à vos troupes, qui toutes répondirent par un cri de joie et d'ardeur d'en venir aux mains avec les ennemis. »

Jusqu'alors on n'avait vécu qu'au jour le jour sur cette frontière de Flandre où, au témoignage de M. de Bernières, « on mourait effectivement de faim (2) ». Le printemps commençait sans qu'il eût été possible de constituer un seul magasin pour l'assemblée de l'armée. « Plus le temps de la campagne s'approche, écrivait (3)

---

(1) Lettre de Villars à Louis XIV, au camp de Lens ce 6e juin 1709. Vol. 2151, Arch. hist.

(2) Lettre de M. de Bernières à Chamillard, à Douai, le 3 mai 1709. Vol. 2154, Arch. hist.

(3) M. de Bernières à Chamillard, à Tournai le 10 avril 1709. Vol. 2154, Arch. hist.

l'intendant le 10 avril 1709, plus le mal augmente. Les magasins ne s'avancent point, l'argent devient de plus en plus rare, et les officiers qui arrivent avec des recrues ne trouvént pas un sol pour vivre. Ceux qui ont passé l'hiver sur cette frontière ont tout vendu et mis en gage de manière que la plupart n'ont plus ni chevaux ni équipages. Tout ce qu'on peut faire par crédit et industrie c'est de donner le prêt des soldats bien petitement; encore manque-t-il depuis quelques jours à Douai où je n'ai plus de ressources. Tout le monde se plaint hautement, et chacun dit avoir bonne volonté mais n'être plus en état de rien faire, en sorte que je ne vois rien sur la frontière qui puisse flatter l'imagination ni donner aucune bonne espérance, et M. le maréchal de Villars, qui en est ordinairement assez rempli et avec qui je confère tout les jours sur l'état présent des affaires, commence à sentir le poids et pense comme moi.

« Tous nos entrepreneurs me viennent rapporter et remettre leurs marchés, aimant mieux courir le risque de perdre ce qui leur est dû que de continuer dans l'impuissance et l'impossibilité où chacun se trouve sans secours..... Enfin, Monsieur, voilà la situation où nous sommes en général et, qui plus est, dans la crainte d'une famine, les blés ainsi que tous les grains devenant d'un prix excessif, n'y ayant encore aucune apparence de récolte sur la terre, et les mars n'étant pas encore commencés à cause des mauvais temps et des pluies considérables. »

Les troupes n'avaient vécu que des grains enlevés par force dans les garnisons. Sans souliers, sans habits même, elles le disputaient en misère aux habitants des villes et des campagnes dont le dénuement inspirait la compassion et l'effroi. De toutes parts, l'intendant et le Ministre entendaient les appels désespérés des magistrats des places de la Flandre, de l'Artois et du Hainaut, implorant quelque secours en faveur d'un peuple prêt à périr de faim. Le cœur généreux de M. de Bernières saignait à la vue de tant d'infortunes, mais le salut de l'armée, dernier soutien d'une monarchie ébranlée jusque dans ses fondements, lui imposait l'impérieux devoir de refouler, en apparence du moins, ses sentiments de pitié. Le 16 avril 1709, l'évêque d'Arras venait lui-même à Paris tenter une suprême démarche au nom de ses diocésains. « Dans l'état où se trouve notre province d'Artois, écrivait-il (1) de cette ville au Ministre de la guerre, je ne peux différer à vous demander un quart d'heure d'audience, le jour et à l'heure qu'il vous plaira de me marquer, pour avoir l'honneur de vous en entretenir. Il y a en particulier une chose à laquelle vous ne sauriez, Monsieur, apporter un trop prompt remède qui est que les peuples qui, par les ordres de la cour, ont porté à Douai leurs grains et leurs fourrages pour les y mettre en sûreté, aient la liberté d'en retirer ce qui est nécessaire pour leur subsistance et pour celle de leurs chevaux, sans quoi ils ne sauraient ni labourer ni semer leurs terres, et eux-mêmes périront de faim, et que les peuples aussi puissent en acheter librement, et dans cette ville et dans les autres. Il y a des villages, faute de cela, réduits à la dernière extrémité, au nombre de plus de trente seulement autour de Douai. Plusieurs habitants y sont réellement morts de faim, et il n'entre aucune exagération dans ce que j'ai l'honneur de vous marquer. » L'illustre archevêque de Cambrai, Fénelon, qui, au mois de novembre 1708, avait généreusement offert à Chamillard tous les blés de sa seigneurie du Cateau, se jugeait en conscience dégagé de sa promesse devant la famine qui désolait déjà son diocèse. Le 23 avril 1709, il se

(1) L'évêque d'Arras à Chamillard, à Paris le 16 avril 1709. Vol. 2159, Arch. hist. — L'évêché d'Arras était alors occupé par Mgr Guy de Sève de Rochechouart.

rencontrait à Douai avec le maréchal de Villars et l'intendant M. de Bernières. Il leur établissait avec preuves à l'appui que, loin d'être en mesure de leur livrer 8,000 sacs de blé comme Chamillard l'espérait, à peine pourrait-il en réunir 4,000. Tout en offrant d'abandonner pour le service du Roi sa vaisselle d'argent, tout en lui laissant l'entière disposition de ses grains, il n'hésitait pas à remettre à l'intendant cette déclaration, écrite de sa main : « Les faits, que j'ai exposés à M. de Bernières et que je le supplie très instamment de vérifier tant sur nos registres originaux que dans nos greniers, étant posés pour fondement, je déclare qu'il ne m'appartient pas de juger entre le besoin des troupes et l'extrémité affreuse où nos peuples sont réduits. C'est le Roi, à qui Dieu a donné le pouvoir suprême dans l'État, à décider entre ces deux choses. Ce qui est certain, c'est que je ne veux tirer aucun profit de ces blés pour moi et que je n'hésite, pour le donner aux troupes, que par compassion pour les peuples qui vont manifestement périr sans ressources. Si je donnais ces blés pour les troupes par mon propre choix, les peuples m'imputeraient leur perte et ne manqueraient pas de dire que je n'ai pas voulu me réserver un moyen de leur sauver la vie. Rien de pourrait me rendre plus odieux. Je ne puis donc que laisser nos greniers ouverts au Roi, qui est le maître, et que le laisser décider. Si les peuples périssent comme ils ne peuvent l'éviter, ne pouvant les secourir, du moins je dirai que ce n'est pas moi qui les ai privés de cette dernière ressource et que je n'ai pas pu désobéir au Roi. Je ne peux donc, entre ces deux extrémités, que baisser la tête et qu'attendre les ordres de Sa Majesté avec la plus humble soumission (1). »

---

(1) Cette déclaration de Fénelon est jointe à la lettre de M. de Bernières à Chamillard, du 24 avril 1709. Vol. 2154, Arch. hist. — Ce

Ainsi, pour ouvrir la campagne, Villars « ne voyait pas un grain d'assuré de la part du munitionnaire ni d'aucun autre endroit » (1). Le Maréchal et l'intendant ne pouvaient attendre le moindre secours de l'entrepreneur des vivres, le sieur Raffy, homme sans ressources et sans crédit. Ce dernier demeurait inerte, désorienté, devant une situation qui ne laissait « prévoir

---

même jour, de retour à Cambrai, Fénelon écrivait à Chamillard une longue lettre où il lui faisait part du résultat de sa conférence avec Villars et l'intendant. Il y disait : « Il est clair comme le jour que l'espèce du blé manque en ce pays et qu'il faut y faire venir des grains si on ne veut pas s'exposer à y voir la famine, le soulèvement des peuples et la contagion. Je n'exagère rien, et M. de Bernières le voit mieux que moi. L'année dernière, il n'y a eu que demi-moisson. Celle-ci, il n'y aura rien. L'espèce manque même pour les mars. Dans cette extrémité, si le Roi juge qu'il doit ôter le dernier morceau de pain à ses peuples pour le donner à ses troupes, je ne puis que laisser, avec une parfaite soumission, exécuter les ordres de Sa Majesté, mais il ne me convient pas d'être la cause de la mort certaine de nos peuples en faisant, par mon propre choix, ce qui ne leur laissera aucunes ressources... Pour moi, je veux que l'on compte mon intérêt pour rien. Je me croirai trop heureux de le sacrifier au Roi, mais je vous demande la vie de nos peuples qui vont périr sans ressources si on leur ôte notre blé..... » Vol. 2159, Arch. hist. — Le Ministre ne tarda point à faire savoir à Fénelon, le 27 avril 1709, qu'il ne pouvait se priver d'une de ses dernières ressources pour la subsistance de l'armée. Il promit de lui remplacer ses blés au mois de juin suivant. La lettre de Chamillard se terminait ainsi : « L'état des troupes, qui sont dans un besoin pressant, est un motif qui doit exciter le zèle et la charité. J'envoie à M. de Bernières la copie de la lettre que j'ai l'honneur de vous écrire. J'espère que vous trouverez moyen d'accorder le service des troupes sans rien diminuer des motifs de charité qui vous ont fait suspendre l'exécution des engagements que vous aviez bien voulu prendre avec moi. » Vol. 2113, Arch. hist. — Les blés de l'archevêque furent d'un précieux secours pour M. de Bernières : ils lui permirent notamment de pourvoir aux besoins de la garnison de Tournai jusqu'à l'investissement de cette place, à la fin de juin 1709.

(1) Lettre de M. de Bernières à Chamillard, à Douai le 24 avril 1709. Vol. 2154, Arch. hist.

que des choses affreuses pour l'avenir » (1). Rejetant cet auxiliaire frappé d'impuissance, M. de Bernières eut alors recours à un homme d'un dévouement rare, d'un crédit étendu et d'une activité sans bornes, Fargès, qu'il avait déjà chargé de la fourniture des hôpitaux et des fourrages de son département, et à qui il confia encore le soin d'approvisionner l'armée en blés. Fargès, « que je regarde comme un homme unique et incomparable dans son genre », mandait (2) l'intendant à Chamillard le 4 avril 1709, était d'ailleurs admirablement secondé par ses adjoints, les frères Paris, qui se révélaient déjà comme des administrateurs de premier ordre. Au prix de mille difficultés, avec des moyens de transport insuffisants et des attelages épuisés, ne recevant que peu ou point d'argent du Ministre aux abois, mais grandissant son courage devant la détresse croissante de l'État, M. de Bernières ne recula pas devant cette tâche redoutable entre toutes : assurer du pain aux soldats de Villars.

Tandis qu'autour de lui bien des officiers généraux déclaraient la guerre impossible, Villars gardait tout son sang-froid. L'un des observateurs les plus clairvoyants de cette époque, le conseiller au Parlement de Flandre Lefebvre d'Orval écrivait (3) au Ministre de la guerre, le 6 juin : « Les intendants et les principaux officiers paraissent consternés et abattus, M. de Villars excepté », et le même correspondant marquait la joie avec laquelle avait été accueillie la présence de l'heureux général sur ce théâtre d'opérations, où il paraissait pour la première fois : « On a une confiance extrême en M. le

(1) Lettre de M. de Bernières à Chamillard, à Douai le 24 avril 1709. Vol. 2134, Arch. hist.

(2) *Ibidem.*

(3) Mémoire de M. Lefebvre d'Orval, à Tournai, le 6 juin 1709. Vol. 2151, Arch. hist.

maréchal de Villars » (1). Bientôt, les efforts des intendants du Soissonnais, de l'Artois, de la Picardie et de la Normandie, les impositions de grains faites dans les principales villes de la frontière, permirent au Maréchal d'assurer la subsistance de l'armée jusqu'à la fin de juin. Les bataillons avaient facilement trouvé des recrues parmi les habitants des campagnes que la misère faisait chercher un asile sous les drapeaux. Bref, à la fin de mai, les ennemis furent tout surpris d'apprendre que notre armée de Flandre existait, que le maréchal de Villars, loin de se retirer à l'intérieur du pays, se disposait à les attendre à quelques lieues de Lille. Et, comprenant l'importance de la lutte qui s'engageait, assurée que les ennemis cherchaient à détruire tout un passé de gloire, à humilier et à dépouiller le souverain et la nation, notre armée se reprit à envisager comme désirable, comme nécessaire, une rencontre avec les Alliés. La bonne volonté se manifesta chez tous, officiers et soldats, par des traits d'admirable sacrifice. Au cours de sa visite des places de l'Artois et de la Flandre, Villars écrivait (2), le 29 avril, au Ministre de la guerre : « Tous les officiers de la garnison de Saint-Venant m'ont demandé en grâce de leur faire donner du pain, et cela avec modestie, disant : « Nous vous demandons du pain parce qu'il en faut pour vivre. Du reste, nous nous passerons d'habits et de chemises. » J'ai reconnu l'indispensable nécessité et ordonné de leur en donner. J'espère que Sa Majesté aura la bonté de l'approuver. Ils ne le demandent qu'aux conditions de le déduire sur leur paye ».

---

(1) Lettre de M. Lefebvre d'Orval à Chamillard, le 26 avril 1709. Vol. 2150, Arch. hist.

(2) Villars à Chamillard, à Aire, le 29e d'avril 1709. Vol. 2150, Arch. hist.

« Les équipages des vivres sont encore très faibles, disait Villars dans une autre lettre (1) du 17 juin. Le pain même n'a été délivré aujourd'hui que pour un jour, et cela seulement sur le soir, de manière que les soldats ont travaillé tout le jour sans manger et même sans se plaindre. Nous ne voyons pas de désertion.

« Comme le prêt se doit depuis plusieurs jours, outre tous ceux qui manquent de l'hiver, je me tiens avec les troupes sur le travail, je leur parle de manière à leur faire prendre patience; plusieurs même ont crié : « M. le Maréchal a raison; il faut souffrir quelquefois. »

La résignation touchante du soldat, le bon esprit qui l'animait, décidèrent le Maréchal à rejeter les avis des conseillers pusillanimes, qui l'exhortaient à se retirer derrière la Scarpe : ils lui firent adopter le projet de se porter hardiment entre la Scarpe et la Lys, la droite à Douai, la gauche à Béthune, à peu de distance de Lille, ayant devant son centre la petite ville de la Bassée. De Douai à Pont-à-Vendin, sa position était couverte par le canal de la Scarpe à la Deûle, aux bords escarpés en plusieurs endroits, marécageux du côté de Pont-à-Vendin. Pour protéger son centre, le Maréchal fit élever un retranchement s'appuyant à droite aux marais de Hulluch, à gauche aux marais de Cuinchy, ces deux marais impraticables pour une armée (2). Quant à l'espace de moindre étendue compris entre Béthune et Saint-Venant, il le fit occuper par quelques troupes, puis renforcer par des postes retranchés, depuis la hauteur d'Hinges jusqu'au village de Robecq, sur la Nave. Cette position fut choisie par le Maréchal avec une habileté consommée. Villars s'opposait ainsi au siège de Douai et menaçait de prendre en flanc l'armée ennemie si elle

(1) Villars à Voysin, au camp de Lens, ce 17e de juin 1709. Vol. 2151, Arch. hist.

(2) Voir la planche II.

tentait de se porter sur le Boulonnais et d'assiéger Aire ou Saint-Omer. Enfin, si l'ennemi se décidait à attaquer l'armée française, il ne pouvait le faire qu'en se présentant dans la plaine entre Hulluch et Cuinchy. Il devait auparavant forcer de puissants retranchements, garnis d'artillerie, précédés à trente pas d'un avant-fossé, ce qu'il n'eût pu exécuter sans s'exposer à de grandes pertes et à un combat désavantageux.

Quand, le 24 juin 1709, Eugène et Marlborough s'avancèrent par les deux rives de la Deûle dans le but de reconnaître le poste de leur adversaire, ils le trouvèrent si solide qu'ils n'osèrent l'attaquer. Un de leurs meilleurs généraux, Cadogan, pénétra à l'intérieur de nos lignes, déguisé en paysan. Sur son rapport, les généraux alliés abandonnèrent leur premier projet d'en venir aux mains avec les Français. « Les Princes, après avoir fait reconnaître ce camp, dit le député hollandais Goslinga dans ses *Mémoires* (1), le jugèrent inattaquable. Il fallait bien cependant, après avoir rejeté avec tant de hauteur les offres de la France, pour soutenir l'honneur des armes, entreprendre quelque chose qui soutînt cette hauteur. Les Princes, pour cet effet, tinrent avec nous,

---

(1) Goslinga faisait partie de la députation qui accompagnait l'armée. Ses *Mémoires*, du plus haut intérêt, ont été publiés à Leeuwarden en 1857. Ils s'arrêtent malheureusement, pour la campagne de 1709, à la veille de la bataille de Malplaquet. Sa correspondance nous permettra de combler cette lacune.

Le 23 juin 1709, il écrivait de Lille à Heinsius : « Nous eûmes hier une conférence très sérieuse sur les opérations de la campagne. On tomba unanimement d'accord qu'il faut, en premier lieu, tâcher d'engager l'ennemi à un combat. Si cela ne se pourra pas, on fera le siège d'une certaine place considérable... La chose, pour l'importance de la place, demande le dernier secret. Ce qui me console et m'affermit c'est que nous avons été, après quelque raisonnement, unanimes à embrasser le sentiment du petit héros (le prince Eugène, pour qui Goslinga professait une sincère admiration) ». Archives de la Haye.

## CAMPAGNE DE 1709 EN FLANDRE

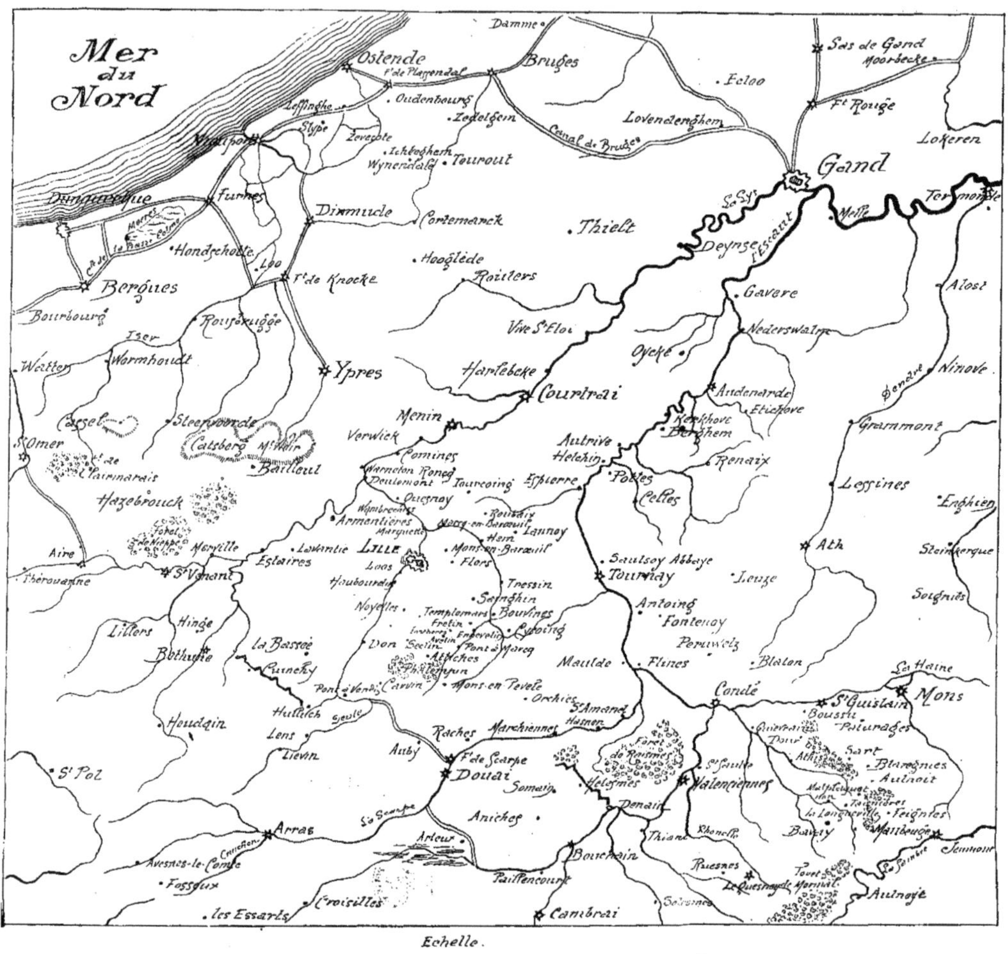


Bataille Malplaquet.

le comte de Tilly (1) et les deux quartiers-maîtres (2), conseil de guerre. Il y avait quatre partis à prendre : d'attaquer M. de Villars dans son camp retranché; de marcher du côté de la Lys pour attaquer Béthune et Aire; d'assiéger Ypres ou bien Tournai. Le premier fut jugé trop hasardeux; le second, pour la difficulté des convois, quasi infaisable. Il fallut donc se déterminer au siège d'une des deux places. On avait des avis certains que Ypres était munie de tout pour une longue et vigoureuse défense; qu'au contraire, Tournai n'avait qu'une garnison très faible pour une place de cette importance. La place, il est vrai, est une des plus fortes peut-être de l'univers, et c'était là la raison que M. de Villars l'avait négligée, mais les simples murailles ne se défendent pas. Le Duc (Marlborough) vota pour le siège d'Ypres; le Prince (Eugène), pour celui de Tournai; nous autres, aussi bien que le comte de Tilly, nous rangeâmes du côté du Prince. Les principales raisons qui firent conclure pour le dernier parti furent : 1° la faiblesse extrême de la garnison; 2° l'importance de la place; 3° la commodité et la sûreté des convois; 4° la situation du terrain, qui rendait la levée du siège par une bataille quasi impossible; 5° la sûreté du Brabant, que nous couvrions en faisant le siège » (3).

Obliger les ennemis à un siège, de préférence à celui d'Ypres ou de Tournai, était le but poursuivi par le maréchal de Villars. Il avait, de propos délibéré, renoncé à couvrir ces places qui fichaient en quelque sorte dans les territoires maintenant occupés par les Alliés. Il s'était contenté de les munir suffisamment d'hommes et de

---

(1) Claude Tserclaës, comte de Tilly, commandait les troupes au service de la Hollande.

(2) Fonctions analogues à celles de maréchal général des logis dans notre armée. Elles étaient confiées aux généraux Dopff et Cadogan.

(3) *Mémoires de Goslinga*, pages 103-104.

munitions en prévision d'un siège, de manière que leur résistance occupât l'ennemi pendant la campagne entière. Villars espérait que, grâce à ses fortifications reconnues supérieures à celles de Lille, grâce à sa redoutable citadelle dont tous les abords étaient depuis nombre d'années admirablement disposés pour la guerre de mines, Tournai occuperait l'ennemi de longs mois. Peu importait, dans la terrible crise traversée par l'État, que cette place fût perdue. Le Roi envisageait presque comme un événement heureux que la prise de Tournai limitât les conquêtes d'un ennemi qu'on avait pensé un instant prêt à envahir notre territoire. Sa défense fut confiée à un gouverneur dont on attendait la défense la plus énergique, à l'un des héros de la défense de Lille l'année précédente, au marquis de Surville-Hautefort. Le gouverneur de Tournai et ses officiers devaient trouver l'encouragement le plus précieux dans les récompenses que Louis XIV venait de prodiguer à la vaillante garnison de Lille. Le Roi n'exagérait en rien lorsqu'il écrivait (1) au maréchal de Boufflers, le 29 janvier 1709 : « Je n'ai jamais accordé tant de grâces ni si distinguées que celles que j'ai faites à la garnison de Lille. La considération que j'ai pour vous n'y a pas moins de part que leurs services. »

## CHAPITRE II.

### Du siège de la ville à la reddition de la citadelle de Tournai (28 juin-3 septembre 1709).

Il y avait dans Tournai une garnison de plus de 6,000 hommes qui pouvait suffire à sa défense. Les munitions y abondaient. A première vue, il semblait donc que M. de Surville eût en main les moyens de conduire

---

(1) Vol. 2149, Arch. hist.

une longue et glorieuse défense, mais il s'en fallait de beaucoup qu'il disposât des mêmes ressources en argent et en vivres. A la date du 1er juillet 1709, au moment où le siège commençait, il écrivait (1) au nouveau Ministre de la guerre, Voysin : « Je ne vous dis rien de l'état fâcheux où je me trouve, n'ayant pas un sol, point de crédit, une ville épuisée absolument, point de magasins de blé ni de farine, aucune viande fraîche ni salée ; en un mot, la plupart de ce qui est nécessaire à la vie manque. Ce n'est pas faute de l'avoir représenté plusieurs fois à M. de Chamillard dans le commencement que je suis arrivé ici, et j'ai eu l'honneur de vous en informer aussi. Je ferai néanmoins tout de mon mieux pour que le Roi soit content de moi. Je viens de faire porter ma vaisselle d'argent chez les orfèvres pour en faire des espèces de plusieurs prix, lesquelles serviront à faire le prêt aux soldats, malheureusement j'en ai fort peu ; cet exemple fait un assez bon effet... Je fais battre de la monnaie de cuivre. »

Des villes conquises par Louis XIV en Flandre, Tournai était la plus française de cœur. « Elle l'est autant que Paris, écrivait (2) M. de Bernières à Chamillard, le 12 mai 1709, et c'est peut-être l'unique du royaume qui craigne la paix dans la crainte de changer de maître. » Tournai renfermait dans son sein un évêque connu par son ardent patriotisme, Mgr de Beauvau, qui déjà s'était offert au maréchal de Boufflers pour s'enfermer dans Lille, et le Parlement de Flandre qui, à la voix d'un de ses conseillers Lefebvre d'Orval, fit preuve d'un admirable dévouement et sut acquitter dignement sa dette de reconnaissance envers le roi de France, son

(1) Vol. 2151, Arch. hist.

(2) Vol. 2154, Arch. hist. — « Tournai m'a prêté plus de 200,000 francs depuis le commencement de l'hiver. » M. de Bernières à Voysin, 29 juin 1709. Vol. 2154, Arch. hist.

créateur. Tandis que l'évêque se chargeait de la fourniture du pain à la garnison, Lefebvre d'Orval osait prendre à son compte les levées de grains chez les bourgeois et la distribution de la viande aux troupes, et il était assez heureux pour réunir les blés nécessaires à la défense de la ville et à celle de la citadelle (1). L'exemple de ces deux hommes d'énergie suscita d'autres initiatives, et, avec une caisse presque vide, sans magasins, au milieu d'une cité déjà éprouvée par les rigueurs de l'hiver et réduite à consommer ses dernières réserves de blé, M. de Surville ne s'en vit pas moins en état de faire une défense vigoureuse. Les troupes de l'assiégeant, encore sous l'impression de cette guerre de mines, de ces coups de main des défenseurs qui leur avaient coûté tant d'hommes devant la contrescarpe de Lille, ne s'avançaient qu'avec répugnance au siège d'une place où elles s'attendaient à rencontrer les mêmes adversaires et des difficultés aussi grandes. Les déserteurs furent bientôt si nombreux parmi les assiégeants que M. de Surville put en former un régiment qui servit à compenser les pertes de la garnison.

Malgré l'espérance qu'il fondait sur une résistance prolongée des troupes de M. de Surville, le maréchal de Villars crut devoir se préoccuper, dès le début de juillet, de nos places de l'Escaut, Condé et Valenciennes, directement menacées par l'ennemi après la chute plus ou moins lointaine de Tournai. Pour parer à toute éventua-

(1) M. de Surville écrivait à Voysin le 31 juillet 1709 : « Je ne saurais trop me louer de M. Lefebvre, conseiller, qui a rendu au Roi et à la garnison, pendant le siège, tous les services que l'on en pouvait attendre. Les soins qu'il s'est donnés et se donne encore m'ont paru si essentiels dans une place dénuée de toutes choses que je ne saurais me dispenser de vous en informer, pour vous supplier très humblement de lui accorder l'honneur de votre protection. » Vol. 2151, Arch. hist. et la *Manœuvre de Denain*, page 54.

lité, il conçut l'heureuse idée de prolonger ses lignes de la Scarpe jusqu'à l'Escaut, de se choisir un nouveau poste, entre ces deux rivières, qui ne fût pour ainsi dire que la continuation du premier et lui permît de s'opposer à l'investissement de Condé et de Valenciennes sans cesser de veiller à la sécurité de son flanc gauche, des places de la Lys, Aire et Saint-Venant. Après une étude du terrain, le Maréchal se décida à établir une nouvelle ligne du village d'Helesmes à celui de Denain, la gauche appuyée aux bois et aux marais des rives de la Scarpe, la droite à l'Escaut (1). La communication de Douai à son nouveau camp s'établissait en sûreté derrière les bords de la Scarpe, rivière d'une bonne défense. Dans Condé et Valenciennes, Villars mit deux de ses lieutenants sur le dévouement et la capacité desquels il pouvait entièrement se reposer, MM. de Puységur et de La Frézelière. Aidés par M. de Valory, l'habile ingénieur que la défense de Lille avait placé au premier rang, ils eurent bientôt réalisé des prodiges, rétabli dans une certaine mesure les approvisionnements de ces deux villes, bien qu'elles fussent dépourvues de tout à leur arrivée, tendu les inondations, et fait du passage de l'Escaut, et même de la Haine jusqu'à Mons, une opération en quelque sorte impraticable pour les Alliés.

Le mois de juillet 1709 marque peut-être la période la plus sombre de cette longue guerre de la Succession d'Espagne, la crise fatale où les meilleurs serviteurs du Roi entrevirent avec effroi la perte prochaine de l'État et l'impossibilité de poursuivre la guerre avec une armée appelée à se dissiper d'elle-même par l'affreuse misère où la plongeaient le manque d'argent et surtout le manque de pain. Presque tous les régiments n'avaient rien touché des prêts dus pendant l'hiver, et, depuis

(1) Voir les planches III et IV.

l'ouverture de la campagne, la moitié au moins des prêts n'avait pu leur être fournie. Réduits à une ration de mauvais pain qui souvent leur faisait défaut, les soldats se soutenaient à peine, sur le point de succomber d'épuisement et d'inanition. Après tant de souffrances, la désertion commençait à exercer de nombreux ravages dans les rangs des troupes étrangères au service de la France, mais elle avait heureusement peu de prise sur les régiments nationaux. Ni l'activité du Ministre de la guerre, Voysin, ni les ressources du contrôleur général des finances, Desmaretz, ni enfin le dévouement de M. de Bernières qui, suivant son expression, menait sur cette frontière « une vie de forçat », ne parvenaient à conjurer le mal. Fargès, et les frères Paris, dont l'intendant tirait quelques consolations, car seuls ils ne désespéraient pas de subvenir aux besoins et à l'existence de l'armée, se donnaient, il est vrai, en mesure de faire venir des blés des environs de Liège et de Juliers, mais leurs démarches étaient sans cesse retardées et paralysées par le défaut d'argent.

Laissons d'ailleurs aux contemporains le soin de nous rappeler ces heures douloureuses entre toutes et de nous retracer sous des couleurs plus vives ce tableau plein de désolation (1). Le maréchal de Villars écrivait (2) à Voysin le 25 juin 1709 : « Je vous avoue, Monsieur, que les inquiétudes sur nos vivres me tuent. Comment voulez-vous que je puisse faire la moindre marche si je ne suis pas en état de donner pour deux jours de pain? Nous consommons plus de farines que les moulins n'en peuvent moudre. En vérité, Monsieur, il faut avoir

(1) On pourra aussi consulter avec fruit la belle étude de M. de Boislisle, dans la *Revue des questions historiques* de 1903 : « Le grand hiver et la disette de 1709 ».

(2) Villars à Voysin, au camp d'Annay, ce 25e de juin 1709. Vol. 2151, Arch. hist.

quelque courage pour paraître toujours gai, tranquille, lorsqu'on passe d'aussi mauvaises nuits. » Un mois plus tard cette situation était loin de s'être améliorée, comme il en informait (1) le Ministre le 26 juillet 1709, du camp de Denain : « L'armée fut la journée d'hier entièrement sans pain, et la plupart des troupes n'en ont eu qu'à midi. Ils ne laissaient pas de travailler aux retranchements. J'admire en vérité, Monsieur, la vertu et la fermeté du soldat ». Quatre jours plus tard, il écrivait (2) encore à Voysin, du même camp de Denain : « Je trouve en arrivant ici, Monsieur, le péril de manquer de pain plus urgent qu'il n'a été encore. Il en est dû aujourd'hui quatre jours. Le prêt est dû de même, et MM. d'Albergotti et de Bernières me font faire de très tristes mais bien importantes réflexions sur un état aussi violent.

« La désertion est grande parmi nos étrangers et médiocre jusqu'à présent dans les Français, mais le soldat est abattu. L'officier ne trouve point de pain à acheter dans les villes dont les boulangers ont ordre du magistrat de n'en point vendre, par la crainte qu'ont les bourgeois d'en manquer.

« Vous croyez bien, Monsieur, que dans une pareille situation je voudrais fort que l'ennemi vînt nous attaquer : il ne me serait pas possible de l'aller chercher à trois lieues de nos places d'où je ne puis tirer le pain que pour un jour, et par conséquent nul éloignement praticable. Cette situation est triste, mais, Monsieur, il y a longtemps que vous devez vous y attendre. »

On ne saurait trop louer le ton de ces lettres du Maréchal. Ses plaintes discrètes ne s'échappent jamais jusqu'au découragement, et, si nous interrogeons les correspondants du duc du Maine à l'armée de Flandre,

(1) Vol. 2151, Arch. hist.
(2) Vol. 2151, Arch. hist.

Villars nous apparaîtra moins abattu que bien des officiers généraux de son entourage. Le chevalier du Rozel écrivait (1) au duc, le 27 juillet : « La ligne (2) est déjà en état de défense quoique les soldats n'y travaillent presque pas, tombant presque morts d'inanition faute de pain, et on se sert des paysans qui sont aussi dans le même état.

« Le pain ne se donne que par intervalles et sans espérances d'en avoir pour l'avenir. M. l'Intendant ne présume rien de bon pour l'avenir à l'égard des subsistances, et, à l'égard de l'argent, il n'en est plus question par rapport à ce que disent les trésoriers qui ne font plus de mystère de dire publiquement qu'ils n'ont aucune notion du contraire.

« Cela met tout le monde dans l'armée dans un véritable désespoir, et il faut compter qu'il n'y aura, en peu de temps, que les fidèles serviteurs du Roi qui préféreront et surmonteront l'impossible et le malheur que nous prévoyons.

« Les officiers généraux et particuliers ne peuvent tirer ni pain ni autre subsistance des villes (3). »

Le même jour, le comte Dauger mandait (4) au duc du Maine : « On ne parle ici que pain et argent. Jusques à présent on n'a eu de l'un et de l'autre qu'à lèche-doigt, et assurément l'on souffre. Le munitionnaire est toujours en reste d'un jour ou deux. Quelquefois cela va à trois et quatre. Quand les soldats peuvent attraper des che-

---

(1) Carton supplémentaire n° 7, Arch. hist.

(2) La nouvelle ligne de Denain à Helesmes.

(3) Quatre jours plus tard, le chevalier du Rozel disait dans une lettre au duc du Maine : « Il est en vérité fâcheux qu'il ne vienne pas d'argent et que le pain manque si souvent, et je ne fais pas de difficulté de dire que la guerre ne peut pas continuer de notre part à de pareilles conditions. » Carton supplémentaire n° 7, Arch. hist.

(4) Le comte Dauger au duc du Maine, du 27e de juillet 1709, au camp de l'abbaye de Denaïn. Carton supplémentaire n° 7.

vaux gras, ils les tuent hardiment et les mangent. J'en vis hier une douzaine en couper un par morceaux, qu'ils avaient bien la mine d'avoir assommé. »

« Le retranchement que nous faisons ici (1) depuis sept jours, écrivait (2) le duc de Guiche, le 30 juillet 1709, n'est nullement en état et ne peut même y être de longtemps, à la façon dont les soldats y travaillent, et ce qu'il y a de plus fâcheux, c'est que la force manque. Il y a trois jours que M. de Villars voulut s'aller promener sur le travail. Il n'osa jamais pousser plus loin que la brigade de Picardie, par tous les discours que lui tinrent les soldats, et le résultat fut de dire aux officiers qui étaient commandés au travail de les laisser travailler à leur volonté. Le pain est dû aujourd'hui pour le 4e jour, et on ne put le fournir hier que pour un demi. Il est même douteux qu'il arrive aujourd'hui à cause d'un orage qu'il y eut avant-hier, qui a fort rompu les chemins. Les caissons sont fort mal attelés, les munitionnaires n'ont pas de quoi nourrir leurs chevaux. En un mot, Monseigneur, rien ne va, et les troupes pâtissent au delà de ce que vous pouvez imaginer. »

L'intendant de Flandre, M. de Bernières, aux yeux de qui la situation se découvrait à nu avec tous ses maux, jetait, lui aussi, ce cri de détresse (3) : « Les choses sont à un point qui n'a plus de bornes, et je tremble tous les jours d'apprendre que l'armée ne se dissipe car enfin, Monsieur, quand une armée, qui n'a point été payée pendant l'hiver et dont les soldats n'ont pas reçu la moitié des prêts depuis le commencement de la campagne, se trouve réduite à une ration de mauvais pain

(1) A Denain.

(2) Le duc de Guiche au duc du Maine, au camp de Denain, le 30 juillet 1709. Carton supplémentaire n° 7, Arch. hist.

(3) M. de Bernières à Voysin, au camp de Denain, le 27 juillet 1709. Vol. 2154, Arch. hist.

qui se trouve même souvent dû et retardé par tous les inconvénients auxquels nous sommes sujets, jugez de ce qui est à craindre. Aussi la désertion est-elle infinie surtout parmi les étrangers, et les soldats, même les officiers, sont si exténués qu'ils n'ont pas la force de se soutenir. Jugez, Monsieur, de ce qu'il est possible de faire avec une semblable armée quand on n'a reçu depuis deux mois que 1,153,000 livres, tant pour la payer que les garnisons de mon département, fournir de l'argent à M. de Bernage (1) et Doujat (2), la manœuvre des vivres et les achats de blé. Aussi personne ne veut-il et ne peut-il plus donner un coup de collier, et le sieur Fargès, avec toute sa bonne volonté, discontinue aujourd'hui ses achats, ne trouvant plus de crédit. J'ose vous dire, Monsieur, que, depuis que la monarchie est établie, elle n'a point été dans un si grand et éminent danger. Les boulangers, meuniers et gens de toute espèce nous refusent le travail, et on ne peut plus faire aller personne, faute de payer, que par force et violence. Qui plus est, nous manquons absolument de voitures pour transporter les blés du dit sieur Fargès et le reste de ceux de Champagne qui arrivent à Maubeuge. Les chevaux du département de M. Doujat et du mien ne peuvent plus aller, et cependant vont tous les jours tant bien que mal. Le pays espagnol en fournit si peu que ce n'est pas la peine, quoique le Hainaut et la comté de Namur soient de grands pays. L'Entre-Sambre-et-Meuse liégois n'a encore rien fourni, et Son Altesse Électorale (3) a demandé l'avis à son Conseil privé, qui est à Namur, sur la lettre que vous lui avez

(1) Intendant de l'Artois.

(2) Intendant du Hainaut.

(3) Il s'agit de l'électeur de Cologne, Joseph-Clément, chassé de ses États et mis au ban de l'Empire comme son frère, Maximilien-Emmanuel, électeur de Bavière, pour avoir embrassé le parti de la France et lui

écrite, de manière qu'il ne faut encore compter sur rien de ce côté-là. Enfin, Monsieur, si nous ne sommes secourus et si tous les chariots du gouvernement de Rocroy et de la Thiérache ne se rendent pas incessamment à Maubeuge pour y charger, nous mourrons de faim, quand même nous aurions tous les blés qu'on pourrait désirer, ce qui me fait vous supplier d'envoyer incessamment des ordres très pressants pour faire assembler les dits chariots et les envoyer à Maubeuge. »

Quand Villars parcourait les rangs de ses soldats amaigris, il entendait parfois quelques murmures, mais plus souvent cette prière prononcée sur un ton résigné et plein d'une douce raillerie : « *Panem nostrum quotidianum da nobis hodie.* » Cachant sous une gaieté d'emprunt les vives angoisses que lui causait la disette des grains, le Maréchal se montrait au soldat le front serein. Il se faisait en sa présence « tout blanc de sa farine et de son épée », alors que de retour à son quartier général il passait de fort mauvaises nuits. On raconte qu'un détachement marquait un jour des symptômes d'indiscipline et que la sédition était prête à éclater dans ses rangs à la nouvelle que le pain ne pouvait être distribué. Villars, informé de l'état d'esprit des mutins, ordonna de faire battre la générale à proximité de l'endroit où ce détachement était campé. Aussitôt les soldats de courir aux armes, d'oublier leurs privations pour ne songer qu'à se mesurer avec l'ennemi. Dès les premiers roulements de tambour, la sédition avait cessé comme par enchantement. Jadis, César avait ressaisi ses légions un instant découragées en leur jetant ce seul mot : « *Quirites* »; Villars, par la voix du tambour, disait à ses soldats :

---

être demeuré fidèle. Obligé de fuir de Lille l'année précédente devant les armées alliées, l'Électeur de Cologne avait transporté sa résidence à Valenciennes.

« *Milites, milites* ». Des deux côtés, l'appel fut entendu (1).

A l'arrivée des courriers alarmants de l'intendant et du général de l'armée de Flandre, le contrôleur Desmaretz avait tout forcé pour réunir quelque argent. L'armée se ressentit peu de ce secours qui fut presque entièrement absorbé par le service des vivres, mais M. de Bernières avait la consolation d'écrire (2) à Voysin, le 6 août 1709 : « Après des difficultés insurmontables, je suis venu à bout de faire donner le pain à l'armée pour trois jours, ce qui commencera aujourd'hui. Il n'y a qu'à souhaiter que cela continue. Je dois m'aboucher ce soir à Valenciennes avec le sieur Fargès, qui est le véritable restaurateur de nos affaires. »

Ainsi, au milieu du mois d'août, par une espèce de miracle, Villars entrevoyait enfin la possibilité de manœuvrer devant l'ennemi, de rassembler et de mouvoir son armée dont les différents corps, affaiblis par une détresse sans exemple, avaient dû jusqu'alors demeurer figés sur place, derrière sa ligne de retranchements. Cette liberté d'action lui devenait d'autant plus nécessaire que M. de Surville, après une valeureuse défense, s'était vu forcé de rendre aux Alliés la ville de Tournai, le 31 juillet 1709, et de se retirer dans la citadelle. La durée de ce second siège allait exercer une influence décisive sur les événements de la fin de la campagne. Si M. de Surville parvenait à prolonger pendant près deux mois sa résistance, s'il savait ménager les approvisionnements de la citadelle qu'il devait surtout au conseiller au Parlement de Flandre, Lefebvre d'Orval, et qui le mettaient en mesure de pousser sa dé-

(1) D'après Sainte-Beuve, *Nouveaux Lundis.*
(2) Vol. 2154, Arch. hist.

fense jusqu'à la fin de septembre, la campagne se bornait, suivant les espérances du maréchal de Villars, à la prise de Tournai. Ce n'était point payer trop cher le salut de l'État que de l'acheter par le sacrifice d'une seule place alors qu'au début des hostilités tout apparaissait désespéré. Si, au contraire, les Alliés se rendaient maîtres en quelques jours de la citadelle de Tournai, il était certain qu'ils poursuivraient leurs conquêtes et en viendraient à une rencontre avec notre armée. Sans reculer devant la perspective d'un combat, Villars manifestait néanmoins le désir de ne point s'exposer à l'éventualité d'une bataille dans l'attitude défensive qui lui était imposée et dans les conditions désavantageuses où le plaçaient, en face des ennemis, l'infériorité de ses forces et le manque de magasins.

La cour s'était alarmée lorsqu'elle avait vu le Maréchal donner toute son attention à sa droite. Elle craignit que les ennemis ne parvinssent à se porter par une marche forcée sur Aire et Saint-Venant. A plusieurs reprises, durant le mois de juillet, le Roi engagea le Maréchal à se tenir en force derrière la Deûle et à ne pas dégarnir les lignes de Hulluch-Cuinchy. Sans les abandonner, Villars, que les raisonnements de la cour et les avis contradictoires de son entourage n'avaient point ébranlé, persista à voir le danger à son centre et à sa droite, et affaiblit progressivement sa gauche pour établir le gros de ses forces autour de Douai et au camp de Denain. Il eut bientôt à se féliciter de ces mesures quand il apprit la marche de Marlborough et d'Eugène sur Orchies et ne tarda pas à pénétrer leurs projets. Ne laissant qu'un corps de trente bataillons et de douze escadrons au siège de la citadelle de Tournai, les généraux alliés s'étaient portés sur Orchies, le 6 août, avec le dessein de se saisir d'un passage de la Scarpe, aux environs de Marchiennes. S'ils parvenaient à franchir cette rivière, ils prenaient à revers les lignes de Denain, les faisaient tomber sans combat et rendaient possibles le siège de Bouchain qui n'était pas en mesure de les arrêter huit jours, puis ceux de Valenciennes et de Condé. Mais le maréchal de Villars était sur ses gardes. Son armée occupait, à la date du 7 août, les emplacements suivants : 45 bataillons au camp de Denain, 4 derrière Marchiennes, 13 à Pont-à-Lallaing, 16 à Auby, 9 à Pont-à-Sault, 17 à Courrières, 6 à Pont-à-Vendin, 12 dans la ligne de Hulluch à Cambrin, 2 à Béthune et 1 à Saint-Venant, ce qui, avec 3 bataillons d'artillerie (1), donnait un total de 128 bataillons.

Ses 268 escadrons étaient ainsi répartis : 100 escadrons tant à Denain qu'à Saint-Saulve, 76 à Écaillon et à Waziers, 11 derrière les retranchements du canal de la Deûle du côté de Douai, et 81 derrière la ligne de Hulluch à Cuinchy (2).

A la même date, l'armée alliée, forte de 182 bataillons et de 290 escadrons, sans compter les troupes laissées au siège de la citadelle de Tournai, campait sur deux lignes en regard du centre de la position française, l'aile droite à Pont-à-Marcq, l'aile gauche au delà d'Orchies, entre Marchiennes et Saint-Amand (3).

Dans la soirée du 8 août, Marlborough fit avancer sur Marchiennes un corps assez considérable, avec de l'artillerie et un fort détachement de grenadiers, afin de se saisir de ce poste, occupé seulement par 600 hommes. Villars, prévenu de ce mouvement, fit aussitôt jeter dans la petite ville une brigade d'infanterie que vint bientôt renforcer une seconde brigade. Lui-même s'y porta, fit ouvrir le feu sur les détachements ennemis dès

---

(1) Alors à Saint-Venant.

(2) *Mémoires militaires relatifs à la Succession d'Espagne*, de Vault, tome IX, page 76. — Voir la planche V.

(3) *Die Feldzüge des prinzen Eugen von Savoyen*, tome XI, page 87.

qu'ils parurent en vue des murailles et les obligea à se retirer.

Sur cette tentative des Alliés, le Maréchal jugea à propos de renforcer son centre. M. d'Albergotti eut l'ordre de se porter, avec les 45 bataillons du camp de Denain et une partie de sa cavalerie, la droite entre Marchiennes et Helesmes, la gauche vers Pont-à-Raches le long de la Scarpe, et de laisser derrière la ligne de Denain le reste de sa cavalerie aux ordres de M. le chevalier de Luxembourg.

Telle fut, cette fois encore, la sagesse des dispositions du maréchal de Villars que les ennemis n'osèrent rien entreprendre contre lui. S'ils tentaient une attaque contre son extrême droite par Saint-Amand et Vicoigne, le Maréchal était en mesure de leur opposer la cavalerie du chevalier de Luxembourg, immédiatement renforcée des 45 bataillons et des escadrons de M. d'Albergotti qui touchaient, par leur droite, la gauche des escadrons laissés au camp de Denain. Bien que la ligne occupée par l'armée française fût très étendue, la solidité des retranchements et les obstacles accumulés de la Lys à l'Escaut permettaient au Maréchal de n'être pas en force partout. Les ennemis ne pouvaient attaquer sa droite qu'en se saisissant d'un passage sur la Scarpe, dont Villars avait accru la défense par un barrage établi auprès de Marchiennes. S'ils essayaient de forcer son centre, ils rencontraient le canal de la Deûle à la Scarpe, dont les points de passage étaient solidement occupés. Enfin, ils ne pouvaient attaquer sa gauche sans faire un grand détour pour venir passer la Deûle, en raison de ses marais, vers Haubourdin, et sans se heurter ensuite aux lignes de Hulluch-Cuinchy. Dans cette dernière hypothèse, comme nos troupes se communiquaient, le Maréchal pouvait se flatter d'être averti à temps du mouvement des Alliés et de leur opposer toute son armée rapidement rassemblée sur sa gauche.

Eugène et Marlborough reconnurent cette fois encore la position de leur adversaire inattaquable, comme ils s'étaient vainement heurtés à la position Hulluch-Cuinchy à la fin de juin ; mais, avant d'arrêter de nouvelles résolutions, ils convinrent d'attendre la capitulation de la citadelle de Tournai, qu'ils savaient prochaine. Les rapports des déserteurs s'accordaient à marquer l'épuisement des vivres du défenseur. En vain, Villars avait écrit lettres sur lettres à M. de Surville pour lui témoigner son vif mécontentement (1) et sa douleur d'apprendre que la garnison se trouvait à la veille de se rendre, faute d'un meilleur emploi des subsistances rassemblées dans la citadelle de Tournai. Indignement trompé par les commissaires des guerres, qui avaient le maniement des vivres et les dilapidaient à leur profit, M. de Surville n'avait point su réprimer ces abus. Il battait la chamade le 31 août 1709, et, en dépit de sa valeureuse défense, il ne parvint jamais à se faire pardonner, aux yeux de Villars, cette capitulation prématurée qui détruisait toutes les espérances du général de notre armée de Flandre : « Si cette maudite citadelle avait été munie comme il a dépendu de ceux qui y commandent, écrivait (2) le Maréchal à

---

(1) A diverses reprises, et notamment le 30 août 1709, Villars écrivit à M. de Surville en ces termes : « Je vois, Monsieur, dans la lettre que vous me faites l'honneur de m'écrire, du 27, que vous donnez encore deux livres de pain à votre garnison. La fin de cette lettre est surprenante que, par les retranchements que vous avez faits pour les subsistances, vous avez trouvé moyen de gagner un jour, que vos mesures étaient prises pour battre la chamade le 30 et que ce sera le 31. C'est la plus honteuse chose du monde..... »

Dans une lettre à Voysin du 31 août 1709, il disait : « Il faut être absolument imbécile pour n'avoir pas mis des vivres dans la citadelle pour trois mois. » Vol. 2152, Arch. hist.

(2) Villars à Voysin, au camp de Sin-le-Noble, ce 1er septembre 1709. Vol. 2152, Arch. hist.

## PLAN DU CAMP RETRANCHÉ DE L'ARMÉE DU ROI

**depuis Cambrin jusques au Moulin de Wingles.**

Par M. DE CANDAU, Ingénieur à la suite de l'armée.

---

Fragment de la Carte du campement de l'armeé de flandres, Representant la grande ligne d'infanterie et le retranchement (A, B) dont elle est couverte

Quinsy

Auchy

haines

M. de quinsy

Cence des briques

fontaine de St Retrude

D

C

B

A

M. de Vingle

Cambrin

hullu

Henyfontaine

toises

echelle du plan

Depot Gl des Fortifications

Profil du Retranchement (A, B) Couppé sur la ligne (C, D)

Avant fossé

echelle du Profil

toises

Le 9. juillet 1709.
Camp et retranchement
entre Cambrin et le moulin de Vingle

Bataille Malplaquet.

**Champ de bataille de**
**Malplaquet**

*Retranchements français*
*Ligne tracée le 10 Sept., et non achevée*
Échelle $\frac{1}{40.000}$ environ

Sars-la-Bruyère
Rieux-de-Bury
Blaregnies
Bois de Sars
Rau du Pont à Favart
141
LaFolie
140
Cense de Contournant
146
la Chaussée du Bois
Trieu
140
148
LaLouvière
150
Bois Thierry
Aulnois
Cense de Longbrai
Cense de Blairon
148
Chapelle de la Louvière
153
Camperdu
la Grosse Haie
156
118
162
Moulin de Taisnières
Malplaquet
142
Cense Parquerie
Bois des Écoliers
Bois de la Lanière et de Jansart
Taisnières
Les Cressarts
135
L'Hogneau
Leparon
149

Bataille Malplaquet.

PLAN DE LA BATAILLE DE MALPLAQUET, par NAUDIN.

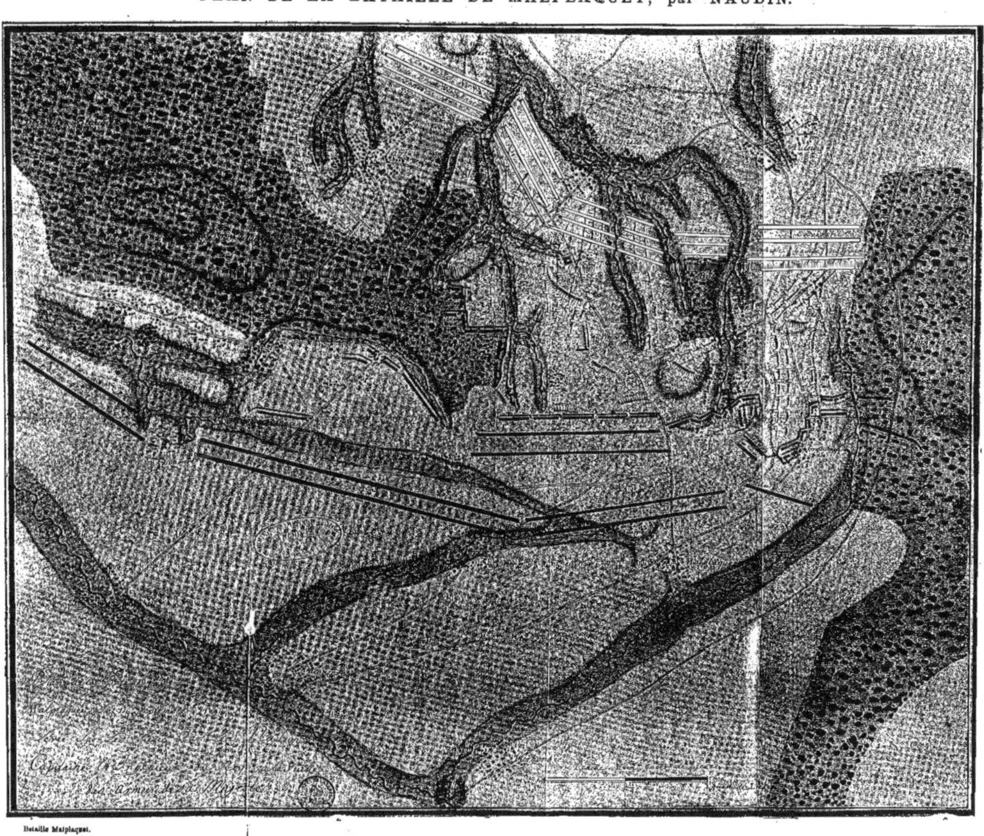

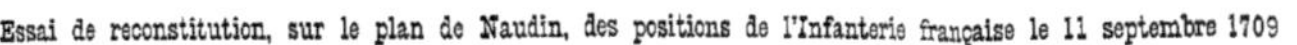

## Essai de reconstitution, sur le plan de Naudin, des positions de l'Infanterie française le 11 septembre 1709

(Il n'existe qu'un seul plan manuscrit, aux Archives historiques, qui, malgré un dessin très incorrect, renferme de précieuses indications sur l'emplacement de nos régiments d'infanterie. Ces indications concordent avec celles de Naudin qui n'a indiqué que les brigades. Nous avons combiné ces données avec celles de nos relations pour retrouver les emplacements des différents régiments.) — Nota : Chaque bataillon est figuré par un rectangle.

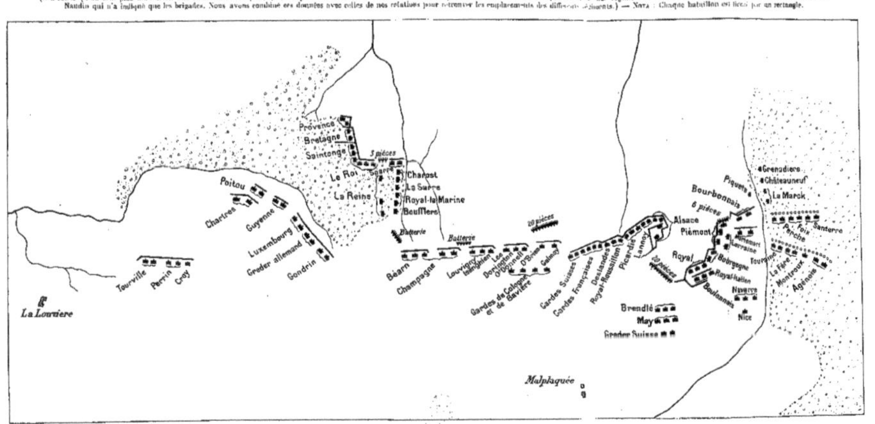


## INFANTERIE

### AILE DROITE :

| Bourbonnais : | Perche : | Touraine : | La Fère : | Piémont : | Royal : | Navarre : | May : | Lannoy : | Picardie : | Gardes : |
|---|---|---|---|---|---|---|---|---|---|---|
| Bourbonnais........ 2 | Perche.......... 2 | Touraine........ 1 | La Fère.......... 2 | Piémont.......... 3 | Royal............ 3 | Navarre.......... 3 | May............ 3 | Lannoy........ 2 | Picardie......... 3 | Françaises........ 4 |
| La Marck.......... 2 | Foix............ 2 | Châteauneuf...... 1 | Montroux........ 1 | Bourgogne....... 2 | Royal-Italien..... 1 | Lorraine......... 2 | Brendlé.......... 3 | Alsace........ 4 | Royal-Roussillon.. 2 | Suisses.......... 2 |
| Mortemart......... 2 | Santerre........ 2 | | Agénois.......... 2 | | Boulonnais...... 2 | Nice............ 1 | Greder suisse..... 2 | | Deslandes....... 1 | |

### AILE GAUCHE :

| Gardes de Cologne et de Bavière : | Irlandais : | Champagne : | La Reine : | La Sarre : | Charost : | Le Roi : | Bretagne : | Poitou : | Gondrin : | Tourville : |
|---|---|---|---|---|---|---|---|---|---|---|
| Gardes de Cologne... 2 | Galmoy.......... 1 | Champagne...... 3 | La Reine........ 3 | La Sarre........ 1 | Charost.......... 2 | Le Roi.......... 4 | Bretagne......... 2 | Poitou........ 2 | Gondrin......... 2 | Tourville........ 2 |
| Gardes de Bavière... 2 | O'Brien.......... 1 | Louvigny........ 2 | Béarn........... 2 | Royal-la-Marine... 2 | Sparre.......... 2 | Saintonge........ 2 | Provence........ 2 | Guyenne....... 2 | Luxembourg...... 2 | Perrin........... 2 |
| | O'Donnell........ 1 | Isenghien....... 1 | | Boufflers........ 1 | | | | Chartres....... 2 | Greder allemand.. 2 | Cruy............ 1 |
| | Dorington........ 1 | | | | | | | | | |
| | Lee............. 1 | | | | | | | | | |

| | | |
|---|---|---|
| Aile droite............ | 63 | bataillons. |
| Aile gauche............ | 55 | — |
| Royal-Artillerie........ | 2 | — |
| Bombardiers........... | 1 | — |
| Total..... | 121 | bataillons. |

Bataille Malplaquet.

PLAN DU CAMPEMENT DE L'ARMÉE DU ROI PRES DE DENAIN

Par M. DE CANDAU, Ingénieur à la suite de l'armée.

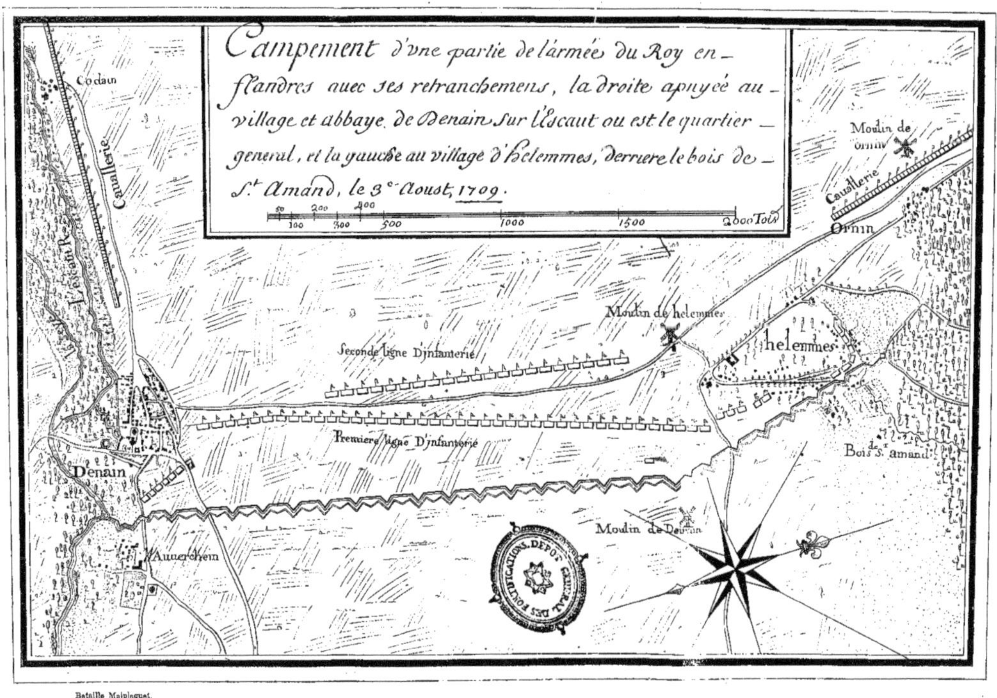


Bataille Malplaquet.

## PLAN ET PROFIL DES RETRANCHEMENTS DU CAMP DE DENAIN

---

*Bout de plan, et profil des retranchemens du camp d'Entre-Denain Sur l'Escaut, Et le village d'helemmes, auec vn auant-fossé projetté, le 3e Aoust 1709.*

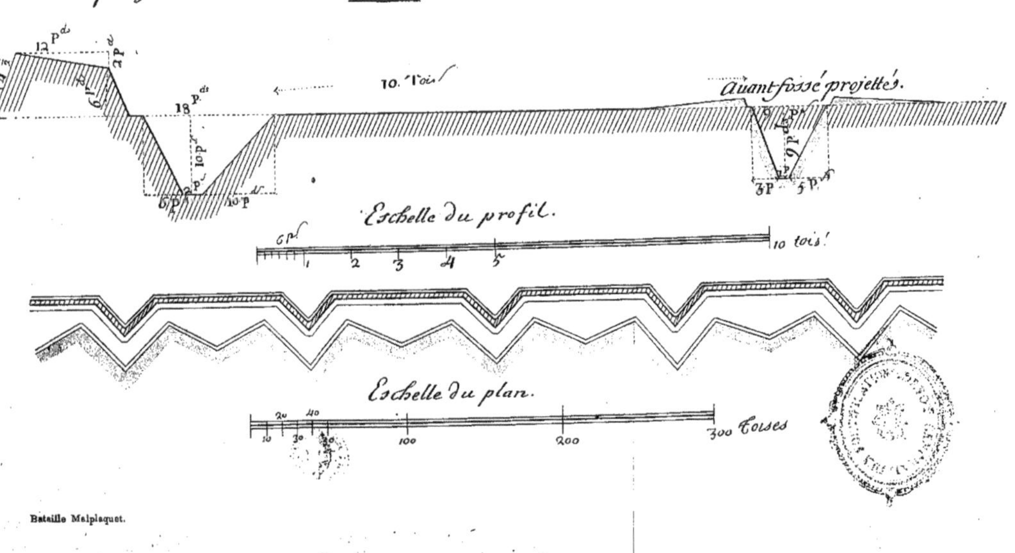


Bataille Malplaquet.

Voysin, le 1er septembre 1709, certainement, sans que l'on fût commis à une bataille, nous attrapions la fin de septembre et vraisemblablement la fin de la campagne. »

## CHAPITRE III.

**Mouvements des armées depuis la reddition de la citadelle de Tournai jusqu'à la bataille de Malplaquet (du 4 au 10 septembre 1709).**

Après les immenses espérances que les Alliés avaient conçues de cette campagne, il fallait s'attendre à ce qu'ils ne jugeassent pas suffisant leur succès devant Tournai et cherchassent soit un nouveau siège, soit une bataille. Le maréchal de Villars prit aussitôt ses mesures pour porter rapidement ses troupes sur le point menacé. Lui-même se maintint en forces au centre, aux portes de Douai, laissant à M. d'Albergotti le commandement de sa droite, de Denain à Pont-à-Raches, et à M. d'Artagnan, le commandement de sa gauche, de Pont-à-Raches aux lignes de Hulluch-Cambrin. Le 30 août 1709, il résumait lui-même dans un mémoire (1), modèle de précision et de clarté, ses instructions pour la défense des lignes : « Ce que nous devons observer présentement, y disait-il, c'est de donner la main également aux extrémités, c'est-à-dire de nous placer de manière que nous puissions nous porter dans les camps retranchés de Cambrin et de Denain avant que l'ennemi puisse y arriver en force et faire ses dispositions pour les attaquer. » Puis, après avoir indiqué les moyens

(1) Mémoire pour la défense des lignes, 30 août 1709, vol. 2152, Arch. hist. Ce mémoire a été reproduit par le lieutenant général de Vault, *Mémoires militaires relatifs à la Succession d'Espagne*, tome IX, page 338 et suivantes.

propres à se tenir sans cesse au courant des démarches de l'ennemi et à assurer la rapidité et la sûreté des mouvements de nos troupes à l'intérieur des lignes, il ajoutait : « Il faut que MM. les officiers généraux, surtout ceux des extrémités, se déportent, autant qu'il se pourra, de leur attachement particulier aux postes dont ils sont chargés pour entrer dans le général qui est d'en conserver deux également importants (les camps de Cambrin et de Denain), et d'avoir pour principal objet, s'il est impossible d'empêcher que l'ennemi puisse arriver sur Saint-Venant, d'être au moins en état de l'attaquer sur Saint-Venant ; et, s'il vient sur Denain, de pouvoir se placer et lui disputer l'entrée des retranchements.....

« Il faut donc que MM. les commandants des extrémités aplanissent les difficultés au lieu d'en faire naître de nouvelles et entrent dans l'esprit du général, qui est d'être bien sûr du centre et de se porter sur l'un des deux camps avant que l'ennemi puisse y amener le nombre de troupes nécessaire pour se flatter de l'emporter ; je dis le nombre de troupes nécessaire, parce que, dans de tels postes, 40 bataillons doivent en arrêter 60. »

Alerte et vigilant, Villars se préparait à une bataille qu'il jugeait inévitable, et il était en droit d'écrire (1) au marquis de Torcy, le 28 août 1709 : « Tout ce qui a pu être pratiqué pour bien couvrir un pays a été mis en usage, et il n'y a rien d'oublié. » Cette bataille, le Maréchal n'irait point l'offrir à l'ennemi, mais si les Alliés marchaient à lui, il ne la refuserait pas. « M. le Maréchal me fit l'honneur de me dire hier, écrivait (2) le comte Dauger au duc du Maine le 16 août 1709, qu'il

(1) Villars au marquis de Torcy, au camp de Waziers, ce 28 août 1709. *Pays-Bas*, vol. 65. Archives du Ministère des Affaires étrangères.

(2) Carton supplémentaire n° 7, Arch. hist.

avait des ordres précis du Roi de prêter le collet à l'ennemi s'il entreprenait de passer ses retranchements, qu'il avait grande envie de le faire, persuadé que le service de Sa Majesté le demandait, qu'il y était résolu et que nous devions nous y attendre.

..... « M. le Maréchal me dit à plusieurs reprises qu'il ne chercherait pas à donner bataille pour la donner; qu'il connaissait trop l'importance de ne le faire qu'à propos, mais qu'il croyait avoir pris ses mesures de manière que si l'ennemi tentait de passer ses retranchements ou la Scarpe aux lieux où il était, qu'il pourrait lui prêter le collet; qu'il se confiait surtout en sa cavalerie jusque-là que, pour en faire un bon usage, et en tirer tout le service qu'il en espère, il laisserait plutôt les bords de la rivière pour la faire agir dans la plaine. »

Dans sa lettre au marquis de Torcy, du 28 août 1709, Villars disait : « Je vois, Monsieur, par la lettre que vous m'avez fait l'honneur de m'écrire le 23, que, les mêmes difficultés pour la paix subsistant toujours, rien ne vous fait espérer une prompte conclusion..... Ce que je sais très parfaitement aussi, c'est que, si vous ne concluez pas présentement, vous êtes livré, par le Pensionnaire (1), à l'ambition déclarée et dissimulée des généraux ennemis et que le sort du royaume sera décidé par les armes avant qu'il soit trois semaines. J'espère, avec

(1) Heinsius. L'examen des dépêches du marquis de Torcy pendant sa mission à la Haye, au mois de mai 1709 (Correspondance de Hollande, volume 218 et suivants, Ministère des Affaires étrangères), semble indiquer que notre Ministre avait trouvé des dispositions plus favorables pour la paix chez le Grand-Pensionnaire que chez les deux autres chefs de la Coalition, Marlborough et le prince Eugène. A la fin de la campagne de 1709, Goslinga écrivait au Grand-Pensionnaire, du camp de Mons, le 12 octobre : « Ni Milord (Marlborough) ni le Prince (Eugène), croyez-moi, ne cherchent pas la paix. Ils sont tous deux dans une extrême impatience de voir arrêter (fixer) l'état de guerre. »

l'aide de Dieu, que ce sera en bien ; mais, la citadelle de Tournai prise, je ne sais pas comment éviter une bataille. Avec quinze bataillons de plus, j'aurais répondu de forcer l'ennemi à m'attaquer placé. Je ferai ce que je pourrai encore pour les y obliger, mais on ne peut se le promettre certainement lorsque l'on est contraint à ne pas perdre de vue des places qui sont la barrière du royaume et lesquelles, une fois investies, seraient prises en très peu de jours par des raisons expliquées et connues il y a longtemps. Ainsi donc, Monsieur, le traité différé jusqu'à l'hiver, nous n'avons qu'à nous recommander à Notre-Dame de Frappefort. »

Le Roi, ainsi que le Maréchal, jugea bien que tout annonçait une bataille prochaine. Il vit le danger que courrait l'armée, en cas de blessure ou de maladie du maréchal de Villars, et la nécessité de lui adjoindre un homme de rang et de caractère qui inspirât confiance au soldat. Il jeta les yeux sur le glorieux défenseur de Lille en 1708, sur l'homme qu'il savait prêt à tous les sacrifices « à la lueur du bien de l'État (1) ». Quoique Villars se trouvât son cadet de loin à la guerre, le maréchal de Boufflers fut le premier à dire au Roi qu'il servirait avec empressement sous les ordres de son collègue « comme volontaire et sans aucun caractère (2) ». Oubliant son grand âge et ses infirmités (3), il partit de Paris le 2 septembre. A son arrivée à Arras, le lende-

(1) Saint-Simon, *Mémoires*, tome V, page 39, édition Cheruel.

(2) Lettre de Voysin à Villars, 1er septembre 1709. Vol, 2152, Arch. hist.

(3) Le maréchal de Boufflers à Voysin, à Arras, ce 3 septembre à 5 heures après-midi : « Je suis arrivé ici, Monsieur, il y a une heure en bonne santé, Dieu merci. Il fallut hier matin me porter à quatre dans ma berline en partant de Paris, ne pouvant, sans aucune exagération, mettre le pied droit à terre tant j'y souffrais de douleur. Je marche

main, il envoya aussitôt à Villars un gentilhomme porteur de la lettre (1) suivante :

« Je crois, Monsieur, que le Roi vous a donné avis de l'ordre que Sa Majesté m'a donné avant-hier de me rendre ici sur la frontière, prêt à recevoir et exécuter vos ordres. Suivant cela, je vous dépêche ce gentilhomme pour vous dire, Monsieur, que je viens d'arriver ici et pour vous supplier de vouloir bien me faire savoir par son retour si vous approuvez que j'aie l'honneur de me rendre demain près de vous pour satisfaire mon impatience d'avoir l'honneur de vous embrasser et de recevoir moi-même vos ordres. Je puis vous assurer qu'aucun de vos aides de camp ne les exécutera avec plus d'empressement ni plus de plaisir que moi. Ne regardez point cela, je vous en conjure, comme un compliment ni une manière de parler, mais comme une vérité très constante.

« Vous savez, Monsieur, depuis longtemps, à quel point je vous honore. Je serai ravi d'avoir occasion de vous en donner les preuves les plus effectives et qui puissent vous convaincre que personne au monde n'est plus parfaitement ni avec plus d'amitié et d'attachement que moi, Monsieur, votre très humble et très obéissant serviteur. »

Une démarche si généreuse ne devait causer aucun ombrage au général de l'armée de Flandre, quelque jaloux qu'il fût de son autorité. Il s'empressa de prier le Maréchal de se rendre auprès de lui. « J'étais déjà informé, Monsieur, lui répondait-il (2) le même jour,

---

depuis cette après-midi comme un Basque. On ne peut disconvenir, après cette expérience, que la fatigue ne soit un bon remède. » Vol. 2152, Arch. hist.

(1) Vol. 2152, Arch. hist.

(2) Villars à Boufflers, au camp de Sin, le 3 septembre 1709. Vol. 2152, Arch. hist.

par la letttre dont Sa Majesté m'a honoré du 1er, que je pouvais compter sur le plaisir et l'honneur de vous voir en ces pays-ci. Vous serez bien persuadé que c'est la plus sensible joie que je puisse avoir, et ce serait toujours à moi à recevoir vos ordres. Vous méritez bien mieux, par toutes sortes de raisons, de les donner.

« Depuis deux heures, j'ai de très mauvaises nouvelles de la citadelle de Tournai, sans en avoir aucun détail, et il paraît, par tous les avis, que les ennemis doivent se mettre en marche incessamment. On charge tous les gros bagages. Ils ont retiré leurs fourrageurs et pâtureurs, et l'on ne peut douter d'un mouvement fort prochain. Vous serez bien persuadé de la joie et de l'extrême impatience que j'ai d'avoir l'honneur de vous voir. Je suis persuadé que ce sera vers midi, suivant les nouvelles que j'ai l'honneur de vous mander. Vous me trouverez toujours les mêmes sentiments de l'attachement très fidèle avec lequel j'ai celui d'être, Monsieur, votre très humble et très obéissant serviteur. »

Boufflers arriva au quartier général, à Sin-le-Noble, le 4 septembre. L'entrevue ne fut qu'un combat de générosité, Villars offrant de partager avec son ancien le commandement de l'armée, insistant pour recevoir de lui le mot d'ordre, mais en vain. Le maréchal de Boufflers ne voulut accepter aucun titre qui pût gêner les décisions ou amoindrir l'autorité de son collègue, et tous deux ne songèrent plus dès ce moment qu'à unir leurs vues et à travailler de concert pour le bien de l'État.

Cet accord si entier entre les deux maréchaux, le magnifique mouvement de Boufflers, remplirent de joie tous les officiers et les soldats. Le bruit s'accrédita un instant que l'arrivée du Maréchal avait pour but de mettre fin aux hostilités et d'établir avec les généraux

Alliés les bases de la paix (1); mais les discours de Boufflers, qui ne respiraient que le désir d'en venir aux mains avec les ennemis, eurent bientôt détrompé les esprits. Son ardeur de combattre se répandit dans l'armée entière, qui en reçut une vigueur nouvelle. Nos troupes sortaient comme transfigurées des misères et des privations qu'elles avaient héroïquement supportées; leur patience ne s'était point démentie et, bien qu'à la fin d'août 1709 leurs souffrances fussent loin d'être conjurées, elles continuaient à faire preuve d'une grande résignation. « Notre pain se fournit assez régulièrement, écrivait (2) M. d'Artagnan à Voysin le 27 août 1709, mais il est si mauvais que j'ai toutes les peines du monde à le faire prendre aux troupes..... ; la viande nous est fournie régulièrement, mais les officiers meurent de faim, la plupart étant obligés de vivre de ce mauvais pain; cependant, rien n'est plus louable que les officiers et les troupes du peu de murmure qui m'en revient. » La saison s'avançant, le soldat commençait à recueillir dans la campagne quelques légumes, des pois et des fèves, qui l'aidaient à s'accommoder du mauvais pain auquel il était réduit. Grâce à la séparation de l'armée en plusieurs camps, la cavalerie avait trouvé de grandes facilités pour sa subsistance et elle était, au début de septembre, en état de fournir un vigoureux effort. « Nos chevaux se portent à merveille, mandait (3) M. Dauger, major de la gendarmerie, au duc du Maine, le 16 août 1709, et l'on peut dire que ce camp ici (4) a si bien

(1) Le comte Dauger au duc du Maine, le 5e de septembre 1709, au camp de Sin : « L'arrivée de M. de Boufflers a donné une grande joie et de grandes espérances pour la paix à toute l'armée. » Carton supplémentaire no 7, Arch. hist.

(2) M. d'Artagnan à Voysin, au camp d'Annay, du 27 août 1709. Vol. 2152, Arch. hist.

(3) Carton supplémentaire no 7, Arch. hist.

(4) Le camp de Denain.

réparé ce que celui de la Bassée avait gâté qu'ils ne sont guère en moins bon état que quand on est entré en campagne..... Le soldat, qui commence à trouver des légumes et des grains sur terre, se passe mieux du pain de munition, et on s'aperçoit déjà que les forces et le courage lui reviennent. Les officiers d'infanterie m'ont assuré que la désertion n'est pas grande. » Sans cesse exercée dans ses différents camps, l'armée avait été tenue en haleine et rompue à la discipline. Enfin, quelques engagements heureux, la déroute d'un poste ennemi à Warneton, sur la Lys, la prise de l'abbaye d'Hasnon, sur la Scarpe, plusieurs rencontres favorables à notre cavalerie dans les divers fourrages exécutés au Nord de la Scarpe, avaient contribué à relever le moral de nos troupes, qui désiraient vivement l'occasion de se mesurer avec l'ennemi.

La capitulation de la citadelle de Tournai avait rendu à Eugène et à Marlborough la liberté de leurs mouvements. N'ayant pas trouvé l'occasion d'attaquer nos retranchements et, devant la barrière des inondations de l'Escaut, ne pouvant entreprendre les sièges de Condé et de Valenciennes, ils jetèrent leurs vues sur la ville de Mons. Pour s'assurer l'investissement de cette place, gagner de vitesse le maréchal de Villars et l'empêcher d'occuper les anciennes lignes de la Trouille, qui reliaient Maubeuge à la ville de Mons, ils détachèrent, le 3 septembre, de leur armée, toujours campée à Orchies, 4,000 hommes d'infanterie et 60 escadrons, aux ordres de l'un de leurs meilleurs généraux de cavalerie, le prince héréditaire de Hesse. Le 4, dans la nuit, après avoir fait quelques démonstrations, comme s'ils avaient formé le dessein d'attaquer nos lignes, ils se mirent eux-mêmes en mouvement et vinrent passer l'Escaut à Tournai, à Antoing et à Mortagne.

Leur entreprise ne laissait pas d'être délicate. Villars, plus rapproché de Mons que ses adversaires, devait, suivant toute apparence, arriver avant eux sur les bords de la Haine et leur en interdire le passage. « Comme vous êtes en état de vous porter du côté de la Haine plus diligemment qu'ils ne peuvent faire, écrivait (1) Voysin au Maréchal le 6 septembre, il ne leur sera pas possible de passer cette rivière en votre présence. » C'était aussi la conviction du député hollandais Goslinga, qui, rendant compte à Heinsius de la décision prise de marcher sur Mons, écrivait (2) de Tournai, le 4 septembre 1709 : « Celle-ci n'est que pour vous dire que l'armée est marchée cette nuit. On prétend investir Mons ; mais, selon mon petit sentiment, il est impossible d'y réussir..... Si tout va à souhait, Mons sera investi demain ; mais, comme j'ai l'honneur de vous dire, il n'en sera rien. Je doute même que nos chefs mêmes sont persuadés que la chose soit possible. »

Grâce à la rapidité surprenante de sa marche, le prince de Hesse assura le succès complet d'une manœuvre dont les Alliés eux-mêmes appréhendaient l'issue. Il se présentait devant les lignes de la Trouille le 5 septembre, bien que sa marche eût été contrariée par une pluie continuelle et qu'il n'eût pu franchir la Haine qu'au village d'Havré, en amont de Mons, la petite place de Saint-Ghislain ne lui ayant pas permis d'effectuer le passage en aval. Il arriva en vue des lignes par l'Est en même temps que le chevalier de Luxembourg y entrait par l'Ouest. Détaché par M. d'Albergotti du camp de Denain avec 30 escadrons et la brigade de Picardie, le chevalier de Luxembourg, après avoir appris, dans la nuit du 5 au 6 septembre, que les troupes du prince de Hesse constituaient l'avant-garde de l'armée ennemie, ne crut point devoir risquer un

(1) Vol. 2152, Arch. hist.
(2) Archives de la Haye.

combat et prit le parti de se retirer le 6 septembre sur Quiévrain. Villars y avait rejoint la veille M. d'Albergotti avec la Maison du Roi, la gendarmerie et les carabiniers.

Le 6, le maréchal de Villars disposait à Quiévrain, en plus de la Maison du Roi, de quarante bataillons et de toute la cavalerie de M. d'Albergotti. Il eut un instant la pensée de disputer avec ces forces aux ennemis les lignes de la Trouille, mais l'infanterie de M. d'Artagnan, qui formait les deux tiers de l'armée, ne pouvait le joindre que le lendemain. Le Maréchal ne crut pas (1) devoir risquer une bataille ainsi affaibli, d'autant plus que les Alliés étaient parvenus à Havré et que Marlborough avait passé la Haine, portant sa gauche jusqu'à Harmignies sur la Trouille, en mesure de soutenir le prince de Hesse.

Dans la soirée du 7 septembre, rejoint par M. d'Artagnan, Villars fit passer l'Hogneau à son armée qui campa sur deux lignes, orientées du Nord-Ouest au Sud-Est, la droite à Athis et la gauche à Montrœul. Le 8, tandis que nos troupes, immobilisées par l'obligation d'attendre le pain, séjournaient dans leur position de la veille, Eugène et Marlborough établissaient séparément leurs armées, le premier à l'Ouest de Mons sur les hauteurs de Quaregnon, le second, au Sud-Ouest de cette place, avec son quartier général au Grand-Quévy. Dans cette disposition, les Alliés n'étaient séparés de leur adversaire que par les bois qui, de Boussu près de la Haine, s'étendent au Sud jusqu'aux abords de Feignies.

Trois trouées permettaient à l'armée française de se porter à leur rencontre. La première, celle de Boussu, était large d'environ 2 kilomètres, de la Haine au

(1) Lettre de Villars à Louis XIV, au camp de Quiévrain, ce 6e d'août 1709. Vol. 2152, Arch. hist.

bois de Boussu. Entre les bois de Boussu et de Dour, courait un passage fort étroit, de 1 kilomètre à peine. La trouée la plus ouverte était celle de Malplaquet qui séparait le bois de Sars du bois de la Lanière. Dans sa partie la plus étroite, elle mesurait près de 3 kilomètres de large. Un petit bois, le bois de Thierry, divisait la trouée en deux couloirs : celui qui longeait la lisière du bois de Sars était dénommé trouée de la Louvière, d'une ferme où il conduisait ; l'autre était appelé trouée d'Aulnois, du nom du village où il aboutissait. La trouée de Malplaquet occupe le sommet d'un plateau servant de partage aux eaux qui vont grossir à l'Est la Trouille, à l'Ouest l'Hogneau. Plusieurs ruisseaux prennent naissance à la trouée même et courent au Nord-Est vers les villages de Blaregnies et d'Aulnois. A part le bois de Thierry aujourd'hui disparu, les lisières des bois de la Lanière et de Sars gardent encore assez fidèlement leur physionomie d'autrefois. La trouée apparaît ce qu'elle était en 1709, une vaste clairière enserrée par les bois à l'aspect sévère, qui donnent au champ de bataille un caractère de grandeur en harmonie avec la lutte puissante dont ils furent les témoins (1).

Villars, décidé à s'opposer à l'investissement de Mons, résolut de marcher à la rencontre des Alliés par la plus large des trouées, celle de Malplaquet. Dans la nuit du 8 au 9 septembre, le chevalier de Luxembourg reçut l'ordre de prendre les devants avec un détachement de cavalerie et d'occuper la tête des bois de Sars et de la Lanière pour assurer le débouché de l'armée. Au jour, à 6 heures du matin, l'armée suivit le chevalier de Luxembourg sur quatre colonnes, dont deux d'infanterie et deux de cavalerie. A la tête de chaque colonne d'infanterie marchait une brigade d'artillerie ; les colonnes

(1) Voir la planche VI.

de cavalerie étaient précédées d'une brigade de dragons. « La marche se fit avec beaucoup d'ordre et de diligence, sans battre (1) ». « L'infanterie de la première ligne avait la colonne qui était la plus proche de l'ennemi. La cavalerie de la première ligne composait la seconde colonne ; la troisième était d'infanterie, et enfin la cavalerie de la seconde ligne composait la quatrième. L'artillerie devait avoir une marche à part, mais elle se mêla, sans que cela pourtant produisît un grand désordre, avec les colonnes qui voulurent suivre leur marche et furent cause qu'elle arriva plus tard qu'elle n'aurait dû, hors quelques vingt pièces qui furent plus diligentes (2). »

Masquée par le rideau de bois qui, de la Haine, descendait presque sans interruption jusqu'à la trouée de Malplaquet, l'armée française défila sans que l'ennemi perçût la moindre connaissance de sa marche. Villars avait prudemment laissé à l'un de ses lieutenants les plus actifs, au comte de Broglie, une arrière-garde de quinze escadrons, auxquels il avait fait joindre 1000 chevaux de troupes détachées et 500 grenadiers, avec ordre de fermer les trouées de Boussu et de Dour. M. de Broglie s'acquitta avec à-propos de sa mission. Il occupa tous les sentiers et chemins allant vers l'ennemi, du village de Boussu à celui de Sars, si bien que Marlborough et Eugène étaient encore, à 8 heures du matin, dans l'entière incertitude des mouvements de leur adversaire. Non seulement ils ignoraient celle des trouées dont Villars avait fait choix pour marcher à leur rencontre, mais ils le croyaient encore immobile dans sa position du 7, sur la rive droite de l'Hogneau. La seule précau-

(1) Relation de la bataille de Taisnières adressée au duc du Maine par le marquis de la Frézelière. Carton supplémentaire n° 7, Arch. hist.

(2) Lettre du comte Dauger au duc du Maine, le 14 septembre 1709, au camp proche le Quesnoy. Carton supplémentaire n° 7, Arch. hist.

tion dont ils fussent convenus était de reconnaître de près, par eux-mêmes, la situation de leur adversaire qu'un de leurs partis, conduit par le général-major Grovestein, leur avait signalée la veille comme peu favorable au déploiement des troupes françaises (1). A cet effet, les deux généraux s'étaient donné rendez-vous au moulin de Sars.

Eugène s'y rendit à 6 heures du matin, Marlborough n'y vint qu'à 8 heures. 30 escadrons et 400 grenadiers sous les ordres du prince d'Auvergne, commandés pour accompagner les deux généraux, s'ébranlaient à peine que les premiers cavaliers signalaient plusieurs escadrons français déjà engagés dans la trouée de Malplaquet. Le prince d'Auvergne ne put même dépasser avec son détachement la lisière Sud des bois de Sars et de la Lanière. Il s'y heurta à des forces supérieures qui l'obligèrent à se replier, mais cette pointe lui avait permis d'entrevoir au loin de longues colonnes en marche et de se rendre compte de l'approche imminente de toute l'armée française.

C'était là un coup de théâtre imprévu. Remplis d'une fausse sécurité, les généraux alliés n'avaient pris aucune mesure pour la jonction de leurs armées, séparées par plus de deux lieues, et ils avaient envoyé au fourrage la majeure partie de leur cavalerie. De leurs camps où tout reposait sans inquiétude, nombre de soldats s'étaient répandus en maraude. « Les ennemis comptaient si peu de nous voir qu'ils allaient leur train pour former le siège de Mons, avaient une partie de leur cavalerie au fourrage et tous les soldats en maraude, et nous en prîmes autant que nous en voulûmes (2). » Le chevalier de

(1) *Mémoires de Goslinga*, page 109.

(2) Lettre du comte Dauger au duc du Maine, le 14 septembre 1709, au camp proche le Quesnoy. Carton supplémentaire n° 7, Arch. hist.

Quincy, dont le régiment marchait en tête de la colonne de la gauche, a écrit aussi dans ses Mémoires : « Nous arrivâmes, sur les 10 heures du matin, aux deux débouchés de Malplaquet, sans que les ennemis fussent informés en aucune manière de notre marche sur eux. Toute leur cavalerie était au fourrage, et leur infanterie en maraude ; mon tambour m'amena, pendant la marche, six maraudeurs (1). »

Jamais peut-être Eugène et Marlborough ne s'étaient trouvés en présence d'une situation aussi critique : ils y remédièrent par leur sang-froid. « Sur cette marche imprévue de M. de Villars, qui paraissait en vouloir à nous, dit le député hollandais Goslinga dans ses *Mémoires* (2), ils donnèrent ordre que toute l'armée se mît sous les armes et que la droite, à plus de deux lieues et demie de là, s'avançât au plus vite, et se rangeât auprès de notre gauche. Il faut avouer qu'en cette rencontre, M. Dopff (3) fit faire à notre gauche une très bonne manœuvre. Voyant que l'armée ennemie s'avançait sur nous, il fit sortir toute la gauche du camp et fit front contre l'ennemi qui, voyant deux bonnes lignes qui le façaient et témoignaient bonne contenance pour le recevoir comme il faut, s'arrêta et fit rentrer une tête qu'il avait fait pousser en avant pour gagner le défilé, comme déjà il avait fait. Cela donna le loisir au reste de l'armée de s'avancer, surtout à la gauche, et vers les 3 heures toute l'armée se trouva rangée. »

Ainsi, à 3 heures du soir, l'armée de Marlborough seule eût été en mesure de recevoir l'attaque du maré-

---

(1) *Mémoires du chevalier de Quincy*, publiés par M. Lecestre, tome II, page 352.

(2) Page 109.

(3) Général qui remplissait avec Cadogan les fonctions de quartier-maître général, c'est-à-dire de maréchal général des logis, dans l'armée des Alliés.

chal de Villars, dont les premières troupes étaient parvenues à l'entrée de la trouée de Malplaquet avant midi. Le général anglais devait renoncer à l'espoir d'être secouru en temps opportun par son collègue. « A l'approche de Villars, dit la Relation des députés hollandais (1), l'armée du prince Eugène qui, dans l'incertitude du dessein des ennemis, n'avait pas encore bougé, reçut aussi ordre de se joindre à la droite de milord duc, mais les pluies et une nuit obscure furent la cause qu'elle ne nous joignit que le lendemain 10 juillet. » Par bonheur pour les Alliés, leur ferme contenance en imposa au maréchal de Villars. Il suspendit brusquement vers midi la marche de son armée à l'entrée des trouées et ne songea plus qu'à appuyer la droite de son infanterie aux bois de Jansart et de la Lanière et la gauche au bois de Sars. Il plaça son centre en travers de la grande trouée qui menait aux deux autres. Vu le peu d'étendue du terrain, le Maréchal fit allonger et replier les extrémités de la droite et de la gauche de sa première ligne le long des bois de Sars et de la Lanière. La cavalerie fut placée en bataille sur plusieurs lignes, en arrière des bois. L'armée française et celle de Marlborough, une fois en présence, se canonnèrent jusqu'à la nuit assez vivement, mais sans engager d'action.

Bien des critiques militaires ont fait un reproche au maréchal de Villars de n'avoir point attaqué les ennemis le 9 septembre. S'il avait continué son mouvement offensif, il en venait aux mains, dans les premières heures de l'après-midi, avec la seule armée de Marlborough, sans que le prince Eugène pût prendre part à l'action. L'un des meilleurs tacticiens de cette époque et l'un des combattants de la journée du 11 septembre, Schulenbourg, reconnaît que « cette attaque était le

(1) Archives de la Haye. Lettres ordinaires de la campagne de 1709.

droit du jeu et peut-être on en aurait été plus qu'embarrassé (1) ». Le chevalier de Quincy, qui pénétra l'un des premiers dans la grande trouée et eut le loisir d'observer la position des ennemis, écrit (2) dans ses *Mémoires :* « J'aperçus d'un seul coup d'œil toute l'armée ennemie campée, dont les tentes étaient toutes tendues. Je n'y voyais aucun mouvement ; une tranquillité était répandue dans tout leur camp, leur droite entre le village de Sars et le moulin de ce nom, qui était derrière, et leur gauche au village d'Aulnois. Je restai quelque temps dans cet endroit. J'eus tout lieu de remarquer à mon aise que, si le maréchal de Villars voulait profiter de la négligence des généraux ennemis, il obtiendrait sans beaucoup de peine une victoire assurée..... Le prince Eugène et le duc de Marlborough profitèrent promptement, en grands capitaines, de leurs fautes ou plutôt de celle de notre général. Ils firent avancer non seulement ce qu'il leur restait de troupes, quoique très faibles par les raisons énoncées auparavant, mais aussi leurs canons, vis-à-vis les trouées, et ils en imposèrent si bien au Maréchal qu'il ne songea plus qu'à se mettre sur la défensive. Faute irréparable ! Il s'imaginait que ces Messieurs l'allaient attaquer ! Je suis persuadé que, si le duc de Vendôme s'était trouvé dans une pareille occasion, il en aurait bien profité à la gloire du Roi et de la nation. » Le témoignage du chevalier de Quincy est confirmé de tout point par celui d'un exempt aux gardes du corps, M. des Bournays, qui servait comme aide de camp auprès du maréchal de Boufflers : « La trouée d'Aulnois était masquée par des troupes des ennemis ayant le village d'Aulnois en queue, lequel est placé au pied d'une hauteur. Les généraux étaient dans

(1) *Vie et Mémoires de Schulenbourg*, tome I, page 424.
(2) *Mémoires du chevalier de Quincy*, tome II, pages 352 et 353.

POSITION DES ARMÉES LE 7 AOUT 1709

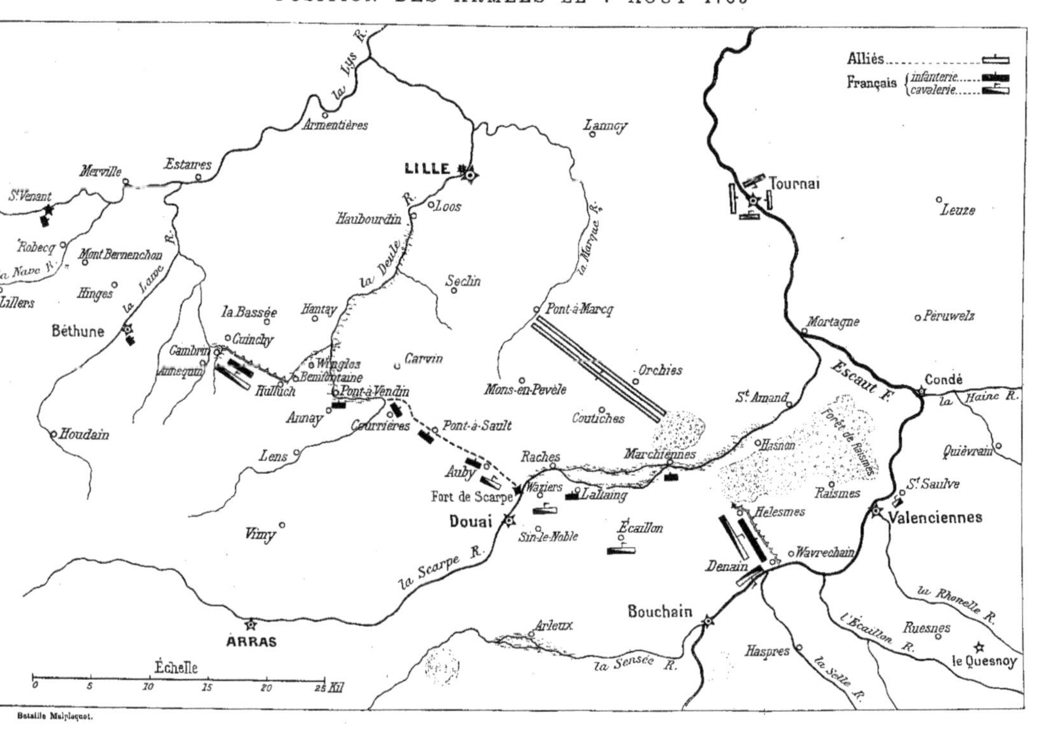

CARTE POUR SERVIR A L'ÉTUDE DES MOUVEMENTS DES ARMÉES

du 7 au 11 Septembre 1709.

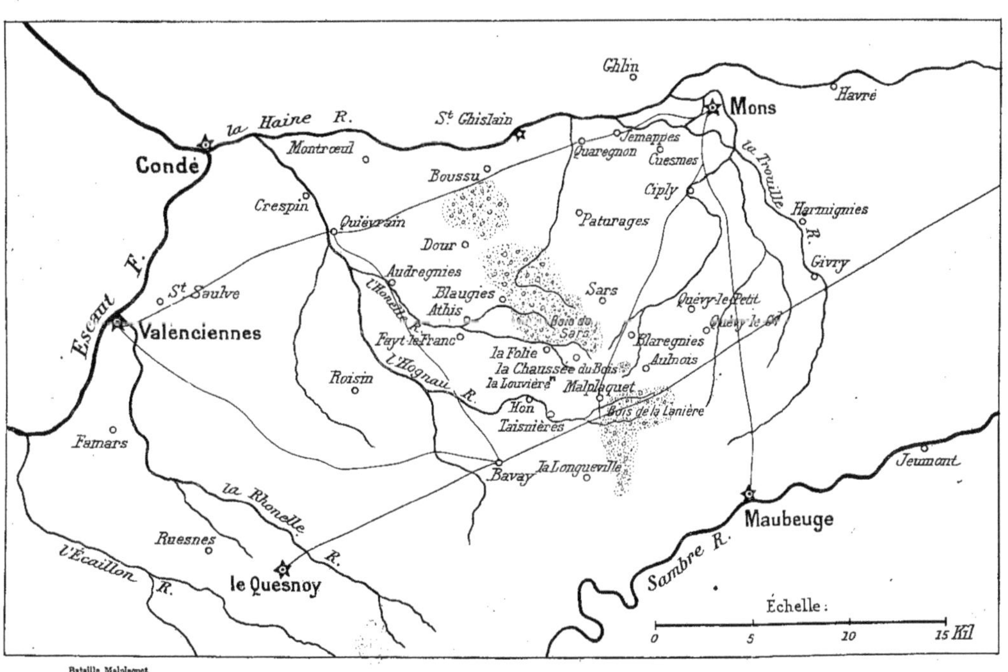


Bataille Malplaquet.

## Positions de la journée du 9 septembre 1709

D'après un croquis du temps conservé au volume 65, Correspondance des Pays-Bas (ministère des Affaires étrangères).

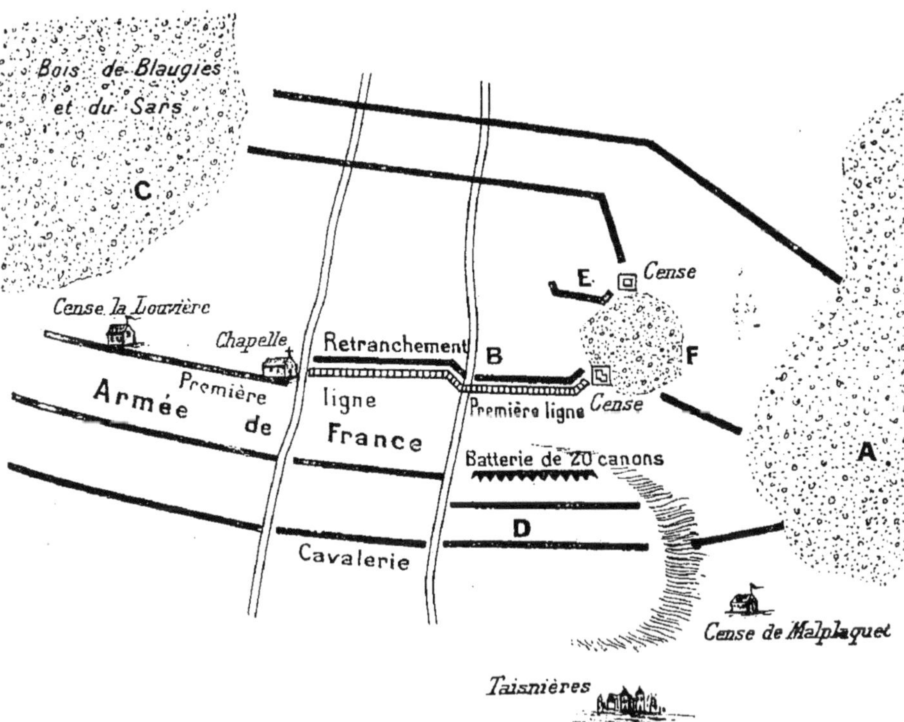


Le 9 septembre 1709, l'armée de France, sous les ordres de MM. les maréchaux de Boufflers et de Villars, décampa de Quiévrain pour marcher aux ennemis et arriva le même jour proche du village de Taisnières et de la cense de Malplaquet, entre Mons et Bavay. La droite fut postée au bois de Jansart coté A, le centre sur la chaussée de Mons à Bavay, cotée B, et la gauche fut appuyée sur les bois de Blaugies et du Sart, cotés C. Le canon fut posté sur les hauteurs de Taisnières, cotées D. Les ennemis posèrent le leur proche le petit bois E, dont nous étions maîtres de la cense et de la partie inférieure F. On se canonna vigoureusement jusqu'au soir, et, la nuit, on se retrancha.

l'incertitude s'ils feraient pousser ces troupes afin de reconnaître de dessus cette hauteur la plaine de Mons et savoir si l'armée ennemie arrivait en force ; c'était un coup d'État..... mais l'on demeura dans l'irrésolution, craignant toujours que le village ne fût occupé par de l'infanterie. L'on a su depuis qu'il n'y en avait point et même qu'il n'y avait qu'une partie de l'armée qui eût passé la Haine, laquelle aurait été entièrement défaite si l'on avait su prendre un parti (1). » Dans sa Relation adressée au duc du Maine, le marquis de la Frézelière laisse aussi entendre que « peut-être, si on les avait chargés dans ce moment-là (2), toutes leurs troupes n'étant pas à portée de joindre les premières, ils auraient été battus, mais l'épaisseur du bois empêchait qu'on en pût voir les derrières, et la contenance ferme qu'ils tenaient ne laissait pas lieu de douter que l'armée n'y fût tout entière ». Enfin, le chevalier de Folard revient à plusieurs reprises, dans son récit de la bataille, sur l'opportunité d'une rencontre le 9 septembre. « Toute notre armée, écrit-il, était arrivée, lorsque la tête de celle des ennemis commença à paraître, et, comme ils s'aperçurent de notre manœuvre et que nous ne profitions pas de l'occasion du monde la plus belle de les attaquer dans leur marche et en détail, et que même nous ne nous étions pas emparés du village d'Aulnois et par conséquent du débouché, ils l'occupèrent (3). »

---

(1) *Relation de la bataille de Malplaquet*, par M. des Bournays. Vol. 2258, Arch. hist.

(2) Celui de notre arrivée à Malplaquet.

(3) *Relation de la bataille de Malplaquet* par le chevalier de Folard. Carton supplémentaire, n° 7, Arch. hist.

Une lettre (sans signature) d'un officier de l'armée de Flandre, adressée à Voysin le 13 septembre 1709, contient le passage suivant : « Si, à la dernière affaire dans ce pays-ci, on les avait attaqués dès

Ces témoignages des contemporains permettent de regretter que Villars ait cru devoir arrêter sa marche à l'entrée des trouées que l'ennemi ne pouvait lui disputer. A cette heure décisive, sa conduite fut peut-être inspirée par des considérations d'ordre politique et par le poids de sa responsabilité. Se sentant en mains la dernière armée de France, il hésita à poursuivre jusqu'au bout son offensive, à engager le premier une bataille qui pouvait décider du sort du royaume et qu'autour de lui bien des officiers généraux ne cessaient de représenter comme le dernier expédient à risquer. Il n'en est pas moins vrai qu'en laissant échapper les immenses avantages que lui promettait l'offensive, il donnait à ses adversaires le temps de se ressaisir, de se joindre, de marcher à sa rencontre avec toutes leurs forces et de lui imposer à leur tour la bataille qu'il avait été seul, le 9 septembre, en droit de leur offrir avec la supériorité matérielle et morale de la préparation, du nombre et de la surprise.

Dans la journée du 10, Villars fit élever un retranchement sur tout le front de l'armée. L'aile gauche et l'aile droite couvrirent d'abatis la lisière des bois de Sars et de la Lanière. Le centre fut fermé par une ligne de redans dont les intervalles, multipliés à dessein, devaient laisser le passage libre aux mouvements de la cavalerie sur le seul point où elle pût agir avec succès. Les hameaux de la Chaussée derrière l'aile gauche, celui de Grosse-Haie derrière l'aile droite, furent mis en état de défense et retranchés solidement. L'artillerie, habilement postée par M. de Saint-Hilaire, éleva plusieurs batteries, tant au centre qu'aux deux ailes. La cavalerie, sur deux

le 9 du courant, jour qu'on y arriva, il ne serait plus question de leur armée. Elle était presque au fourrage et en maraude, ne sachant rien de notre marche que dans le temps que nous arrivâmes à portée d'eux. » Vol. 2138, Arch. hist.

lignes, Maison du Roi et gendarmerie à la droite, carabiniers à la gauche, occupa le sommet du plateau, du hameau de Grosse-Haie à celui de la Folie. En parcourant la position de son armée, le Maréchal eut la joie de remarquer chez toutes les troupes la plus vive ardeur de combattre. « Jamais, écrivait-il (1) au Roi le 10 septembre, à 10 heures du matin, les troupes n'ont marché si fortes ni avec tant d'ordre. La valeur du soldat et du cavalier en a inspiré à tout le monde. Je dois me louer de tous, MM. d'Albergotti, d'Artagnan, Chemerault, La Frézelière, Puységur ; enfin, je dois dire, tout le monde a marqué une vivacité et une ardeur qui redouble mon envie de pouvoir joindre les ennemis en terrain égal et me donne une entière confiance, avec l'aide de Dieu, de les bien battre. » Il adressait en même temps quelques lignes au Ministre de la guerre, où il disait : « Je suis content au delà de toute expression de l'ardeur des troupes. Je ne passe devant aucune troupe que les soldats ne me parlent avec une fierté bien agréable pour celui qui a l'honneur de les commander (2). »

La canonnade, commencée dans la journée du 9, se continua le 10 sans que l'ennemi s'ébranlât pour attaquer le maréchal de Villars. Bien qu'ils fussent résolus à livrer bataille, Eugène et Marlborough attendaient, pour engager l'action, l'arrivée de 21 bataillons aux ordres de trois de leurs meilleurs lieutenants, les généraux Withers, Schulenbourg et Lottum. Comme ces bataillons, demeurés à Tournai après la prise de cette place, ne pouvaient rejoindre l'armée que le 10 septembre dans la soirée, les généraux alliés remirent l'attaque des retranchements à la journée du 11. On se plut dans la

---

(1) *Mémoires militaires de Vault*, tome IX, page 344 et vol. 2152, Arch. hist.

(2) Vol. 2152, Arch. hist.

suite à considérer comme une faute le parti auquel ils s'étaient arrêtés de différer d'un jour leur attaque, ce qui avait permis aux Français d'élever de solides retranchements, dont la conquête devait le lendemain coûter tant de sang aux Alliés. Les dernières dispositions ne furent prises par Eugène et Marlborough que dans la soirée du 10 septembre, vers 5 heures. Elles reçurent l'approbation du seul député hollandais qui se trouvait en ce moment à l'armée, Goslinga (1), dont le caractère entreprenant et tout militaire s'accordait à merveille avec les vues des généraux, du prince Eugène en particulier. Un incident inattendu venait de leur permettre d'étudier de plus près notre position et d'en découvrir le point faible. Dans l'après-midi, « M. d'Albergotti, en visitant les postes, trouvant ceux des ennemis fort avancés, dit qu'il aurait curiosité de parler à un officier général ennemi. Du Sosoir, capitaine de cavalerie dans notre régiment, qui était avec lui, s'avança et en fit la proposition à des ennemis qui, pour réponse, lui tirèrent trois coups de fusil. Un moment après pourtant ils envoyèrent un trompette dire à M. d'Albergotti que, s'il le souhaitait, le prince de Hesse, le prince électoral de Brandebourg et M. de Cadogan étaient là, qui seraient ravis de lui parler..... Force honnêtetés furent faites de part et d'autre. Mille gens des deux partis s'y trouvèrent. On s'embrassa, mais je remarquai, car la curiosité m'y porta sur la fin, que les ennemis s'attachaient à observer la situation de notre infanterie qui était dans le bois de Sars, ce qui me fit beaucoup de peine. J'en parlai même vivement aux officiers qui étaient là. On voulut les faire

(1) Ses collègues, venant de Tournai, étaient encore en marche pour rejoindre l'armée. Une note, jointe à la Relation du chevalier Folard, donnera quelques détails sur le rôle de Goslinga dans cette journée du 10 septembre.

retirer, mais inutilement, pendant plus d'une heure (1). »

Villars était demeuré étranger à ces pourparlers. Dès qu'il en eut connaissance, il se hâta de mettre fin à cette conférence imprudemment engagée avec les ennemis, et « que M. de Cadogan ne proposa que pour avoir occasion de reconnaître la disposition de notre gauche et nos retranchements qui ne valaient rien (2) ». Le rapport de Cadogan, officier de la plus haute valeur, le bras droit et le quartier-maître général de Marlborough, ne fut probablement pas sans influence sur le plan arrêté par les généraux alliés. Ils convinrent d'attaquer simultanément les deux ailes de l'armée française et de porter leur principal effort sur l'aile gauche de cette armée qui se projetait presque à angle droit sur son centre; se prêtait à un mouvement enveloppant; était moins solidement retranchée que la droite; avait son flanc gauche appuyé à un ruisseau marécageux mais cependant praticable; se trouvait isolée en quelque sorte par toute l'épaisseur du bois de Sars, des troupes d'infanterie de notre seconde ligne et ne pouvait recevoir aucun secours de notre cavalerie. Ils résolurent de consacrer à l'attaque de cette aile 62 bataillons, c'est-à-dire toute l'infanterie du prince Eugène et une partie de celle de Marlborough. 30 bataillons, aux ordres du comte de Tilly et du prince d'Orange, devaient emporter les retranchements de la droite française; les 21 bataillons de Tournai étaient destinés à renforcer cette dernière attaque. Enfin le lieutenant général Orkney, ayant derrière lui toute la cavalerie massée en colonnes, devait rester en réserve au centre avec 15 bataillons, prêt à aborder les redans qui

(1) Lettre du comte Dauger au duc du Maine, du 14 septembre 1709. Carton supplémentaire n° 7. Arch. hist. — Folard, dans sa Relation de la bataille, s'est longuement arrêté sur cet incident.

(2) *Relation de la bataille de Taisnières*, adressée par le marquis de La Frézelière au duc du Maine.

barraient la plaine dès que les Français, aux deux ailes, auraient été chassés des bois. Les Alliés distribuèrent leur artillerie, qui comprenait au delà de 100 pièces, en plusieurs grandes batteries; la principale, au centre, était forte de 40 canons. Au dernier moment, la destination du corps venant du siège de Tournai fut modifiée. Le général Withers, qui le commandait, reçut l'ordre de se porter à l'extrême droite de l'armée de manière à s'engager dans l'épaisseur du bois de Sars et à prendre en flanc et en arrière la gauche des retranchements français.

Les forces en présence s'élevaient : pour les Français, à 120 bataillons, 260 escadrons et 80 canons (1); pour les Alliés, qui avaient laissé plusieurs détachements à l'investissement de Mons et à la garde de leurs bagages et de leurs tentes, à 128 bataillons, 253 escadrons et plus de 100 pièces d'artillerie. Malgré le faible écart des

---

(1) Lettre de Boufflers au Roi, du camp de Ruesnes, 13 septembre 1709. *Mémoires militaires de Vault*, tome IX, page 366 et vol. 2152, Arch. hist. — Nous avons essayé, dans un croquis joint au plan de la bataille dessiné par Naudin, de reconstituer ce total de 120 bataillons. Sur le croquis sont portés 118 bataillons, auxquels il faut joindre 2 bataillons d'artillerie (d'après l'état de nos pertes adressé par Boufflers à Voysin le 20 septembre 1709, il faudrait y ajouter encore un bataillon de bombardiers). Pour les Alliés, nous avons adopté les chiffres minima. Schulenbourg, dont la Relation est peut-être la meilleure de celles que les ennemis nous ont laissées, donne le chiffre de 129 bataillons. Dans ses *Mémoirs of Marlborough*, William Coxe évalue l'infanterie alliée au même nombre. — Pour la bataille de Malplaquet, consulter la Relation de Schulenbourg et celle de son lieutenant, le comte de Wackerbarth, insérées toutes deux dans le premier volume de la *Vie de Schulenbourg*, le *Mercure historique et politique* de 1709, l'*Europische Mercurius* et le *Théâtrum europœum*, de la même année, le tome premier de l'*Histoire militaire du prince Eugène*, par Dumont, le tome XI des *Feldzüge des prinzen Eugen*, le tome III des *Mémoirs of Malborough*, publiés par William Coxe, etc.; le tome IX des *Mémoires militaires relatifs à la Succession d'Espagne*, du lieutenant général de Vault, le tome VI de l'*Histoire militaire du règne de Louis le Grand*,

bataillons, Marlborough et Eugène disposaient d'une supériorité numérique marquée sur leur adversaire, leurs bataillons, forts en général de 700 à 800 hommes, étant d'un effectif plus élevé que ceux des Français qui ne dépassaient pas en moyenne 400 à 500 hommes.

Dans la soirée du 10 septembre, soit qu'il conçût des craintes sur la position aventurée de sa gauche, soit qu'il voulût se ménager un emplacement favorable pour camper son armée au cas où les ennemis renonceraient à l'attaquer, Villars fit tracer de nouvelles lignes dans la plaine sur le terrain occupé par sa cavalerie; mais, informé, dans la soirée, des préparatifs de ses adversaires qui ne laissaient plus douter d'une action, il fit cesser ce travail et ordonna à son infanterie de renforcer les retranchements sur sa position de la veille. Déjà les travaux élevés dans la trouée d'Aulnois la rendaient formidable. Une première ligne de retranchements (1) courait depuis le bois de la Lanière jusqu'à une grande batterie de vingt pièces qui enfilait le centre de la trouée, en avant du hameau de Grosse-Haie. Cette première ligne était occupée à l'extrémité droite par la brigade de Bourbonnais qui appuyait solidement son flanc droit, couvert d'abatis, au bois de la Lanière; venaient ensuite les brigades de Piémont et de Royal. A la grande batterie commençait une deuxième ligne de retranchements, orientée à peu près de l'Est à l'Ouest, qui avait

---

par le marquis de Quincy, le deuxième volume des *Mémoires du chevalier de Quincy*, publiés par M. Lecestre, le tome III des *Mémoires de Villars* édités par M. le marquis de Vogüé, *Villars d'après sa correspondance*, du même auteur, les *Mémoires* de Sourches, de Saint-Simon, le Journal de Dangeau, etc...; et surtout les nombreuses lettres et relations encore inédites que renferment les Archives du Ministère de la guerre et dont nous reproduisons plus loin les plus importantes.

(1) Se reporter au croquis du champ de bataille de Malplaquet, planche VII. On trouvera la position des troupes en détail dans le plan de Naudin.

devant elle la cense de Blairon et que bordaient, de la droite à la gauche, les brigades de Lannoy, de Picardie et des Gardes. Les quatre bataillons du régiment d'Alsace, de la brigade de Lannoy, en occupaient le flanc droit, entièrement découvert, au pied de futaies qui prolongeaient vers le Sud le bois de Thierry.

Les redans, où commençait l'infanterie de la gauche, étaient situés à peu près sur le même alignement que la ligne précédente et défendus par la brigade des Irlandais et celle de Champagne. Venaient ensuite, du Sud au Nord, le long de la lisière très découpée du bois de Sars, qui formait plusieurs angles saillants et rentrants, les brigades de la Reine, la Sarre, Charost, le Roi et Bretagne. On comptait en première ligne : sur la lisière du bois de Sars, 21 bataillons ; dans les redans, au centre, 13 ; dans les retranchements de la droite, 36. Le reste de l'infanterie était maintenu comme réserve en seconde ligne : les brigades de Touraine, la Fère, Perche, Navarre et May derrière la droite; les trois premières, dans l'épaisseur du bois de la Lanière; celle de Navarre au Sud du hameau de Grosse-Haie, le long du bois; celle de May au Sud-Ouest du même hameau. Les quatre bataillons des gardes de Bavière et de Cologne étaient placés au centre, derrière la brigade des Irlandais ; enfin, les brigades de Tourville, de Gondrin et de Poitou, étaient établies derrière la gauche, dans les retranchements qui couvraient les abords du hameau de la Chaussée-du-Bois. Villars, tout en se réservant la direction du combat, avait laissé par déférence le commandement de la droite au maréchal de Boufflers. Il s'était porté à la gauche, ayant avec lui, parmi ses principaux lieutenants, MM. de Goësbriand, qui commandait les 21 bataillons du bois de Sars; de Puységur, Contades, d'Albergotti, Chemerault, Pallavicini, de Legall et du Rozel. Le maréchal de Boufflers était secondé, à la tête de l'infanterie de la droite, par

M. d'Artagnan, qui commandait, à la première ligne des retranchements, les brigades de Bourbonnais, Piémont et Royal; par le duc de Guiche, qui, à la deuxième ligne des retranchements, avait sous ses ordres les brigades de Lannoy, de Picardie et des Gardes; enfin, par MM. de La Frézelière et d'Hautefort, qui se tenaient avec les brigades en réserve. La Maison du Roi était conduite par M. de Montesson; la cavalerie par le marquis de La Vallière, ayant sous lui, à l'aile droite, MM. de Gassion, de Magnac, de Bouzols et de Coigny.

Ainsi, par la disposition de leur attaque et par la distribution des forces françaises, les Alliés ne devaient rencontrer que 21 bataillons en première ligne sur la lisière du bois de Sars, là où ils portaient la majeure partie de leur infanterie, soit 83 bataillons, avec le renfort arrivé de Tournai. Ils avaient, au contraire, devant eux des forces à peu près égales au centre. A droite, ils allaient se heurter, avec 30 bataillons seulement, à des forces doubles, car les 36 bataillons du duc de Guiche et du comte d'Artagnan étaient soutenus en seconde ligne par cinq brigades, à peu près d'égale force.

## CHAPITRE IV.

### La bataille de Malplaquet (11 septembre 1709).

Le matin du 11 septembre, le brouillard suspendit pendant quelques heures l'attaque des Alliés. Tandis que Villars, salué par les cris de « Vive le Roi », parcourait le front de son armée, les généraux alliés « se faisaient voir à toutes leurs troupes, principalement à l'infanterie à qui on distribua de l'eau-de-vie. C'est un usage que les étrangers observent dans toutes les grandes occasions, qui ne se pratique point parmi nous, les Français n'ayant pas besoin qu'on les anime par le secours d'une liqueur capable d'ôter le sang-froid, si nécessaire dans l'action (1) ». Les Alliés avaient pris les armes et achevé de former leurs colonnes d'attaque de grand matin : à droite, les 21 bataillons du général Withers, arrivés au point du jour et prêts à s'engager dans le bois de Sars ; puis, Schulenbourg, le lieutenant préféré auquel le prince Eugène avait confié la majeure partie de son infanterie, soit 40 bataillons rangés sur trois lignes, à 200 pas de distance, faisant face à l'aile gauche française, au poste des brigades de Bretagne et du Roi ; Lottum, séparé de Schulenbourg par une grande batterie de 40 pièces qui devait appuyer leurs deux attaques, avec 22 bataillons sur trois lignes également, n'attendant que le signal pour marcher contre la lisière du bois de Sars occupée par les brigades de Charost, de la Sarre et de la Reine ; Orkney, sur une seule ligne avec 15 bataillons, vis-à-vis des redans ; enfin, les 30 bataillons du comte de Tilly et du jeune prince d'Orange, formés sur cinq colonnes inégales, prêtes à assaillir les retranchements de notre droite entre la cense de Blairon et le bois de la Lanière. La cavalerie était maintenue prudemment hors de la portée de l'artillerie française : 21 escadrons, aux ordres du prince de Hesse, 30 escadrons, aux ordres du prince d'Auvergne, suivaient de près, les premiers l'attaque du prince d'Orange, les seconds celle de Lottum, attendant, pour pénétrer dans la plaine au delà des trouées, que l'infanterie leur eût ouvert un chemin.

Vers 7 h. 1/2, le soleil dissipa le brouillard et « nous promit une belle journée dont Mars se pare (2) ». L'artillerie entra des deux côtés en action. Protégée par ses retranchements, notre infanterie eut moins à souffrir du

---

(1) *Relation de la bataille de Taisnières,* par le marquis de La Frézelière.

(2) *Relation du chevalier de Folard.*

canon que la cavalerie de notre droite entièrement découverte et placée en ligne serrée à faible distance derrière nos bataillons. « Notre artillerie fut bien servie, mais avec des effets fort différents de celle des ennemis, puisqu'ils tiraient à demi-portée sur des escadrons très serrés et que nous ne pouvions tirer que sur des troupes fort éloignées et qui étaient en colonnes, ou sur de l'infanterie qui fut bientôt aux mains avec la nôtre et par conséquent hors d'état de souffrir longtemps du canon (1). » Les boulets et les bombes causèrent de grands ravages dans les rangs de notre cavalerie, particulièrement dans ceux de la Maison du Roi et de la gendarmerie, mais ces corps d'élite, en imposant par leur exemple aux autres régiments, demeurèrent fermes, sans branler, sous une canonnade « qui allait comme la mousqueterie (2) ». Une demi-heure plus tard, l'infanterie de Schulenbourg attaquait notre flanc gauche avec vigueur, sous les yeux du prince Eugène. Les régiments de Bretagne et de Provence, de la brigade de Bretagne, qui se couvrirent de gloire dans cette journée, et la brigade du Roi, attendirent de pied ferme l'attaque de Schulenbourg. Leurs décharges, exécutées à bonne portée, portèrent la mort dans les rangs ennemis. Sur ce point, les troupes françaises, dit le général saxon Wackerbarth, l'un des lieutenants de Schulenbourg, « firent la plus grande résistance et un aussi beau feu qu'on peut attendre de la meilleure infanterie du monde (3) ». Les ennemis furent longtemps à franchir les abatis qui les séparaient de nos retranchements. Ils n'y parvinrent qu'au prix de pertes énormes et d'efforts

---

(1) *Relation de la bataille de Taisnières*, par le marquis de La Frézelière.

(2) *Relation du chevalier de Folard.*

(3) *Vie et mémoires de Schulenbourg*, tome I, page 435.

répétés. « Le feu était si vif et le retranchement si fort, écrit lui-même Schulenbourg, que l'affaire ne laissa pas de balancer quelque temps. Il y a même eu quelques bataillons intrépides et braves que l'on a arrêtés tout court, obligés même de reculer cinq ou six pas..... Tous les colonels, lieutenants-colonels et majors ont été tués ou blessés à cette attaque, aussi bien qu'une grande partie des autres officiers, de sorte qu'il y a des bataillons à qui il ne reste pas deux à trois officiers qui se portent bien, d'où l'on peut juger combien de soldats il y aura de morts et de blessés (1). »

Plus heureux à son attaque, et au prix de pertes moindres, le comte de Lottum parvenait à prendre pied aux postes des régiments de la Sarre et de Charost qui, accablés par le nombre, leurs deux colonels blessés mortellement, se replièrent dans l'intérieur du bois. Entendant la fusillade sur son flanc droit, vigoureusement attaqué de front, le régiment du Roi céda à son tour à l'attaque de Schulenbourg. Alors seulement, le marquis de Goësbriand, à la tête de la vaillante brigade de Bretagne, qui avait perdu plus de la moitié de son effectif, et du régiment de Saintonge de la brigade du Roi, opéra sa retraite à travers bois, non sans faire tête à plusieurs reprises à l'ennemi. « Il eut à cette occasion un cheval tué sous lui et un blessé, un coup de feu sur ses armes, qui lui fit une contusion sur une vieille blessure, et un aide de camp blessé auprès de lui (2). » Le bois, très épais, rendit la poursuite difficile aux assaillants. « Les bataillons allaient pêle-mêle, dit Schulenbourg (3) ; il n'y

(1) *Vie et mémoires de Schulenbourg*, tome I, page 427.

(2) *Relation du chevalier de Folard.*

(3) *Relation de Schulenbourg.* — *Vie et mémoires de Schulenbourg*, tome I, page 428.

avait pas moyen que les généraux y pussent d'abord remédier et tout était dans une grande confusion, par où nos gens même se sont fait beaucoup de mal. » Il fallut à Schulenbourg et à Withers plus de deux heures pour atteindre la lisière opposée du bois de Sars devant les hameaux de la Chaussée et de la Folie. Le mélange des colonnes sous bois avait produit un tel enchevêtrement que Withers, au lieu de se retrouver à l'extrême droite de l'attaque, déboucha à la gauche du général Wackerbarth, qui menait les 12 bataillons de la première ligne de Schulenbourg.

Après avoir fait « tout ce qui était humainement possible pour ramasser les bataillons (1) », Withers, Schulenbourg et Lottum tentèrent de prendre pied au delà du ruisseau qui longeait la lisière Sud du bois de Sars. Là se bornèrent leurs progrès. Sans cavalerie, ils purent se convaincre qu'ils ne parviendraient, qu'au prix et avec les hasards d'une nouvelle bataille, à déloger de la plaine une infanterie qui s'était reformée et était soutenue par deux lignes intactes de cavalerie. Pour donner aux bataillons repoussés du bois de Sars le temps de se reconstituer, surtout pour faire face au danger le plus menaçant, à l'irruption en plaine de Lottum qui n'avait qu'un court trajet à effectuer sous bois, le maréchal de Villars avait dégarni les redans du centre et appelé au secours de sa gauche les brigades de Champagne et des Irlandais. Les premières troupes de Lottum furent reçues à leur sortie du bois par de vigoureuses contre-attaques de ces deux brigades qui les arrêtèrent et donnèrent ainsi le temps au maréchal de rallier, au Nord de la cense de la Louvière, les bataillons de M. de Goësbriand, « lesquels se ralliaient fort aisément et sous le feu (2) ».

---

(1) *Relation de Schulenbourg.* — *Vie et mémoires de Schulenbourg*, tome I, page 428.

(2) Lettre de M. de Contades à Voysin, du camp de Ruesnes, 13 sep-

« L'ennemi, dit la Relation (1) des députés hollandais, ne fut pas si fort rebuté qu'il ne revint plusieurs fois attaquer, la baïonnette sur le fusil, nos troupes ». Vers midi, Villars se disposait, « après avoir formé une ligne d'environ 50 bataillons, outre les brigades de Verac, de Vassé et de Nothaf-dragons, à qui on avait fait mettre pied à terre, d'attaquer la droite des ennemis qui avait gagné le bois après y avoir fait une terrible perte. Il y a lieu de croire qu'ayant déjà été ébranlés par plusieurs charges où M. de Puységur, le comte de Villars, M. de Nangis et le comte de La Marck s'étaient mis à la tête de l'infanterie pour l'animer davantage, ils ne se seraient plus trouvés en état, étant attaqués par tout le front du bois, de soutenir un si grand effort; mais comme ce général faisait sa disposition, il reçut malheureusement un coup de fusil dans le genou qui l'obligea à se retirer. M. de Chemerault fut tué dans le même temps et M. d'Albergotti blessé un instant après, en sorte que, les officiers généraux qui étaient chargés de cette affaire manquant, elle demeura sans exécution (2). » Le maréchal essaya de surmonter la douleur que lui causait sa grave blessure, mais ses forces le trahirent et il s'évanouit. On le porta dans une chaise entourée de drapeaux pris à l'ennemi; elle servit à le conduire au Quesnoy.

La blessure de Villars, se produisant à cette heure décisive, devait exercer une fâcheuse influence sur l'issue de la journée. Lui seul animait cette armée de Flandre en qui il avait réveillé une confiance depuis longtemps disparue, et il n'est point douteux qu'à son

---

tembre 1709. Vol. 2152, Arch. hist. et *Mémoires militaires de Vault*, tome IX, page 372.

(1) Archives de la Haye.

(2) *Relation de la bataille de Taisnières*, par le marquis de La Frézelière.

exemple et sous son impulsion notre gauche se fût montrée capable d'un retour offensif qui l'aurait remise en possession du bois de Sars et peut-être de la victoire. Privée de son chef, elle parut, dès lors, comme frappée d'impuissance, et l'ennemi, enhardi par son immobilité, s'aventura à déboucher des bois dans la plaine.

Sur les instances de ses lieutenants, le prince Eugène avait fait contourner le bois de Sars par vingt escadrons aux ordres du général Milkau, avec mission de couvrir l'extrême droite de sa ligne d'infanterie vers le hameau de la Folie. Cette cavalerie fut longtemps à paraître. A peine avait-elle dépassé les maisons et les haies de ce hameau et formé quelques escadrons en ligne, que M. du Rozel s'ébranla à la tête de nos dix escadrons de carabiniers, les prit en flanc et les culbuta « avec tant de mérite, et à la vue de toutes nos troupes qui étaient sur la hauteur, que tout le monde en était charmé (1) ». Les carabiniers, qui avaient eu plusieurs des leurs lâchement assassinés par des hussards ennemis quelques jours auparavant, ne firent aucun quartier. « Presque tous les officiers de la droite des ennemis y ont été tués ou pris. Il ne s'est jamais vu plus de carnage pour une action de cavalerie. Nous les suivîmes dans les bois et leur prîmes des étendards et beaucoup d'officiers (2). » Cette charge vigoureuse tint en respect la droite des Alliés. Jusqu'à la décision de la journée, leur cavalerie n'osa plus se montrer à la lisière du bois de Sars sur cette partie du champ de bataille, et leur ligne d'infanterie ne dépassa point les hameaux de la Chaussée et de la Folie où elle avait pris pied.

---

(1) Lettre du chevalier du Rozel au duc du Maine, de l'armée de Flandre, 12e de septembre 1709. Carton supplémentaire n° 7, Arch. hist.

(2) *Ibidem.*

Commencée une demi-heure après l'attaque de la droite, celle de l'infanterie hollandaise ne fut pas moins vigoureusement conduite. Sous les ordres d'un chef jeune et ardent, le prince d'Orange-Nassau, elle aborda, avec la plus grande impétuosité, sur cinq colonnes, les retranchements de notre droite, depuis le poste de Picardie jusqu'à celui de Bourbonnais. Accueillies par un feu violent, laissant derrière elles de longues théories de blessés, les colonnes ennemies ne ralentirent pas leur élan et ne furent arrêtées qu'au parapet des retranchements. Elles parvinrent même à le franchir en deux points : d'abord au poste du régiment de La Marck, de la brigade de Bourbonnais, à notre extrême droite et à la lisière du bois de la Lanière, et, quelques instants plus tard, au poste défectueux du régiment d'Alsace. Ce ne fut pas sans une résistance énergique que La Marck et Alsace cédèrent leur terrain. Le soir de la bataille, le beau et brave régiment d'Alsace, sur quatre bataillons d'un effectif de 2,180 sergents et soldats, ne comptait plus que 1,087 présents. Le brigadier Steckenberg, qui le commandait, demeurait parmi les morts, et 54 de ses officiers étaient hors de combat (1). Les deux lieutenants-colonels de La Marck étaient blessés et les deux bataillons du régiment avaient perdu, en tués et en blessés, 47 officiers (2). Mais ce succès, chèrement acheté par l'ennemi, n'eut point de suite. Le marquis de La Frézelière reprit le poste de La Marck à la tête du régiment de Navarre qui chassa les assaillants après un grand carnage, reprit les drapeaux perdus par La Marck et en enleva quatre aux ennemis. « Cette charge fut très

(1) Lettre de M. de Monro à Voysin, à l'armée le 12e de septembre 1709. Vol. 2138, Arch. hist. — M. de Monro, comme lieutenant-colonel, commandait un bataillon du régiment d'Alsace.

(2) État des officiers par régiments, tués et blessés à la bataille, le 11 septembre 1709. Vol. 2152, Arch. hist.

brillante et décisive pour la droite qui allait être enveloppée. M. de Monchy, qui commandait la brigade et M. de Gassion, colonel du régiment de Navarre, méritèrent de grandes louanges dans cette action (1). » Alsace fut secouru par la brigade de May, en réserve aux ordres de M. de Brendlé, pendant que le régiment Royal quittant, sur l'ordre de Boufflers, le poste où il « avait combattu de pied ferme pendant une heure et demie sans perdre de terrain (2) », secondait ce retour offensif. L'ennemi ne tint point contre la double attaque de la brigade de May et du régiment Royal « qui, après avoir repoussé tout ce qui s'était présenté devant son poste, eut encore l'honneur de reprendre celui d'Alsace, et on peut dire que le comte d'Aubigné, qui commandait cette brigade, fit dans une même occasion le devoir de deux bons brigadiers (3) ». Le prince d'Orange, un drapeau à la main, essaya à plusieurs reprises de ramener sur nos retranchements ses troupes repoussées mais non rebutées. Avec une bravoure aussi téméraire, le député Goslinga marcha, lui-même, en tête des assaillants. Il resta, pour encourager les siens, exposé au feu le plus violent et eut deux chevaux tués sous lui (4). Tous ces prodiges de valeur furent inutiles, et, après avoir laissé des rangs épais de cadavres au pied de nos retranchements, après avoir perdu plusieurs drapeaux qu'ils avaient audacieusement plantés jusque sur nos parapets, les ennemis durent, partout, se replier. Hors d'état de recommencer un effort qui les avait épuisés, ils se contentèrent d'entretenir de loin le feu et

(1) *Relation de la bataille de Taisnières*, par le marquis de La Frézelière.

(2) *Ibidem.*

(3) *Ibidem.*

(4) Rapport de l'ingénieur Vleertman (témoin oculaire) aux États-Généraux, *Europische Mercurius de* 1709.

de battre différentes marches sous bois, comme s'ils se préparaient à renouveler leur attaque, afin de tenir notre droite en haleine et de l'empêcher de sortir de ses retranchements.

A ce moment, nos soldats eurent le sentiment que la bataille était gagnée et qu'il suffisait d'un mouvement offensif à notre droite pour achever la défaite des bataillons qu'ils venaient de décimer par leur feu. « Après l'attaque du régiment de La Marck qui fut enfoncé mais secouru par celui de Navarre, M. de La Frézelière et, je crois, M. de Ceberet (1) vinrent trouver le maréchal de Boufflers pour lui dire que toute leur infanterie était sortie d'elle-même de leurs retranchements et demandait à marcher aux ennemis ; savoir s'il le voulait permettre et les faire soutenir de la Maison du Roi et d'autre cavalerie. Le Maréchal, par considération pour le maréchal de Villars, ne voulut rien décider. Il y avait cependant lieu de croire que les ennemis, étonnés des deux attaques où ils venaient d'être repoussés, paraissant fort en désordre, auraient eu de la peine à soutenir l'effort de ces troupes victorieuses qui auraient pris leur gauche en flanc (2). » « Les Alliés disent que si nous avions profité de leurs désordres et que notre droite se fût portée en avant pour dissiper entièrement leur gauche, ils étaient perdus (3). » Brave entre les braves, d'une générosité de cœur et d'un dévouement incomparables, le maréchal de Boufflers n'était point l'homme des partis audacieux et des inspirations décisives. Peut-être recula-t-il devant la difficulté de la manœuvre, l'excès des retranchements ne se prêtant

(1) Brigadier et commandant de la brigade du Perche.

(2) *Relation de la bataille de Malplaquet*, par M. des Bournays, aide de camp du maréchal de Boufflers. Vol. 2238, Arch. hist.

(3) *Relation de la bataille de Taisnières*, par le marquis de La Frézelière.

point à une sortie en masse de l'infanterie, et le peu de largeur de la trouée d'Aulnois au déploiement de la cavalerie. De loin les lignes de notre droite, depuis la cense de Blairon jusqu'à la lisière du bois de la Lanière, faisaient l'effet d'une triple forteresse. Schulenbourg ne manque point d'observer que les Français « ont fait trop de retranchements et trop près les uns derrière les autres, par où il est arrivé qu'ils n'ont pu faire manœuvrer les troupes comme ils auraient pu faire s'ils avaient disposé de l'heureuse situation de leur terrain autrement (1) ». La bataille se livrait aux deux ailes, sur un front étendu. Du poste de la brigade de Piémont où il donnait ses ordres, le maréchal de Boufflers n'avait aucune vue et n'était qu'imparfaitement renseigné sur le combat que la gauche livrait séparément de son côté. Ces considérations ont pu déterminer le Maréchal à rester sur la défensive et lui faire perdre l'occasion de ressaisir la victoire qui était prête à revenir sous nos drapeaux, et que les généraux alliés allaient encore fixer à leur fortune par l'élan de leurs attaques et la vigueur de leurs décisions.

Engagées par Villars contre les troupes ennemies qui avaient repoussé notre première ligne d'infanterie de la gauche, la brigade des Irlandais et celle de Champagne n'avaient point repris leur premier poste de combat derrière les redans, qui étaient demeurés dégarnis. Au prix de grands efforts, Schulenbourg était parvenu à se faire suivre de sept pièces de 12 qui, mises en batterie à la pointe Sud du bois de Sars, avaient battu en écharpe le centre de nos deux lignes de cavalerie et les avaient forcées à reculer sur le plateau. Les 40 pièces, qui avaient appuyé l'attaque de Schulenbourg et de Lottum

(1) *Relation de Schulenbourg. — Vie et mémoires de Schulenbourg,* tome I, page 430.

contre M. de Goësbriand, s'étaient partagées en plusieurs batteries qui, s'approchant de nos retranchements du centre, avaient croisé leur feu avec celui de Schulenbourg et accentué le mouvement de recul de notre cavalerie en arrière des redans. Telle était la situation au centre, vers midi, quand, au bruit des canons de Schulenbourg, Eugène et Marlborough accoururent à la lisière Sud du bois de Sars. De là, ils aperçurent le vide considérable qui régnait au centre de la ligne française. « En vérité, Lottum a fait un coup de parti (1) », dit tout haut le prince Eugène, soulignant de cet éloge le succès de l'attaque de Lottum, à laquelle les Alliés devaient l'abandon des redans par leurs défenseurs. Les deux grands capitaines n'hésitèrent pas à profiter des dernières chances que la fortune leur offrait; avec cette promptitude et ce concert qui présidaient à toutes leurs actions, ils résolurent de tenter un effort décisif au centre, de pénétrer entre les deux tronçons de l'armée française par la brèche qui s'ouvrait devant eux, de jeter à cet effet sur les redans leurs dernières réserves d'infanterie, les 15 bataillons d'Orkney, et d'assurer ainsi à leur cavalerie un débouché dans la plaine. Ils comptaient y poursuivre, avec une nouvelle énergie, la bataille dont l'échec de leur gauche et le peu de progrès de leur droite rendaient jusqu'à cette heure le succès incertain.

Tandis que les généraux alliés agissaient avec cette vigueur, notre gauche, depuis la blessure du maréchal de Villars, avait suspendu tout retour offensif, et notre droite, se contentant d'avoir repoussé les attaques furieuses du prince d'Orange, demeurait immobile dans ses retranchements. Le commandement venait de passer aux mains du maréchal de Boufflers, mal orienté sur la

---

(1) Lettre de Schulenbourg à son neveu le général-major Adolphe-Frédéric de Schulenbourg. *Vie et mémoires de Schulenbourg*, tome I, page 417.

situation du centre et de la gauche. Dans ces circonstances critiques, le Maréchal avait eu à peine le temps d'ordonner aux Gardes françaises et suisses de s'allonger vers leur gauche, pour combler en partie le vide de notre centre, quand, vers une heure, Orkney aborda les redans. Il les força « avec trop de facilité (1) ». Les Gardes n'opposèrent qu'une faible résistance. Après une seule et mauvaise décharge, se voyant pris en flanc, ils se débandèrent sans qu'on parvînt à les rallier et sans donner le temps aux brigades, en réserve à notre droite, d'accourir à leur secours. Le duc de Guiche, blessé au début de la journée, n'était plus là pour réparer le désordre de sa ligne. La panique des Gardes entraîna bientôt le recul de Picardie et d'Alsace, aux prises de front avec les bataillons du prince d'Orange qui étaient revenus à la charge avec milord Orkney. En quelques instants, les Alliés se virent maîtres des redans et de la ligne des retranchements de notre droite occupés par les Gardes, Picardie et Alsace. Sans dépasser le revers des ouvrages qu'elle borda, l'infanterie ennemie donna à sa cavalerie le moyen de pénétrer dans la plaine. Aussitôt, le prince d'Auvergne, à la tête de ses 30 escadrons, le prince de Hesse, à la tête de ses 21 escadrons, le premier, le long de la lisière du bois de Sars, le second, le long de celle du bois de Thierry, firent irruption, par les intervalles des redans, sur le plateau où étaient déployés nos escadrons.

Les Alliés comptaient n'éprouver qu'une faible résistance d'une cavalerie qui, depuis le début de la bataille, avait été exposée à une canonnade furieuse. Pendant près de six heures, leurs nombreuses batteries n'avaient

(1) *Relation de la bataille de Taisnières*, par le marquis de La Frézelière.

cessé de porter la mort à plein fouet dans les rangs de nos escadrons, mais jamais peut-être ils ne se montrèrent si fermes sous le feu. « Les bombes, les boulets rayés et les cartouches étaient de la partie, écrit un officier de cavalerie, présent à la bataille (1). J'ai vu tomber trois bombes dans un même escadron, sans qu'il se soit rompu que le temps nécessaire pour laisser crever la bombe. » Le marquis de La Frézelière rapporte ce trait qui se passe de commentaire : « Un de leurs officiers d'artillerie (aux ennemis), voyant la fermeté constante de notre cavalerie, maltraita ses canonniers, leur reprochant qu'ils pointaient mal et qu'il était impossible que des troupes restassent sous un feu pareil. » « Ah ! l'insolente nation ! » se fût écrié, comme à Nerwinden, le plus grand des ennemis de la France, Guillaume d'Orange, si, revenant à la tête des armées de la coalition, il lui avait été donné de contempler notre cavalerie inébranlable sous cette pluie de boulets. Les brillants escadrons de la Maison du Roi et de la gendarmerie virent avec joie déboucher la cavalerie ennemie qui allait enfin leur permettre de prendre une part utile au combat. Les Alliés n'eurent point plutôt formé 20 escadrons en ligne qu'ils furent chargés par la Maison du Roi et la gendarmerie, Boufflers à leur tête. Gardes du corps, chevau-légers, mousquetaires, gendarmes s'élancèrent pleins d'ardeur sous la conduite du vieux maréchal qui, à l'heure des sacrifices, se retrouvait le digne lieutenant de Turenne et de Créqui, l'intrépide colonel de dragons d'Ensheim et d'Altenheim. Si plusieurs escadrons de la

---

(1) Lettre d'un officier de cavalerie. — Cette lettre, sans nom d'auteur, est datée « Du camp de Ruesnes, le 14 septembre 1709 ». Vol. 2258, Arch. hist. — C'est, croyons-nous, une copie, exécutée à la fin du XVIIIe siècle, d'une pièce originale aujourd'hui disparue. La présence du mot *rayés* dans le texte est peut-être due à une erreur du copiste.

gendarmerie, engagés sur un terrain moins favorable à la charge, furent tenus en échec, rien ne résista au choc impétueux de la Maison du Roi. Les escadrons ennemis rompus, poursuivis l'épée dans les reins, tournèrent bride vers les redans, mais là, toute la valeur de nos cavaliers vint se briser contre une infanterie intacte, qui les accueillit par un feu nourri et les obligea à leur tour à se replier. A de nouveaux flux des escadrons ennemis succédèrent de nouvelles charges de la Maison du Roi, de la gendarmerie, des régiments de cavalerie de la droite de notre seconde ligne, conduits par MM. de Magnac, de Vivans, de Bouzols et de Coigny, animés par l'exemple du maréchal de Boufflers, qui se portait au plus fort de la mêlée, « parlant aux cavaliers et leur disant que, tant qu'il y aurait un cavalier dans la plaine, il ne les abandonnerait point (1) ». « Je suis témoin, écrivait (2), après l'action, le major de la gendarmerie au duc du Maine, qu'il a chargé comme un simple grenadier et donné des coups d'épée de sa main. » Six fois, l'ouragan de notre cavalerie balaya le plateau, six fois le maréchal et ses vaillants lieutenants ramenèrent les escadrons ennemis jusque sur les redans, mais, à chacune de ces charges, ils durent s'arrêter devant le feu des retranchements et se retirer vaincus, non par la cavalerie des Alliés, mais par leur infanterie. « Les princes de Hesse et d'Auvergne, qui commandaient la cavalerie des ennemis, sont convenus qu'ils ne les auraient jamais rassemblés s'ils avaient pu passer les retranchements, mais le feu de leur infanterie ayant encore obligé nos troupes de se retirer pour pouvoir se rallier, les

---

(1) Lettre de M. de Contades à Voysin, du camp de Ruesnes, 13 septembre 1709. Vol. 2152, Arch. hist. et *Mémoires militaires de Vault*, tome IX, page 372.

(2) Lettre du comte Dauger au duc du Maine, le 14 septembre 1709, au camp proche le Quesnoy. Carton supplémentaire n° 7, Arch. hist.

ennemis étaient toujours les maîtres de la plaine (1). » Dans leur relation, les députés hollandais signalent aussi l'appui efficace prêté par l'infanterie à leur cavalerie pendant le combat. « On se rompit réciproquement à diverses reprises, mais enfin, l'ennemi trouvant toujours le feu de l'infanterie dans son chemin, songea sérieusement à la retraite (2). » « Comme on avait eu la précaution de poster quelque infanterie le long des retranchements que les ennemis avaient quittés par là, dit la Relation de Schulenbourg (3), cela arrêta et renvoya la cavalerie ennemie et donna le temps à la nôtre de se remettre... Ce combat a eu quelque chose de particulier et la décision en a été fort douteuse jusqu'à la fin ; si on avait eu le dessous, comme on a eu lieu de le craindre plus d'une fois, notre retraite aurait été sujette à bien des embarras : ..... à la fin, on les a obligés, par l'assistance visible de Dieu, à nous abandonner la hauteur où ils se tenaient toujours, à quoi les bataillons et les pelotons n'ont pas peu contribué. »

Devant l'insuccès répété de ces charges, le maréchal de Boufflers ne crut point devoir continuer le combat. Déjà, vers deux heures, notre gauche, à l'issue de l'engagement de cavalerie dont elle avait pu suivre le développement, avait commencé un mouvement de retraite. Elle l'exécuta en bon ordre, sur quatre colonnes, aux ordres des deux plus anciens lieutenants généraux, M. de Legall pour la cavalerie, M. de Puységur pour l'infanterie. « Ce fut M. de Puységur qui fit toute la disposition

(1) *Relation de la bataille de Taisnières*, par le marquis de La Frézelière.

(2) Archives de la Haye.

(3) *Vie et mémoires de Schulenbourg*, tome I, page 429.

de cette retraite, qui fut parfaitement belle (1). » L'arrière-garde ne pouvait être confiée en meilleures mains qu'en celles du chevalier du Rozel, dont les carabiniers remplirent à la fois le rôle de cavalerie et de dragons. Il fut suivi par une vingtaine d'escadrons ennemis, ceux-là mêmes à qui il avait infligé une si rude leçon quelques heures auparavant et qui n'osèrent se mesurer avec nos carabiniers « faisant leur décharge si à propos que les escadrons des ennemis reculèrent plutôt que d'avancer (2) ». M. de Puységur avait fait border par l'infanterie la rive droite de l'Honelle à Audregnies : cette infanterie facilita à la cavalerie le passage de la rivière, et M. de Legall put, à partir de ce moment, sans être inquiété, ramener sous les murs de Valenciennes 60 bataillons et plus de 100 escadrons. Avant de passer l'Hogneau à Hon, M. de Saint-Hilaire avait fait encore tirer quelques volées de canon sur l'ennemi. L'artillerie n'avait plus que 400 boulets, en ayant consommé près de 8,000 dans l'action. M. de Saint-Hilaire ramenait avec lui 64 pièces, ne laissant au pouvoir des Alliés que 16 canons, la plupart démontés (3).

La retraite de notre droite offrait plus de difficultés, notre cavalerie étant encore aux prises avec les ennemis. Les brigades d'infanterie, aux ordres de MM. d'Artagnan, d'Hautefort et de La Frézelière, qui avaient repoussé toutes les attaques des Alliés, renoncèrent avec douleur à une victoire qui leur avait pendant plusieurs heures appartenu et ne s'éloignèrent qu'en frémissant du

---

(1) Lettre de M. de Contades à Voysin, du camp de Ruesnes, 13 septembre 1709. Vol. 2152, Arch. hist.

(2) Lettre du chevalier du Rozel au duc du Maine, de l'armée de Flandre, 12e de septembre 1709. Carton supplémentaire n° 7, Arch. hist.

(3) Lettre de M. de Saint-Hilaire au duc du Maine, au Quesnoy, ce 12 septembre 1709. Carton supplémentaire n° 7, Arch. hist.

champ de bataille. « Pourquoi nous retirer? disaient les officiers du régiment de Bourgogne, de la brigade de Piémont, à l'officier général qui leur en portait l'ordre. Nous avons battu et fait retirer toutes les troupes qui nous ont attaqués, vous le savez ; personne n'ose paraître devant nous (1). » Le même langage courait sur toutes les lèvres des officiers et soldats des brigades de Bourbonnais, Royal, Touraine, Perche, La Fère, Navarre et May, qui quittèrent leur poste, « bien fâchés et bien tristes (2) ». Avant de se retirer, les brigades de Navarre et de Royal tentèrent, avec M. d'Hautefort, une dernière attaque à la baïonnette qui les ramena jusqu'au retranchement des Gardes où Navarre se maintint quelques instants. « C'est une action qui fait plus d'honneur à ce corps qu'elle ne pouvait être utile car, les ennemis perçant de tous côtés, notre cavalerie fut enfin obligée de leur céder le terrain, et il était temps de faire retirer ces deux brigades d'infanterie qui auraient été taillées en pièces si elles avaient attendu davantage (3). » Sous la conduite de M. d'Artagnan, notre infanterie se replia en bon ordre, à travers le bois de la Lanière, sur le village de la Longueville, puis sur Bavai. La cavalerie fit sa retraite au pas, en fière contenance, sur les villages de Taisnières et de Hon où elle passa l'Hogneau. Le maréchal de Boufflers avait chargé de l'arrière-garde le chevalier de Luxembourg. Le corps de réserve de cavalerie aux ordres de ce lieutenant général n'avait point pris part à l'action, ayant eu pour mission d'observer

---

(1) *Mémoires du chevalier de Quincy*, tome II, page 371.

(2) *Ibidem* page 372. Un autre combattant de Malplaquet, Folard, dit aussi dans son *Histoire de Polybe*, tome III, page 299 : « C'est dans cette action que l'on peut dire que les soldats furent plutôt trompés que vaincus, car personne n'ignore leur répugnance à faire retraite et les discours qui furent tenus à la gauche et ailleurs. »

(3) *Relation de la bataille de Taisnières*, par le marquis de La Frézelière.

les débouchés des bois vers la Longueville. Le chevalier de Luxembourg céda le terrain pied à pied, et donna le temps aux dernières fractions de notre armée de repasser l'Hogneau sans être inquiétées. Lui-même demeura en bataille sur la rive gauche de cette rivière jusqu'à minuit, sans que l'ennemi osât la franchir en sa présence. A l'entrée de la nuit, le maréchal de Boufflers ramena sous les murs du Quesnoy la droite de son armée à laquelle « il avait fait faire la plus belle retraite qu'il y ait de la vie eu, après une bataille perdue. Nulle confusion, nul désordre, même nul abattement dans les troupes (1) ». Il les fit camper en front de bandière, le long de la Rhonelle, où elles furent rejointes le lendemain matin par toute la gauche, venant de Valenciennes.

Eugène et Marlborough n'avaient pas jugé à propos de poursuivre un ennemi qui se retirait vaincu mais non désorganisé. Ils se contentèrent de la possession du champ de bataille qu'ils avaient acquis au prix des sacrifices les plus sanglants. Les pertes des Alliés s'élevaient à plus de 23,000 hommes tués ou blessés (2); celles des Français ne dépassaient pas 11,000 hommes. Notre infanterie avait presque partout combattu à couvert, ce qui explique la disproportion des pertes. L'infanterie nationale hollandaise était presque détruite. Elle supportait à elle seule près de la moitié des pertes des Alliés, bien qu'elle ne formât que le quart de l'effectif total de leur armée. « Enfin, Monsieur, écrivait (3) Goslinga au grand-pensionnaire Heinsius, le

(1) Lettre du comte Dauger au duc du Maine, le 14 septembre 1709, au camp proche le Quesnoy. Carton supplémentaire n° 7, Arch. hist.

(2) Schulenbourg a dressé lui-même un état des pertes des Alliés qui s'élève à 24,263 hommes tués ou blessés. *Vie et mémoires de Schulenbourg*, tome I, page 439.

(3) Archives de la Haye.

CARTOUCHE DE LA BATAILLE DE MALPLAQUET, PAR HUCHENBURG

(Gravure extraite de l'*Histoire militaire du Prince Eugène.*)

13 septembre 1709, la journée a été très sanglante, disputée pendant six heures avec plus d'opiniâtreté et plus douteuse que je ne saurais vous écrire. Les princes et généraux, qui virent hier le champ de bataille à la gauche, étaient saisis d'horreur de voir nos gens étendus contre le retranchement et dedans, en rangs comme ils avaient combattu. » Les trophées de la victoire se bornaient pour les Alliés à un petit nombre de prisonniers presque tous blessés, à la prise de quelques canons abandonnés par les Français, et à la possession d'une trentaine de drapeaux et étendards, nombre qui ne dépassait pas celui que les vainqueurs laissaient aux mains des vaincus (1). Eugène et Marlborough n'avaient eu raison de la longue résistance de leurs adversaires qu'en faisant appel à toutes les ressources de leur génie militaire. Les deux généraux avaient payé largement de leur personne. Le prince Eugène, à l'attaque de Schulenbourg, avait été blessé d'une balle à la tête sans abandonner un instant le combat. Le député hollandais Goslinga, qui avait lui-même vaillamment secondé les princes, écrivait(2) à Heinsius, le 17 septembre 1709 : « Il faut leur rendre à tous deux la justice de dire qu'ils ont témoigné dans cette hasardeuse et cruelle bataille toute la prudence, sang-froid et fermeté qu'on eût pu désirer. » Rompus à la guerre, les deux grands capitaines avaient su discerner le point faible de la position française : cette ligne d'infanterie de notre gauche, aventurée sans soutien suffisant sur la lisière du bois de Sars. En portant contre cette ligne leur principal effort et en la faisant tomber, ils s'étaient ouvert, au centre de l'armée française, une brèche dont ils avaient su habilement profiter.

---

(1) On trouvera plus loin l'état de nos pertes en drapeaux et étendards.

(2) Archives de la Haye.

L'excellente manœuvre de leur infanterie, maîtresse d'elle-même, prompte à faire usage de son feu, en général mieux exercée et plus disciplinée au combat que nos bataillons, avait aussi contribué à leur victoire. « La manœuvre des ennemis est excellente et ces gens-là savent bien la guerre », écrivait (1) le lendemain du combat M. de Saint-Hilaire au duc du Maine. « On ne saurait assez admirer le bon ordre avec lequel les ennemis firent leur manœuvre (2) », mande aussi un autre correspondant du duc, le comte Dauger. Enfin, à ces facteurs principaux du succès, choix judicieux du point d'attaque, qualités manœuvrières de leur infanterie, s'en ajoutait un troisième, auquel Eugène et Marlborough devaient surtout leur victoire : le sentiment puissant de l'offensive qui n'avait cessé de les animer. Dès le début de l'action, ils s'étaient assuré la supériorité morale et l'ascendant de l'attaque sur la défense. Après quatre heures d'un combat sanglant et opiniâtre où leur gauche a échoué, où leur droite est arrêtée, loin de renoncer à ce rôle d'assaillant, ils finissent, dans un dernier effort, par briser la résistance de leur adversaire, affirmant hautement l'immense supériorité de l'offensive, son action irrésistible et décisive sur le champ de bataille.

Ce ne sont donc pas la supériorité numérique des Alliés, les défectuosités du choix de notre position dans cette tenaille de Malplaquet où nos troupes manquaient d'air et d'espace, la faiblesse de la disposition de notre aile gauche et l'excès des retranchements de notre aile droite, qui ont surtout contribué à notre défaite. Sa cause

---

(1) M. de Saint-Hilaire au duc du Maine, au Quesnoy, ce 12e de septembre 1709. Carton supplémentaire n° 7, Arch. hist.

(2) Le comte Dauger au duc du Maine, le 14 septembre 1709, au camp proche le Quesnoy. Carton supplémentaire n° 7, Arch. hist.

principale réside dans la défensive passive dont notre armée ne s'est point départie durant le combat. La résistance de notre infanterie, à laquelle les Alliés n'étaient plus accoutumés, et les charges impétueuses de notre cavalerie, n'avaient pu remédier à ce défaut capital qui s'était accentué après la blessure du maréchal de Villars. Vers dix heures du matin, notre droite, rivée à ses retranchements, laisse échapper l'occasion de suivre et d'écraser les colonnes épuisées du prince d'Orange. Vers midi, notre gauche, privée de son chef, n'achève pas le retour offensif qu'il préparait et qui aurait pu ramener la victoire sous nos drapeaux. Les quelques contre-attaques qui se produisent au cours de la bataille sont dues à des initiatives partielles et s'exercent sur un point isolé du théâtre du combat : aucune ne revêt un caractère d'ensemble et n'est poussée à fond. Elles sont, suivant la juste expression de Folard (1), « des boutades » où reparaît le tempérament de notre infanterie, qui s'échappait un instant d'un rôle entièrement contraire à son humeur. Ce défaut d'action devait peser lourdement sur notre armée pendant toute la bataille. En l'imposant à nos soldats, faits surtout pour l'attaque, en paralysant leurs admirables qualités d'élan et d'offensive, Villars et Boufflers se privaient volontairement d'un facteur moral qui compensait au centuple la supériorité numérique des ennemis, et dont la seule puissance pouvait leur assurer la victoire. Enfermée dans cette attitude passive, où elle perdait ses meilleurs avantages, l'armée française, malgré des prodiges de valeur, était fatalement vouée à l'insuccès.

Toutefois, la perte de la bataille ne pouvait détruire la confiance que cette malheureuse mais glorieuse journée y avait répandue. Vaincue, mais ayant peu souffert dans

---

(1) Folard, *Histoire de Polybe*, tome III, page 298.

son organisation matérielle, tous les hommes conservant leurs armes, cette armée sortait du combat avec le moral affermi et exalté : « Je puis assurer Votre Majesté, écrivait au Roi le maréchal de Boufflers, le soir même de l'action, que jamais malheur n'a été accompagné de plus de gloire, toutes les troupes de Votre Majesté s'y en étant acquis une des plus grandes par leur valeur distinguée, par leur fermeté et par leur opiniâtreté, n'ayant enfin cédé qu'au nombre fort supérieur, et y ayant toutes fait des merveilles (1). » Officiers et soldats s'étaient retrempés au feu, et il n'est point d'acteur ou de témoin de cette journée qui ne célèbre le relèvement de notre armée, après une longue suite d'humiliations et de revers. « Je suis persuadé, mandait (2) le comte de Broglie à Voysin, le 13 septembre 1709, que, quoique nous ne soyons pas restés les maîtres du champ de bataille, qu'il vaut mieux avoir donné cette bataille que si on ne l'avait pas fait, d'autant qu'elle a marqué aux ennemis que nos troupes étaient pour le moins aussi bonnes que les leurs, puisque, fort supérieurs en nombre, ils n'ont jamais pu nous forcer, ni nous attaquer dans notre retraite. Aucunes troupes n'ont jeté leurs armes comme ils ont fait dans les affaires précédentes... » Le marquis de Goësbriand écrivait (3) aussi au duc du Maine : « Il est certain que cette affaire a rehaussé le courage des soldats et ranimé, pour ainsi dire, l'armée qui en avait besoin, tant il est vrai qu'il faut, de temps en temps, aux armées des actions de vigueur disputées, qui aguerrissent les soldats, leur fassent connaître leurs ennemis

(1) Vol. 2152, Arch. hist. et *Mémoires militaires de Vault*, tome IX.

(2) Le comte de Broglie à Voysin, au camp entre Valenciennes et le Quesnoy, ce 13 septembre 1709. Vol. 2152, Arch. hist.

(3) Le marquis de Goësbriand au duc du Maine, au camp de Ruesnes, entre le Quesnoy et Valenciennes, ce 17 septembre 1709. Carton supplémentaire n° 7, Arch. hist.

et leur propre force. » Enfin, l'intendant de Flandre, M. de Bernières, portait le jugement suivant sur l'effet moral de la bataille : « Ce que je trouve heureux dans l'action du 11 de ce mois, c'est que du moins la nation, qui était presque déshonorée et perdue de réputation dans l'esprit des ennemis, qui croyaient qu'ils n'avaient qu'à se présenter pour nous intimider et nous battre, la nation, dis-je, leur a fait connaître que c'étaient les mêmes Français qui n'ont cédé un petit terrain qu'au très grand nombre (1) ». Nos troupes avaient conscience d'avoir fait leur devoir : la cavalerie, d'avoir achevé glorieusement l'action par ses charges vigoureuses qui avaient empêché l'armée ennemie de tenter la poursuite ; l'infanterie, de s'être réhabilitée aux yeux de ses chefs par une résistance qui lui faisait le plus grand honneur. Après le combat, elle s'était retirée fièrement, tous les bataillons sous les drapeaux ; elle n'avait laissé derrière elle aucun traînard ; pas un fuyard ne l'avait précédée ni au Quesnoy, ni à Valenciennes. Tenue en défiance, décriée par nos propres généraux, calomniée sur les souvenirs d'Hochstedt, de Ramillies et d'Oudenarde, elle venait de prouver qu'on pouvait prendre entière confiance en elle, se reposer sur son courage et accepter sans crainte un combat sur un terrain où elle aurait le principal rôle à jouer.

## CHAPITRE V.

### De la bataille de Malplaquet à la perte de Mons et à la fin de la campagne (du 12 septembre au 20 octobre 1709).

Après leur victoire, Eugène et Marlborough achevèrent l'investissement de Mons qui, mal munie de

(1) M. de Bernières à Voysin, au camp de Ruesnes, le 25 septembre 1709. Vol. 2154, Arch. hist.

vivres, pourvue d'une faible garnison, dut leur ouvrir ses portes, le 20 octobre 1709. Le maréchal de Boufflers n'avait point perdu de vue le secours de cette place, bien résolu à profiter de l'ardeur répandue dans les troupes pour faire lever, même au prix d'une seconde bataille, le siège de la capitale du Hainaut. Le 16 septembre 1709, après avoir fait la revue de l'armée, il écrivait au Roi : « ... Elle est plus belle et plus fière qu'avant la bataille et très en état de remarcher aux ennemis dès que le service du Roi le requerra, et il n'y a point de bataillons ni d'escadrons qui ne m'en aient témoigné un désir extrême, en passant devant eux et les louant de la valeur sans exemple avec laquelle j'en ai vu combattre la plus grande partie, et dont j'ai été informé des autres (1). » Le lendemain, en rendant compte à Voysin de cette revue, le major de l'armée, M. de Contades, disait : « Je puis vous assurer, Monseigneur, que l'armée a l'air beaucoup plus audacieuse qu'elle ne l'avait en entrant en campagne (2). » L'un des maréchaux des logis, M. de Montviel, écrivait aussi au Ministre : « M. le maréchal de Boufflers fit, hier, la revue de l'armée qui parut aussi belle et plus pleine de confiance que jamais (3). » Mais tous les projets d'offensive du Maréchal furent paralysés par la difficulté, presque insurmontable, de pourvoir à la subsistance de l'armée. « Elle conserva sous lui, dit Saint-Simon (4), un air d'audace et un désir d'en revenir aux mains qui pensa être suivi de l'effet, mais qui se trouva arrêté court par misère. » A la date du 7 octobre,

---

(1) Boufflers au Roi, au camp de Ruesnes, le 16 septembre 1709. Vol. 2152, Arch. hist.

(2) M. de Contades à Voysin, au camp de Ruesnes, ce 17 septembre 1709. Vol. 2152, Arch. hist.

(3) M. de Montviel à Voysin, au camp de Ruesnes, ce 17e de septembre 1709. Vol. 2152, Arch. hist.

(4) *Mémoires de Saint-Simon*, tome V, page 53. Édition Cheruel.

les équipages des vivres, forts à l'entrée en campagne de 3,200 chevaux et de 800 caissons, étaient réduits à 1,280 chevaux et à 320 caissons (1). Fargès et les frères Paris, malgré leur activité, n'avaient dans nos magasins, au 20 octobre, que 2,300 sacs de blé, et il en fallait 2,800 pour assurer quatre jours de pain à l'armée en cas de déplacement (2).

Dans cette détresse, le Maréchal dut se borner à mettre Maubeuge à l'abri d'un siège ; à cet effet, il fit travailler à un camp retranché, sous les murs de cette ville, par un fort détachement de son armée, et il en assura la jonction avec le gros de ses forces par une ligne tracée de Valenciennes à la Sambre, le long de la Rhonelle et à travers la forêt de Mormal. Il évita de renouveler la faute du duc de Bourgogne qui, en séparant prématurément notre armée à la fin de la campagne de 1708, avait donné aux Alliés toute liberté d'entreprendre les sièges de Gand et de Bruges. Imposant à ses soldats, nu-pieds et mal vêtus, de nouvelles mais nécessaires souffrances, il les maintint sur la frontière tant que l'ennemi s'y montra en forces. De leur côté, Eugène et Marlborough avaient hâte de donner quelque repos à leurs armées, fortement éprouvées par les intempéries, le manque d'argent et aussi le manque de pain. Ils y relevaient de graves symptômes d'épuisement et de désordre, notamment parmi les troupes impériales laissées presque toujours sans paye. « Chacun fait ce qu'il veut, écrivait Goslinga à Heinsius, le 6 octobre 1709 (3); on vole, pille,

(1) Lettre du maréchal de Boufflers à M. de Bernières, au camp de Ruesnes, ce 7 octobre 1709. Vol. 2153, Arch. hist.

(2) D'après un état de Paris-Duverney, du 20 octobre 1709. Vol. 2153, Arch. hist.

(3) Goslinga à Heinsius, au camp de Mons, le 6e d'octobre 1709. Archives de la Haye.

viole, massacre. Enfin les excès qui se commettent tous les jours, sous les yeux pour ainsi dire des généraux, sont montés à un point qu'il est impossible de l'exprimer. Mille fois on s'en est plaint, mais tout en vain. Si cela continue, il faut renoncer à la guerre. » Le 26 octobre, soit six jours seulement après la capitulation de Mons, les généraux alliés commençaient leur mouvement de retraite sur le Brabant, et Boufflers, après avoir reçu les ordres de la Cour pour la séparation de notre armée, quittait Maubeuge, le 6 novembre, non sans avoir, une dernière fois, visité les places les plus exposées de notre frontière de Flandre et d'Artois, et veillé lui-même à leur sûreté.

## CHAPITRE VI.

### Conclusion.

La campagne de 1709 s'acheva ainsi avec une lueur d'espoir, alors qu'elle avait commencé sous les plus sombres pressentiments. Par les postes que le maréchal de Villars avait choisis à deux reprises avant la bataille de Malplaquet, il avait préservé le royaume d'une invasion, mis à l'abri des entreprises de l'ennemi les places les plus importantes de notre frontière, alors dépourvues de tout, et laissé aux Alliés la seule alternative d'un siège devant Tournai et Ypres. Il avait borné à la prise de deux places, Tournai et Mons, les conquêtes d'un ennemi qui, avec ses immenses ressources, l'ascendant de ses succès et de ses généraux, la supériorité numérique de son armée, comptait porter la guerre au cœur de la France. Bien que marquée par des revers, la campagne de 1709 faisait le plus grand honneur au coup d'œil et à l'habileté de Villars. Entre ses mains, après quelques mois de direction, les fuyards d'Oudenarde étaient devenus les glorieux combattants de Malplaquet.

Peut-être même, sans sa blessure, il eût changé en vainqueurs ces héroïques vaincus. De l'aveu des principaux officiers ennemis, « on avait vu bien du changement dans les troupes du Roi depuis le soin qu'avait pris M. le maréchal de Villars de les exercer et de les discipliner, quoique souvent sans pain et sans argent (1) ». Avec cette belle armée de Flandre, remplie de vieux soldats et d'officiers aguerris, il suffira à Villars et à Montesquiou de renoncer à la défensive passive qui avait été la caractéristique de cette bataille de Malplaquet, de n'écouter que l'impulsion du génie de notre race fait d'action et d'impétuosité, et de marcher résolument aux ennemis, pour que la victoire leur soit assurée. La journée de Denain, éclatante manifestation de la toute puissance de l'offensive, marquera bientôt « le triomphe de nos armes, l'une des manœuvres les mieux conçues, les plus vigoureusement exécutées de notre histoire militaire, une victoire solide et féconde, de celles qui, par leurs conséquences, décident de la destinée d'un pays, et dont Napoléon a dit qu'elle avait sauvé la France (2) ».

---

(1) Lettre du conseiller au Parlement de Flandre, Lefebvre d'Orval, à Voysin, à Cambrai, le 20 novembre 1709. Vol. 2160, Arch. hist.

(2) *La Manœuvre de Denain*, p. 164.

# DEUXIÈME PARTIE

## Notices sur les Correspondants du Duc du Maine.

---

*De Saint-Hilaire (Armand de Mormès).*

C'est un des noms les plus glorieux que l'artillerie française compte dans ses annales. Son père, lieutenant général de l'artillerie, qui avait accompagné Turenne dans maintes campagnes, lui obtint à quatorze ans, en 1665, la survivance de sa charge de lieutenant général de l'artillerie de Flandre. M. de Saint-Hilaire fit avec son père la plupart des sièges de la campagne de 1672 en Hollande. Il se trouva à la prise de Maëstricht en 1673, aux combats de Sintzheim, de Mulhouse et de Türckheim. Il était aux côtés de son père, quand ce dernier eut le bras emporté du même coup de canon qui mit fin aux jours de Turenne. C'est à lui que furent adressées ces admirables paroles : « Ah ! mon fils, ce n'est pas moi qu'il faut pleurer, c'est la mort de ce grand homme. Vous allez, selon toute apparence, perdre un père ; mais votre patrie ni vous ne retrouverez jamais un pareil général (1) ». Trois ans plus tard, au siège du château de Lichtenberg, M. de Saint-Hilaire avait encore la douleur de perdre un de ses frères, mortellement blessé.

M. de Saint-Hilaire assista aux sièges de Luxembourg en 1684, de Philippsbourg en 1688, de Mons en 1691, aux batailles de Fleurus et de Steinkerque. Brigadier du 30 mars 1693, il commanda l'artillerie à l'armée de la Meuse en 1695 et 1696. Maréchal de camp par brevet du 29 janvier 1702, il remplaça M. de Vigny dans le commandement de l'artillerie à l'armée de Flandre en 1704. Lieutenant général par pouvoir du 26 octobre 1704, il commanda l'artillerie sur le même théâtre d'opérations jusqu'en 1709.

Depuis 43 ans, M. de Saint-Hilaire servait le Roi « dans un métier rude, ingrat et pénible. Il y avait reçu quantité de blessures dont il

---

(1) Mémoires de Saint-Hilaire. I, p. 205.

était très incommodé (1) ». Menacé de la pierre au début de l'année 1709, il n'en avait pas moins renoncé à un congé et était demeuré en Flandre dès qu'il avait « cru être nécessaire en ce pays-ci (2) ». Avec les faibles ressources d'une frontière alors dénuée de tout, il parvint à constituer un équipage d'artillerie de 80 pièces qui, fort inférieur en nombre à celui des alliés, fit cependant bonne figure à Malplaquet. « Notre artillerie fut bien servie », dit, dans sa relation de la bataille, le marquis de La Frézelière, un maître en fait d'artillerie. Un officier de cavalerie, témoin oculaire, rapporte ce trait, tout à l'éloge de nos artilleurs : « On dit que nous en sommes quittes pour huit ou neuf mille hommes (tués ou blessés), avec huit pièces de canon que nous ne devrions pas avoir perdues, mais nos canonniers sont trop hardis. J'ai vu une batterie tirer sur l'infanterie des ennemis à la portée du fusil, n'ayant derrière elle que notre cavalerie plus éloignée que les ennemis (3). » Quelques jours après l'action, M. de La Devèze, lieutenant-colonel du Royal-Artillerie, écrivait (4) à Voysin : « Vous avez sans doute vu, par l'état qui a été donné à M. le major général, la perte que les deux premiers bataillons du régiment Royal de l'artillerie ont faite dans la dernière occasion, qui ne va qu'à 46 hommes tués et 50 blessés. Nous en avons été quittes à bon marché. Messieurs les Officiers généraux ont paru contents du service de l'artillerie. Elle a fait beaucoup de mal chez les ennemis, aussi bien que la leur dans nos troupes. »

L'artillerie avait épuisé presque toutes ses munitions au moment où notre armée commença son mouvement de retraite. Elle avait consommé près de 8,000 boulets : c'est à peine s'il lui en restait 400 (5). Enfin, à une époque où le plus souvent celui qui perdait la bataille perdait son canon, M. de Saint-Hilaire ramenait à la nuit, sous les murs du Quesnoi, 64 pièces, n'abandonnant aux ennemis que 16 canons, la plupart démontés. Sa belle conduite lui valait l'honneur d'être cité avec éloge dans la lettre que le maréchal de Boufflers écrivait au Roi le soir même : « M. de Saint-Hilaire a fait servir parfaitement l'artillerie, et

---

(1) Lettre de M. de Saint-Hilaire à Voysin, au camp près le Quesnoi, le 20 septembre 1709. Vol. 2139. Archives historiques du Ministère de la guerre.

(2) Lettre de M. de Saint-Hilaire à Voysin, au camp près le Quesnoi, le 14 septembre 1709. Vol. 2138. A. H.

(3) Lettre d'un officier de cavalerie à Voysin, du camp de Ruesnes, le 14 septembre 1709. Vol. 2258. A. H.

(4) M. de La Devèze à Voysin, au camp de Ruesnes, le 21 septembre 1709. Vol. 2139. A. H.

(5) Lettre de M. de Saint-Hilaire au duc du Maine, insérée plus loin.

on ne peut se comporter avec plus d'activité et de valeur qu'il a fait dans toute cette action (1). »

Commandeur de l'ordre de Saint-Louis le 6 février 1707, grand-croix en 1720, gouverneur de Belle-Isle en 1726, M. de Saint-Hilaire mourut le 24 novembre 1740, à 89 ans.

On a de lui des mémoires (2) très intéressants, publiés en quatre volumes sous ce titre : « Mémoires de M. de S. H***, contenant ce qui s'est passé de plus considérable en France, depuis le décès du cardinal Mazarin jusqu'à la mort de Louis XIV. A Amsterdam, chez Arstée et Merkus, 1766. »

*Du Rozel* (*François du Rozel de Cagny, chevalier*).

Chevalier de Malte le 7 décembre 1665, il devait garder ce titre durant sa longue carrière pour se distinguer de son frère aîné, le mar-

(1) Lettre de Boufflers au Roi, du camp du Quesnoi ou de Ruesnes, 11 septembre 1709. Mémoires militaires, de Vault, IX, p. 348.

A la suite de la bataille, M. de Saint-Hilaire avait espéré qu'un des gouvernements vacants de Saint-Quentin ou de Gravelines lui serait attribué (sur la recommandation de Boufflers, le premier de ces gouvernements fut donné à M. de Montesson, le second au comte de Villars, frère du maréchal). Madame de Saint-Hilaire écrivit, à cette occasion, à Voysin la lettre suivante :

« Quoique l'on m'assure que les deux gouvernements sont donnés, je ne laisse pas, Monsieur, de prendre la liberté de vous en demander la certitude. S'il est vrai que M. du Barail en ait obtenu un, il a pris pour cela un chemin bien différent que celui de M. de Saint-Hilaire puisqu'il a été aux eaux et que M. de Saint-Hilaire y a renoncé et interrompu ses remèdes pour faire la campagne : mais, s'il a mal réussi du côté de la récompense, il n'a pas perdu son temps du côté de la gloire. Par rapport même aux ennemis, Madame la comtesse de Canillac vous pourra dire, Monsieur, qu'un officier des mousquetaires, qui est revenu sur sa parole, assure que le prince Eugène lui a dit qu'il n'avait jamais vu l'artillerie de France si bien disposée ni si bien servie et que celui qui la commandait mérite beaucoup de louanges. Cela est un peu creux, mais quand on n'a rien de solide il faut s'en contenter. Je ne vous dis pas ces choses, Monsieur, par manière de reproche, certainement je pense tout autrement, mais pour me décharger un peu le cœur et pour m'attirer une lettre de consolation.

« A Paris, ce 28 septembre (1709). » A. H. Vol. 2139.

(2) M. Léon Lecestre vient d'en commencer la publication pour la Société de l'Histoire de France.

quis du Rozel, plus tard lieutenant général « qui valait beaucoup aussi, dit Saint-Simon, quoique le cadet lui fût supérieur et reconnu pour tel ». Cornette dans le régiment d'Anguien le 25 février 1666, le chevalier du Rozel servit, en 1667, aux sièges de Tournai, de Douai et de Lille. Durant la guerre de Hollande, il prit part aux batailles de Senef, de Cassel et de Saint-Denis. Il assista aux sièges de Luxembourg en 1684 et de Philippsbourg en 1688. Il était, en 1689, lieutenant-colonel du régiment de Rohan à l'armée de Flandre quand, avec 60 maîtres dont la moitié était de nouveaux cavaliers, il défit 300 chevaux des ennemis. Découvert par eux à la lisière d'un bois, « le chevalier du Rozel prit le parti de faire trois troupes de ses 60 maîtres, ne faisant qu'un rang et se tenant si près du bois que les ennemis ne pouvaient juger s'il était soutenu ni si ces troupes étaient sur trois rangs. Dans cette situation, il laissa approcher les ennemis qui lui firent leur décharge d'assez loin. D'abord le chevalier du Rozel fit mettre l'épée à la main à ses gens et cria comme si le bois eût été plein de dragons : « Dragons, prenez garde à vous. » Les deux troupes des ennemis, qui étaient soutenues de trois autres et d'une troupe de dragons, après avoir tiré, plièrent. Le chevalier du Rozel marcha à eux et tout se renversa. Il en a tué plusieurs, ayant défendu à tous ses cavaliers, vu le petit nombre qu'ils étaient, de se charger d'aucun prisonnier, mais ils sont revenus avec les armes de ceux qu'ils ont tués. Les ennemis, après avoir fui fort loin, se sont ralliés et ont suivi du Rozel qui, après les avoir poussés plus d'un quart de lieue, s'est rallié aussi et a eu le temps de se retirer à son aise. Il n'a perdu dans cette occasion qu'un cornette de Mestre-de-camp général qui est demeuré blessé parmi les ennemis et aura pu leur dire par quel petit nombre de gens ils ont été poussés (1) ».

Le chevalier du Rozel reçut une commission de Mestre-de-camp en 1690 et combattit avec une brillante bravoure à Fleurus, à Leuze, à Steinkerque et à Nerwinden. Quand les carabiniers des régiments de cavalerie, qui venaient de se couvrir de gloire à Nerwinden, furent réunis en un seul corps, le régiment Royal des Carabiniers (sorte de division de cavalerie de réserve de nos jours, partagée en cinq brigades), M. du Rozel eut l'insigne honneur d'être choisi pour commander une brigade de cette troupe d'élite, dès sa formation.

Sous sa direction pleine d'entrain, les carabiniers devinrent bientôt le modèle dont les régiments de cavalerie s'efforcèrent d'approcher. Dangeau écrivait dans son Journal, à la date du 2 mai 1695, à Compiègne : « Le Roi dîna à 11 heures et alla à midi faire la revue des

(1) Lettre du marquis de Villars (le futur maréchal), à Louvois, au camp de Haisnes-Saint-Paul, ce 23 juillet 1689. Vol. 891. A. H.

16 escadrons de carabiniers qui servent en Flandre. Depuis la mort du chevalier du Mesnil, c'est le chevalier du Rozel qui les commande sous M. du Maine. Le Roi les vit et en escadron et par compagnie, et fut fort content de l'état où il les a trouvés. Il loua fort, le soir, les officiers, et, après son souper, en jouant au lansquenet, il trouva bon que quelques officiers de ce corps eussent l'honneur de couper et de jouer avec lui. »

M. du Rozel ne cessait de se signaler par l'audace et le succès de ses courses. Au mois de juillet 1694, pendant que les ennemis exécutaient un fourrage près de Tongres, il battait leur escorte, lui tuait 100 hommes, faisait prisonnier son chef et ramenait 300 chevaux. Faisant l'éloge des officiers qui s'étaient distingués dans cette action, le marquis de Boufflers écrivait à Barbézieux : « Tous se louent extrêmement de M. du Rozel qui les a très bien menés et a rempli tous les devoirs de valeur et de capacité (1). » Aussi « l'adresse du chevalier à surprendre les partis et les convois, son audace à les attaquer, sa bravoure à les battre et à les enlever, inspirèrent tant de terreur aux alliés, ennemis de la France, qu'ils étaient à demi vaincus quand ils savaient qu'ils allaient combattre contre cet homme étonnant (2) ».

Brigadier par brevet du 3 janvier 1696, maréchal de camp en 1702, lieutenant général et grand-croix de l'ordre de Saint-Louis en 1704, M. du Rozel ne cessa de mériter l'estime des maréchaux sous lesquels il servit.

Durant la campagne de 1706, le 16 août, alors que l'armée alliée exécutait un fourrage général sur le ruisseau de Chin, près Tournai, M. du Rozel sortit de cette ville avec 6 escadrons de carabiniers, 3 autres escadrons de cavalerie et 80 dragons. Il défit les 1200 chevaux ennemis qui couvraient les fourrageurs, leur tua 200 hommes, leur enleva 250 prisonniers et captura le quartier-maître général des alliés, Cadogan (3), le bras droit et le confident de Marlborough. Venant après Ramillies, sur une frontière où, dans un découragement général, « tout le monde était prêt d'ôter son chapeau quand on nommait le nom de

(1) Le marquis de Boufflers à Barbézieux, au camp de Warem, le 6 juillet 1694. Vol. 1257. A. H.

(2) Histoire de l'Ordre royal et militaire de Saint-Louis, par M. d'Aspect.

(3) Sur les vives instances de Marlborough, Vendôme consentit à échanger contre le baron de Pallavicini M. de Cadogan qui, par ses conseils et son activité, devait contribuer puissamment à nos défaites de 1708 et des années suivantes.

Marlborough (1) », ce succès fut jugé assez important aux yeux du nouveau général de notre armée de Flandre, de Vendôme, pour qu'il en fît rendre compte au Roi par un officier. « M. du Rozel a conduit l'affaire à son ordinaire (2) » se contentait de mander Vendôme, qui connaissait la réputation du chevalier. Aux éloges du général se joignirent ceux du ministre qui écrivait à M. du Rozel de Marly, le 21 août 1706 : « ...Le succès en est dû entièrement à votre bonne conduite et aux sages précautions que vous aviez prises. On sera toujours bien sûr de réussir dans toutes les affaires dont vous serez chargé (3) ».

En 1708, après Oudenarde, pendant que notre armée était campée sous Bruges, M. du Rozel mit à contribution l'île de Cadsand en réponse aux incursions des alliés dans l'Artois. A Malplaquet, nous le verrons charger et tailler en pièces les escadrons impériaux qui formaient l'extrême droite de la ligne des alliés, puis couvrir la retraite de la gauche de notre armée sur Valenciennes et maintenir en respect par sa fière contenance les alliés qui n'osèrent l'inquiéter : « Les carabiniers, commandés par M. le marquis du Rozel, firent l'arrière-garde de tout. Les ennemis vinrent souvent pour le tâter, mais il ne se laissa pas entamer (4). »

M. du Rozel fit encore partie de l'armée de Flandre durant les années qui suivirent. Le siège de Fribourg, en 1713, fut la dernière opération à laquelle il prit part. Il mourut le 7 mai 1716, à Saumur.

Saint-Simon, qui l'avait connu à l'armée de Flandre, sous le maréchal de Luxembourg, l'a dépeint « grand partisan, et très bon officier et très estimé. C'était d'ailleurs un gentilhomme fort homme d'honneur (5) ».

Le duc du Maine, en 1705, avait appelé M. du Rozel au commandement de ses gardes du Languedoc, mais le chevalier n'avait accepté ces fonctions qu'à la condition de reprendre son service à l'armée à chaque campagne. La lettre suivante, adressée à Voysin, montrera en quelle estime le jeune prince tenait le brillant officier de carabiniers :

« A Versailles, le 18 octobre 1709.

« Ne pouvant refuser au chevalier du Rozel la justice que méritent

---

(1) Lettre de Vendôme à Chamillart, à Valenciennes, le 5 août 1706. Vol. 1939. A. H.

(2) Lettre de Vendôme au Roi, le 17 août 1706. Vol. 1939. A. H.

(3) Vol. 1924. A. H.

(4) Lettre de M. de Contades, du camp de Ruesnes, 13 septembre 1709. Vol. 2152. A. H. et Mémoires militaires de Vault. IX, p. 372.

(5) Mémoires de Saint-Simon. I. p. 282. Édition de Boislisle.

ses longs services et la manière dont il s'en acquitte depuis longtemps, vous voulez bien, Monsieur, qu'en vous en envoyant le mémoire fidèle (1), je vous prie vivement d'y faire l'attention dont il me paraît digne. Je ne puis me dispenser de vous parler à cœur ouvert en faveur de cet officier dont la réputation est si bien établie que je ne crois pas qu'elle ait davantage besoin de mes éloges. Je vous avouerai donc que c'est avec quelque peine que je ne le vois point honoré des grâces qui conviennent le plus à son état et que son mérite semble exiger. Outre ses longs services, il a des actions et des blessures considérables, qui rendent ses intérêts recommandables, d'autant plus même que la situation de ses affaires n'est pas des meilleures. J'ai eu l'honneur d'en parler plusieurs fois au Roi et de lui donner depuis peu un placet pour lui au sujet de quelques gouvernements qui ont vaqué, mais comme Sa Majesté a jugé à propos d'en disposer en faveur d'autres que du chevalier du Rozel, je crois devoir prendre les devants afin qu'il soit plus heureux à la première occasion. C'est dans cette confiance que j'accompagne le placet ci-joint de cette lettre et que je vous demande en grâce, Monsieur, de ne laisser languir que le moins que vous pourrez les légitimes souhaits que je me sens obligé de faire pour un homme de plus en plus digne de votre protection et des grâces du Roi (2).

« L.-A. de Bourbon. »

*Dauger (Jacques, comte).*

Son père, lieutenant général fort estimé, fut tué au combat de Leuze en 1691. M. Dauger marcha dignement sur ses traces. Entré en 1680 dans la compagnie mestre-de-camp du régiment de son père comme simple cavalier (3), cornette dans le régiment de la Roche-sur-Yon le 10 mars 1684, il servit à l'armée de Flandre qui couvrit le siège de Luxembourg. Après la réforme des cornettes, M. Dauger fut placé comme lieutenant réformé à la suite de la compagnie mestre-de-camp du régiment de Bourgogne et obtint, le 11 décembre 1685, une commission de capitaine réformé. Au début de la Ligue d'Augsbourg, il leva, le 20 août 1688, une compagnie, incorporée par ordre du 19 décembre suivant, dans le régiment de Roussillon. Il commanda cette compagnie à

(1) Ce mémoire n'est plus joint à la lettre.

(2) Vol. 2182. A. II.

(3) Il existe, dans le volume 2380 des Archives historiques, un état des services de M. Dauger, arrêté par lui à la date du 28 juillet 1712.

l'armée d'Allemagne en 1689 et 1690, puis passa avec elle dans le régiment de cavalerie du Maine, le 31 octobre de cette dernière année.

Sa belle conduite au siège de Mons et au combat de Leuze attira sur lui l'attention du Roi. Louis XIV, en considération des services de son père, lui accorda une pension de 2,000 francs et le fit entrer dans les gardes du corps au titre d'exempt de la compagnie de Lorges, avec laquelle il prit part aux batailles de Steinkerque et de Nerwinden.

Il obtint, le 15 février 1702, une commission pour tenir rang de mestre-de-camp de cavalerie. Pendant la guerre de la Succession d'Espagne, il combattit avec valeur à Eckeren, à Ramillies, à Oudenarde. Sa bravoure, dans cette dernière journée, lui valut d'être signalé au Roi par le duc de Bourgogne, et Louis XIV fit choix de M. Dauger pour occuper l'emploi de major de la gendarmerie (1) en remplacement de M. du Plessis de la Coré, qui venait de perdre la vie à Oudenarde.

Brigadier du 29 janvier 1709, M. Dauger se distingua entre tous à Malplaquet. Il chargea plusieurs fois les ennemis à la tête de la gendarmerie, aux côtés du maréchal de Boufiers, et eut trois chevaux tués sous lui. En sa qualité de major de la gendarmerie, il rendit compte au Roi et au ministre de la conduite de ce corps dans l'action du 11 septembre par les lettres suivantes :

*Le comte Dauger à Louis XIV.*

« Sire,

« Je crois qu'il est du devoir de ma charge d'informer Votre Majesté que sa gendarmerie a répondu, par la manière dont elle s'est comportée à la bataille de Malplaquet, aux bontés et aux attentions dont Elle lui fait la grâce de l'honorer. Je ne trahirai point, Sire, la fidélité que je dois à Votre Majesté en l'assurant que le corps a fait en cette occasion tout ce qu'on peut attendre des plus braves troupes du monde, et, selon ce que m'en ont dit M. le maréchal de Boufflers et les autres généraux témoins de sa conduite, je suis persuadé qu'ils n'en parleront pas autrement à Votre Majesté.

« Je ne doute pas, Sire, que la gendarmerie ne doive, aux bons exem-

(1) Cette charge n'était donnée qu'à des officiers d'un mérite éprouvé, car le major de la gendarmerie avait dans ses attributions non seulement les détails de service, de discipline et d'administration du corps, mais aussi le privilège envié de correspondre directement avec le Roi pour toutes les questions qui intéressaient la gendarmerie.

ples de M. le chevalier de Roye et à la manière dont il a conduit toutes choses, la gloire qu'elle a acquise dans cette occasion.

« J'enverrai à Votre Majesté le détail de ses pertes dès que je les saurai au juste. On ignore encore les morts et les blessés, du moins pour la plus grande partie. Votre Majesté en sera étonnée. Elles sont fortes, mais si Elle est contente du corps, il sera trop heureux, et, en mon particulier, je n'aurai rien à désirer. Je compte que bien des gens importuneront Votre Majesté pour nos emplois vacants, et en effet Elle sera obligée d'en donner à des externes, mais si Elle me permet de lui dire ce que je crois du bien de son service, je lui demanderai très humblement la préférence pour les officiers du corps, de ceux qui peuvent les regarder, afin d'y exciter de plus en plus le zèle et l'émulation. J'aurai l'honneur, quand Elle l'ordonnera, de l'informer du rang d'ancienneté et du mérite de ceux qui sont à portée de ses grâces. Je suis, etc ... (1).

« Le 13 septembre 1709, au camp proche le Quesnoi. »

*Le comte Dauger à Voysin.*

« ....Nos pertes sont très grandes, et vous en pouvez juger par la circonstance qui suit qui est que, de 46 officiers supérieurs que nous étions au corps, 30 sont morts ou blessés. De pris, je doute qu'il y en ait, à moins que ce ne soit ceux que les blessures ont arrêtés sur le champ de bataille.

« Nous avons perdu également par la canonnade et par des charges les plus vigoureuses que j'aie vues de ma vie. Je dois au corps, Monseigneur, la justice de vous dire qu'on ne peut rien ajouter à l'intrépidité qu'il a témoignée dans l'une et l'autre occasion, et ce que je lui ai vu faire excite ma confiance, de manière que je ne crains point de vous demander pour lui une protection dont j'ose croire que vous le trouverez digne (2).

« Le 13 septembre 1709, au camp proche le Quesnoi. »

De son côté, le maréchal de Boufflers faisait de la gendarmerie et de M. Dauger ce magnifique éloge : « Je me crois obligé, Sire, de dire à Votre Majesté que toute sa gendarmerie s'est comportée dans la bataille du 11 avec tant de valeur, de zèle, de fermeté et de distinction dont j'ai été témoin qu'elle mérite que Votre Majesté ne cherche point d'autres sujets que ceux du corps de la gendarmerie pour remplacer les dites charges vacantes, hors les guidons pour lesquels le dit sieur Dauger pro-

(1) Vol. 2160. A. H.

(2) *Ibid.*

pose aussi à Votre Majesté quantité de sujets parfaitement bons, ainsi qu'Elle le verra par le dit mémoire...

« Je ne puis non plus dire assez de bien de M. Dauger, major de la gendarmerie, lequel s'est comporté dans cette action avec toute la valeur et la capacité possibles, m'ayant même donné de bons avis dont j'ai profité. Il a eu trois chevaux tués sous lui dans les différentes charges, et il mérite tout à fait les grâces et les récompenses de Votre Majesté (1). »

Jusqu'à la paix, le comte Dauger continua de servir en Flandre avec la gendarmerie, entretenant ce corps dans une exacte discipline et s'attirant l'estime du maréchal de Villars qui le signalait au Roi comme « un très bon sujet (2) ». Pendant la campagne de 1712, la mort de M. Castelmoron, capitaine-lieutenant des gendarmes de Bretagne, laissa vacant l'un des postes les plus enviés. Aucun des sous-lieutenants de la gendarmerie ne pouvait invoquer des services aussi anciens que ceux de M. Dauger. Alors qu'il était en droit de revendiquer pour lui-même la succession de M. de Castelmoron, il écrivait à Voysin, le 28 juillet 1712, cette lettre qui peint son caractère : « Je ne feindrai pas de proposer à Sa Majesté pour l'emploi en question M. de Trudaines (3), par préférence aux autres, déterminé à cela par le nombre d'années de services qu'il a au dessus d'eux, par l'application distinguée avec laquelle il a toujours rempli les fonctions de sa charge, également comme en considération du zèle qu'il fait voir en continuant à servir, nonobstant la perte d'une jambe que le canon emporta à Malplaquet, enfin parce que sa brigade est toujours bien tenue et qu'il me paraît de conséquence de mettre dans les premiers emplois du corps des gens qui sachent le métier et aient sa confiance.

« Voilà, Monseigneur, ce que mon zèle pour le service du Roi veut que je lui représente.

« Et voici ce qu'exige de moi mon intérêt particulier auquel j'ose

---

(1) Lettre du maréchal de Boufflers au Roi, au camp de Ruesnes, le 26 septembre 1709. Vol. 2152. A. H.

(2) Lettre de Villars au Roi, à Cambrai, le 23 mai 1710. Vol. 2215. A. H.

(3) Il comptait en 1712, 23 ans de service, d'après le rang d'ancienneté des cinq premiers sous-lieutenants de la gendarmerie, arrêté par M. Dauger lui-même. Mestre-de-camp en 1705, sous-lieutenant aux gendarmes de Flandre en 1706, brigadier en 1710, M. de Trudaines eut l'honneur d'être choisi comme capitaine-lieutenant des gendarmes de Bretagne.

espérer que Sa Majesté ne trouvera pas mauvais que je fasse attention quand ces deux choses se pourront concilier.

« C'est de lui demander pour moi la sous-lieutenance de celui à qui Elle accordera la compagnie à vendre.

« Je pourrais alléguer à Sa Majesté, pour justifier ma très humble prière, les longs services de mon père couronnés à Leuze par sa mort et lui représenter que j'ai 32 ans de services sur mon compte particulier, dont 27 de commission de capitaine et que, dans mes différents emplois, je n'ai jamais été détourné de mon devoir ni par la crainte, ni par l'espérance, témoignage que j'ose croire que mes ennemis mêmes ne me refuseront pas.

« Mais comme, dans le fond, mon père a été trop récompensé de ses services par la gloire de les avoir rendus et que moi je n'ai fait que ce qu'exigeaient de moi la confiance et les bontés dont le Roi m'a honoré, je me retranche uniquement, en lui demandant la grâce dont il s'agit, sur ces mêmes bontés.

« Faites-lui remarquer, je vous supplie, Monseigneur, que si Elle veut bien me l'accorder, Elle me mettra tout d'un coup en état de la servir par les suites avec plus de tranquillité d'esprit que l'accablement de mes dettes, le nombre de mes enfants et l'impossibilité où je suis de quoi fournir à mes besoins, ne m'en ont laissé jusqu'à présent, d'autant plus que ce me sera une preuve qu'Elle connaît mon zèle et que ma manière de servir lui est agréable (1). »

Après la mort de Louis XIV, le comte Dauger manifesta à plusieurs reprises l'intention de se démettre de ses fonctions de major de la gendarmerie. Il mit son projet à exécution au mois de novembre 1716, car il se sentait lui-même fatigué. « Dauger, major de la gendarmerie, quitte son emploi. C'est un garçon de mérite, en qui le feu Roi avait beaucoup de confiance. M. le duc d'Orléans l'a toujours fort bien traité (2) ».

Placé comme mestre-de-camp réformé à la suite du régiment de cavalerie de Chartres l'année suivante, il fut créé maréchal de camp par brevet du 1er février 1719, et mourut en 1724.

Le comte Dauger a été l'un des correspondants les plus assidus du duc du Maine. Ses lettres parlent en sa faveur. Modestes en ce qui le touche personnellement, elles dénotent un observateur attentif, un soldat épris de son métier, un caractère d'une grande franchise.

---

(1) Vol. 2380. A. H.

(2) Journal de Dangeau, à la date du 9 novembre 1715. En réalité, M. Dauger ne donna sa démission que l'année suivante.

*Goësbriand (Louis-Vincent, marquis de).*

Page de la Chambre du Roi le 1er janvier 1676, il suivit Louis XIV au siège de Condé cette même année, puis à la prise de Valenciennes et de Cambrai en 1677.

Sous-lieutenant au régiment du Roi le 6 mars 1678, il fut blessé à la bataille de Saint-Denis, et obtint, deux ans plus tard, une compagnie dans le même régiment.

Colonel du régiment d'infanterie de Berry à sa formation, en 1684, il prit part au siège et à la prise de Philippsbourg en 1688.

Brigadier le 28 avril 1694, il épousa, l'année suivante, mademoiselle Desmaretz, fille de l'intendant qui fut plus tard contrôleur général. Maréchal de camp par brevet du 23 décembre 1702, M. de Goësbriand ne se démit du régiment de Berry qu'au mois de février 1704. Il eut le mérite de distinguer, de s'attacher comme aide de camp et de protéger efficacement contre ses nombreux ennemis un lieutenant de son régiment, le chevalier de Folard, que ses idées rénovatrices et ses critiques sévères exposaient déjà à d'ardentes persécutions. Entre l'ancien colonel du régiment de Berry et le chevalier, il s'établit une amitié sincère à laquelle nous aurons souvent occasion de nous reporter en retraçant la vie de ce dernier.

De 1703 à 1707, M. de Goësbriand ne cessa de se signaler à la tête de nos armées d'Italie. Le 4 janvier 1704, au combat de Stradella, et le 11 janvier suivant, au combat de Castelnovo de Bormida, il culbutait avec un corps de grenadiers l'arrière-garde de l'armée ennemie et était blessé à ce dernier combat. Folard, son aide de camp, rendit compte au ministre de ces deux engagements par la lettre suivante :

« A Castelnovo, le 12 janvier 1704.

« Monseigneur,

« M. le marquis de Goësbriand s'est trouvé à la tête des grenadiers à l'attaque de Stradella, et toute l'armée est témoin qu'il a été le second qui a franchi la barrière malgré le feu de deux régiments de dragons ennemis qui faisaient l'arrière-garde. Il les poussa ensuite jusqu'au delà d'un village, qui est au dessus de Stradella, et quoiqu'il fût très inférieur et dans un endroit où la cavalerie pouvait manœuvrer, il ne laissa pas que de les charger et de les mettre en désordre. Il vient d'être blessé, étant à la tête des grenadiers à l'attaque du village de Castelnovo de la Bormida, où il a eu le petit os de la jambe cassé. Il supplie très humblement Votre Grandeur de lui continuer l'honneur de sa protection dans la promotion des lieutenants généraux si elle n'est point faite,

et, si elle l'est, de l'y faire ajouter. Il espère beaucoup en vous.... (1) »

Rapidement rétabli de sa blessure, M. de Goësbriand accompagna Vendôme dans sa marche sur le Tyrol, prit part aux sièges de Verceil et d'Ivrée, et fut grièvement blessé devant Turin en 1706.

Lieutenant général le 26 octobre 1706, il contribua puissamment, l'année suivante, à repousser les Impériaux de Toulon. Forçant la marche des troupes avec lesquelles il accourait au secours de cette place, M. de Goësbriand gagnait de vitesse le prince Eugène et le duc de Savoie. Il prenait, à la fin de juin 1707, le commandement des forces rassemblées à la hâte sous les murs de Toulon. Aussitôt il imprimait aux travaux de la défense une impulsion énergique. « Il ne s'endormait pas, dit un témoin oculaire (2). Il faut lui rendre justice : il rendit, par son activité et par sa grande valeur, de grands services au Roi ; il était toujours à cheval et il ne fatiguait les troupes que fort à propos. » Dans l'importante sortie ordonnée par le maréchal de Tessé contre les travaux de l'assiégeant, dans la nuit du 14 au 15 août 1707, M. de Goësbriand marcha à la tête d'une des colonnes d'attaque. « Il s'exposa beaucoup (3) », au cours de cette action, dont le succès fut décisif pour la levée du siège.

Appelé à servir à l'armée de Flandre en 1708, il combattit à Oudenarde. Nous l'avons vu, à la bataille de Malplaquet, recevoir l'attaque du prince Eugène à la tête de la première ligne de l'infanterie de notre gauche et n'abandonner la lisière du bois de Sars qu'après l'avoir vaillamment disputée aux ennemis, trois fois supérieurs en nombre, y avoir été blessé et avoir eu un cheval tué sous lui. A la sortie du bois, il rallia les troupes qui en avaient été repoussées et contribua à arrêter net les progrès de l'aile droite des alliés qui n'osa s'aventurer dans la plaine en face de notre gauche, prête à recommencer le combat. « MM. de Villars, Goësbriand, Puységur, Nangis... ont fait des choses surprenantes et ont toujours ramené eux-mêmes les bataillons à la charge à mesure qu'ils les ralliaient (4) ».

Le récit de Folard qui servait comme aide de camp auprès de M. de Goësbriand nous permettra de suivre pas à pas le vaillant lieutenant général qui, dans sa lettre au duc du Maine, s'est contenté de retracer les grandes lignes de la bataille sans s'arrêter sur ses propres actions.

---

(1) Vol. 1776. A. H.

(2) Le chevalier de Quincy dans ses *Mémoires* publiés par M. Lecestre. II, p. 262.

(3) *Ibid.*, p. 272.

(4) Lettre de M. de Contades, du camp de Ruesnes, 13 septembre 1709. Vol. 2152. A. H.

Le duc, ainsi que le Ministre de la guerre, ne furent pas sans apprendre sa belle conduite dans cette journée et sans l'en féliciter. Aujourd'hui encore, sur la lettre même du marquis de Goësbriand, on lit en minute la délicate réponse que le prince lui adressa : « J'ai été bien inquiet de votre blessure, ainsi que je vous l'ai témoigné. Vous la traitez bien cavalièrement, mais je suis habitué à vous voir laisser aux autres le soin de parler de tout ce que vous faites de beau et de bon. Je suis ravi de voir par votre lettre que vous ne soyez pas hors d'état d'agir, et c'est avec bien de la joie que je vois confirmer par vous, qui êtes bon connaisseur, la valeur avec laquelle les troupes du Roi se sont comportées. » Apprenant par une lettre de Voysin du 17 septembre 1709, que le Ministre avait « rendu bon compte au Roi de la manière dont il s'était distingué à la dernière bataille de Flandre (1) », le marquis de Goësbriand lui écrivit en termes pleins de modestie : « Ce que j'ai fait à l'action du 11 de ce mois ne mérite pas l'honneur que vous me faites, et, pour peu que vous ayez sur cela parlé de moi au Roi, vous en aurez dit plus qu'il n'y en a. Cependant je ne puis assez vous marquer ma reconnaissance de vos bontés à cette occasion, et l'envie que j'ai de mériter, par tout ce qui dépend de moi, l'honneur de votre amitié et de votre protection. J'espère y réussir s'il ne faut pour cela que de la bonne volonté, un grand zèle et de l'application (2). »

La défense d'Aire en 1710 donna à M. de Goësbriand l'occasion de rendre un service signalé au Roi et à l'État. Jamais gouverneur n'entra dans une place aussi fermement décidé à justifier la confiance de Louis XIV et à se défendre jusqu'à la dernière extrémité. Son caractère résolu se faisait déjà jour lorsqu'il écrivait à Voysin, le 9 avril 1710 : « Il faut tâcher de revenir de l'abus de croire qu'il suffit qu'une place soit assiégée pour être prise, ce qui est aussi peu raisonnable que de vouloir établir que, lorsqu'une personne est malade, elle est morte (3). » En toute connaissance de cause, Folard, alors prisonnier et privé de l'honneur de contribuer à la défense d'Aire où l'avait appelé M. de Goësbriand, écrivait au Ministre de la guerre le 4 septembre 1710 : « Quelle résistance que puisse faire Douai ou quelque autre place, elle ne saurait jamais tenir si longtemps que fera Aire, non pas par rapport à la bonté de la place mais par rapport au grand courage et à l'intelligence de celui qui y est dedans et qui la défend (4). »

---

(1) Vol. 2123. A. H.

(2) Lettre de M. de Goësbriand à Voysin, au camp de Ruesnes entre le Quesnoi et Valenciennes, le 23 septembre 1709. Vol. 2139. A. H.

(3) M. de Goësbriand à Voysin, à Aire, le 9 avril 1710. Vol. 2214. A. H.

(4) Folard à Voysin, à Oudenarde, le 4 septembre 1710. Vol. 2217. A. H.

Trois jours plus tard, le maréchal de Villars mandait aussi à Voysin : « Je vous assure que si M. de Goësbriand a autant d'ordre et d'économie que je lui connais de courage, Aire est une place à faire périr l'armée ennemie (1). » Peu s'en fallut que cette prédiction ne se réalisât. Habile emploi des inondations, des mines, des sorties, M. de Goësbriand ne négligea rien pour prolonger d'un jour, d'une heure, sa résistance (2). Les ennemis avaient ouvert, le 12 septembre, la tranchée devant la place. Au 31 octobre, ils n'étaient point encore maîtres du chemin couvert, et ne s'étaient emparés d'aucun ouvrage qui n'eût été pris et repris jusqu'à trois fois. « Rien n'est plus glorieux que la défense que fait M. de Goësbriand, disait (3) le maréchal de Boufflers, et on ne peut trop le louer et tous ceux qui sont avec lui. » De son côté, Louis XIV faisait écrire au défenseur d'Aire par Voysin, le 20 octobre 1710 : « Monsieur, je n'ai reçu de lettre de vous, depuis le commencement du siège, que celle datée du présent mois. Cela n'empêche pas que nous ne soyons informés, par ce qui revient de l'armée des ennemis, de tout ce que vous faites pour la défense de la place. Je dois vous dire que Sa Majesté en est parfaitement contente... Elle m'ordonne de vous faire savoir qu'Elle approuve que vous demandiez à capituler lorsque les ennemis seront maîtres de la demi-lune et que le fossé sera prêt à être comblé, supposé que dans ce temps-là il y ait une brèche assez considérable au corps de la place pour qu'ils y puissent monter à l'assaut (4). »

Sans ces ordres du Roi, l'énergique breton, qui avait déjà fait élever un retranchement derrière les remparts en brèche, aurait soutenu l'assaut au corps de la place. Du moins se prépara-t-il à vendre chèrement sa capitulation aux ennemis. Dans la nuit du 31 octobre au 1er novembre, l'assiégeant, renforcé par 2,000 grenadiers de son armée d'observation, livre au chemin couvert un assaut furieux, qui échoue complètement. Enfin, le 8 novembre, après 58 jours de tranchée ouverte, deux ponts sont achevés sur le fossé, la brèche praticable au corps de la place, les munitions presque épuisées, la garnison réduite de plus de moitié. Alors seulement, M. de Goësbriand se décide à capituler. Il sort le 12 novembre de sa place en ruines avec les honneurs de

---

(1) *Mémoires de Villars*, III, p. 102.

(2) « Le crédit et les fonds ayant manqué, je n'ai pas balancé à faire fondre ma vaisselle. » M. de Goësbriand à Voysin, le 31 octobre 1710. Vol. 2217. A. H.

(3) Le maréchal de Boufflers à Voysin, à Boufflers, le 8 novembre 1710. Vol. 2224. A. H.

(4) Vol. 2217. A. H. et *Mémoires militaires*, de Vault. X, p. 332.

la guerre ; avec les éloges des ennemis eux-mêmes, du prince Eugène en particulier. Ce dernier eut la délicate attention d'y joindre les appréciations les plus flatteuses sur la belle conduite de M. de Goësbriand lors du siège de Toulon en 1707, que lui, prince Eugène, avait été forcé de lever (1). « Au surplus, écrivait le défenseur d'Aire à Voysin, je ne puis assez vous dire les honnêtetés que j'ai reçues aujourd'hui de M. le prince Eugène, de milord duc, de tous les officiers généraux et particuliers de leurs armées, en sorte que j'ai cru ne m'en pouvoir jamais tirer (2). » Voysin sut aussi louer la glorieuse défense de M. de Goësbriand dans les termes les plus nobles et les plus élevés. Il lui adressait, le 12 novembre, la lettre suivante : « Vous sortez avec beaucoup d'honneur du siège d'Aire, et la défense que vous y avez faite est très glorieuse pour vous et pour tous les officiers qui y ont eu part sous vos ordres. Tout le regret qu'on peut avoir est de ne s'être pas mis en état de vous secourir. Le Roi sera bien aise que vous veniez lui rendre compte plus en détail de tout ce qui s'est fait pendant la durée du siège, et Sa Majesté vous témoignera par Elle-même combien Elle est satisfaite des services que vous lui avez rendus dans la défense de cette place. Je me réjouis de ce que vous revenez en aussi bonne santé (3). »

Quand le défenseur d'Aire se présenta à Versailles, le 23 novembre 1710, Louis XIV lui dit : « Vous m'avez très dignement servi. J'en suis content au dernier point, et je vous en donnerai bientôt des marques (4). » Le lendemain, Voysin apprenait à M. de Goësbriand que le Roi le créait chevalier de ses ordres et lui accordait une pension de 12,000 livres. Aux remerciements de M. de Goësbriand, Louis XIV répondit : « Monsieur, ce n'est qu'en attendant le premier gouvernement vacant et je souhaite qu'il soit bon (5). » Le défenseur d'Aire se voyait bientôt investi du gouvernement de Verdun, à la mort de Feu-

(1) M. de Goësbriand au Roi, à Saint-Omer, le 13 novembre 1710 : « Si j'étais, Sire, assez heureux pour que Votre Majesté fût contente de la défense d'Aire, je la supplie très humblement d'avoir la bonté de rappeler en cette occasion les blessures que j'ai reçues, ce qui s'est passé à Toulon il y a trois ans, quand les ennemis en voulurent faire le siège, qu'on sait assez avoir roulé sur moi, et dont M. le prince Eugène me fit l'honneur de me parler hier 12e. » Vol. 2217. A. H.

(2) M. de Goësbriand à Voysin, à Saint-Omer, le 12 novembre 1710. Vol. 2224. A. H.

(3) Voysin à M. de Goësbriand, à Marly, le 12 novembre 1710. Vol. 2217. A. H.

(4) Journal de Dangeau, à la date du 23 novembre 1710.

(5) Même Journal, à la date du 24 novembre 1710.

quières, au mois de janvier 1711, et Louis XIV, loin de lui retirer sa pension de 12,000 livres, la lui confirmait au mois de mars de l'année suivante.

M. de Goësbriand prit encore part aux campagnes de Flandre, de 1711 à 1712 (1), et à la campagne d'Allemagne en 1713. Il mourut le 2 mai 1744.

Ses lettres au duc du Maine existent en grand nombre aux Archives historiques du ministère de la guerre. D'un tour bref, elles n'en sont pas moins un modèle de précision pour tout ce qui touche aux formations et aux mouvements de l'armée. On y sent l'homme d'action et d'énergie, « le connaisseur », selon l'expression même du duc du Maine.

### *Folard* (*Le chevalier de*).

Le chevalier de Folard est né à Avignon, le 13 février 1669. La lecture des *Commentaires* de César, dit Moreri, l'un de ses meilleurs biographes (2), développa son goût pour la carrière des armes, et, au début de la guerre de la Ligue d'Augsbourg, Folard, malgré l'opposition de sa famille, prenait le mousquet. Comme lieutenant au régiment de Béarn, il eut l'occasion, pendant cette guerre, de suivre plusieurs expéditions de partisans en Flandre. « Il disait souvent qu'il avait beaucoup appris à cette école et qu'il avait pratiqué en petit ce que l'on voit faire dans les plus grandes opérations. (3) » Ses services lui méritaient, à la fin de la campagne de 1697, cette attestation flatteuse du gouverneur de Charleroi, marquis de Boisseleau : « Certifions que le sieur Folard, lieutenant dans le régiment de Béarn, a bien servi la campagne dernière, ayant demandé et recherché les occasions les plus périlleuses, s'étant battu plusieurs fois et tiré de toutes ces affaires comme un bon officier, utile au service du Roi et bon sujet. En foi de quoi, nous lui avons donné le présent certificat pour lui servir ce que de raison (4).

« Fait à Charleroi, le 24 octobre 1697.

« BOISSELEAU. »

---

(1) Témoin du combat de Denain, M. de Goësbriand en adressa au duc du Maine une relation très complète, la seule digne de ce nom (en y ajoutant un court récit de M. de Contades) qui émane d'un officier de l'armée de Flandre. Cette relation a été publiée dans la *Manœuvre de Denain*, p. 199 et suiv.

(2) Dictionnaire de Moreri.

(3) *Ibid.*

(4) Vol. 1693. A. H.

Du régiment de Béarn, le chevalier passa au régiment de Berry qui fut désigné pour se rendre à Naples, au début de la guerre de la Succession d'Espagne. Connu du lieutenant général de la Provence, du comte de Grignan, le gendre de madame de Sévigné, Folard avait été recommandé par lui, avant son départ de Toulon, au Ministre de la guerre. Chamillard écrivait (1) en effet le 19 février 1702 à M. d'Avaray, l'inspecteur sous les ordres duquel le régiment de Berry devait servir à Naples : « Il y a dans le régiment d'infanterie de Berry un lieutenant nommé Folard qui est d'Avignon, que M. le comte de Grignan assure qui a beaucoup de valeur, sait mener des partis à la guerre et entend les fortifications. Comme il pourrait vous être utile, je vous en donne avis afin que vous puissiez l'employer dans les occasions qui se présenteront. »

Le régiment de Berry avait alors à sa tête le marquis de Goësbriand, le futur défenseur d'Aire en 1710, un des officiers d'infanterie les plus expérimentés de son temps. Il eut vite fait de distinguer, parmi ses lieutenants, le chevalier de Folard qui se passionnait déjà pour les études militaires appelées à le rendre si célèbre dans la suite et « se privait même de son nécessaire pour se perfectionner dans le métier et se rendre un jour capable et utile (2) ». M. de Goësbriand lui assura son entière protection et l'attacha à sa personne. Pendant son séjour à Naples, Folard qui se nourrissait de la lecture des historiens de l'antiquité, de Tite-Live et de Polybe en particulier, remit à M. d'Avaray ses premiers travaux avec l'espoir d'attirer sur sa personne l'attention du Ministre de la guerre et d'obtenir une compagnie. Inventeur d'un fusil et d'une baïonnette, d'un radeau pour le passage des fleuves, « d'ordres de bataille très nouveaux qu'il avait éclaircis par des figures », créateur d'un exercice pour apprendre à l'infanterie à se rallier promptement, Folard avait encore composé à cette époque un traité de « l'Art des partis de guerre ». Malgré ces preuves de son application, le chevalier aurait attendu longtemps encore sa nomination au grade de capitaine, si le marquis de Goësbriand, appelé à faire partie de l'armée de Lombardie au début de 1703, n'y avait amené avec lui son lieutenant préféré et ne l'avait présenté à Vendôme qui, dès cette première rencontre, s'intéressa au sort de Folard. Le général de notre armée d'Italie écrivait (3) à Chamillard, le 3 mai 1703 : « M. de Goësbriand me montra

(1) Vol. 2468. A. H.

(2) Lettre du chevalier de Folard à Chamillard, à Naples, le 6 janvier 1703. Vol. 1693. A. H.

(3) Vendôme à Chamillard, au camp de San Benedetto, le 3 mai 1703. Vol. 1684. A. H.

hier une lettre que vous lui avez fait l'honneur de lui écrire pour renvoyer à Naples un lieutenant de son régiment qu'il a mené ici avec lui. Je fis venir ce lieutenant pour lui dire de s'en aller promptement. Je vis un homme qui se mit à pleurer comme un enfant et qui me parut avoir une envie démesurée d'être employé à quelque chose. Il me montra même plusieurs ordres de bataille qu'il a imaginés, et il me parut être homme intelligent et qui a envie de faire. Il me parla outre cela de plusieurs inventions qu'il a pour faire passer en un moment un gros corps d'infanterie de l'autre côté d'une rivière : comme c'est un cas dans lequel nous allons être incessamment, je lui donnai une longue audience et je l'envoyai sur-le-champ en poste à Codogno quérir ses papiers, et il me doit faire voir, au premier jour, plusieurs expériences sur cela. Comme il m'a paru que cet homme nous peut être fort utile, je vous prie, Monsieur, de faire en sorte auprès de Sa Majesté qu'Elle nous le laisse ici. Je crois qu'il n'y aura pas grand mal quand il y aura un lieutenant de moins au régiment de Berry, et j'espère employer cet officier ici utilement. Je suis, etc. »

Sur cette requête de Vendôme, Chamillard permit à M. de Goësbriand de garder auprès de lui son lieutenant. Folard combattit, aux côtés de son ancien colonel, le 4 janvier 1704, au combat de Stradella où il eut un cheval tué sous lui (1), et au combat de Castelnovo de Bormida, le 11 janvier suivant. Au mois de février 1704, il reçut l'ordre de suivre, en qualité d'aide de camp, le grand Prieur de Vendôme qui avait pris le commandement de notre armée de Lombardie. Sur ses instances et celles de ce prince, le chevalier ne tarda pas à être mis en possession d'une compagnie au régiment de Quercy (2), tout en continuant ses fonctions d'aide de camp auprès du grand Prieur pendant les campagnes de 1704 et de 1705. Philippe de Vendôme eut, à plusieurs reprises, l'occasion de se louer du chevalier. Après la prise de Serravalle, il écrivait (3) au Ministre de la guerre, le 9 juillet 1704 : « Il est vrai que le sieur Folard est de très bonne volonté et qu'il a marqué au

(1) Lettre de Folard à Chamillard, à Ostiglia, le 24 septembre 1704. Vol. 1784. A. H.

(2) Chamillard à Folard, à Versailles, le 4 mars 1704 : « J'ai reçu votre lettre du 13 du mois passé. J'écris à M. de Chartogne de voir, parmi les compagnies d'infanterie des régiments de l'armée d'Italie qui qui seront vacantes, celle qui pourra vous convenir et de vous proposer pour la remplir. Je m'assure que vous ne serez pas longtemps sans en avoir une. » Vol. 2468. A. H.

(3) Philippe de Vendôme à Chamillard, du camp de Cadidavid, le 9 juillet 1704. Vol. 1783. A. H.

siège de Serravalle comme son esprit est fort inventif. Tout ce qu'il imagine ne peut pas réussir, mais il est fort gueux et très actif. Ainsi quand le Roi lui fera quelque gratification, elle sera bien employée. » Dans la nuit du 31 mai au 1er juin 1705, un détachement de grenadiers de notre armée, alors établie près de Gavardo, fut attaqué dans une cassine à peu de distance de notre camp. Folard s'y jeta comme volontaire, prit une part active à la défense aux côtés de M. de la Tour, capitaine de grenadiers au régiment de la Marine, se réfugia avec lui dans un poulailler et, bien que blessé au ventre d'un coup d'épée, ne cessa de combattre et de garder son poste, malgré les attaques furieuses des ennemis qui furent obligés, au jour, de se retirer (1). Dans un premier rapport de ce combat, le grand Prieur n'avait point mentionné le nom du chevalier. Il répara cette omission en écrivant (2) à Chamillard, le 6 juin 1705 : « J'avais oublié dans mon Mémoire le pauvre petit Folard qui se jeta de bonne volonté dans la cassine où il demeura pendant toute l'action, et les capitaines de grenadiers ont été très contents de lui. Cela mériterait bien que le Roi l'honorât de quelque petite récompense. » L'appel du grand Prieur cette fois fut entendu et le chevalier de Folard reçut, avec la croix de chevalier de Saint-Louis, une pension de 400 livres. Quelques jours plus tard, avant son rappel en France, Philippe de Vendôme laissait au chevalier cette attestation (3) de ses services :

« Philippe de Vendôme, chevalier de l'ordre de Saint-Jean de Jérusalem, grand Prieur de France, commandant l'armée du Roi en Lombardie, etc. Nous certifions que le sieur Folard, capitaine d'infanterie dans le régiment de Quercy, a servi auprès de nous, par ordre du Roi, la campagne dernière 1704 et la présente 1705 ; que pendant ces deux campagnes il a fait plusieurs projets utiles dont il y en a eu de très heureusement exécutés ; qu'il se rendait très nécessaire dans les marches et autres mouvements; qu'il a servi d'ingénieur en chef dans la dite armée ; qu'il a fortifié Ostiglia et plusieurs autres postes importants ; qu'il a servi avec une très particulière distinction au siège des tours de Serravalle et à celui de la Mirandole ; qu'il était journellement utile à l'exécution de nos ordres par sa capacité dans le métier de la guerre ; qu'il servit si utilement à la brillante affaire de la cassine de Moscolino, que M. le prince Eugène attaqua en personne avec l'élite des forces de son armée, qu'il soutint l'attaque des portes où, quoiqu'il fût grièvc-

(1) Lettre de Folard à M. Le Blanc, Ministre de la guerre, à Paris, le 28 juillet 1727. Pensions et gratifications, Archives administratives.

(2) Au camp de Moscolino, le 6 juin 1705. Vol. 1866. A. H.

(3) Vol. 2468. A. H.

ment blessé d'un coup d'épée, il se retira avec sa troupe dans un petit poste de la cour de la dite cassine et s'y défendit avec tant d'opiniâtreté et de courage que l'armée eut temps de le secourir. En foi de quoi nous lui avons donné le présent certificat signé de notre main, scellé du cachet de nos armes et contresigné par notre secrétaire.

« Au camp d'Ombriano, le 8 août 1705.

« PHILIPPE DE VENDÔME.

« *Par Monseigneur* : PALAPRAT. »

Folard combattit à la bataille de Cassano, le 16 août 1706, aux côtés du duc de Vendôme. On sait avec quelle généreuse bravoure ce prince, reconnaissable « à une belle panache blanche pareille à celle d'Henri IV (1) », s'y exposa. Presque tous les officiers qui l'entouraient furent tués ou blessés. Folard y reçut, entre autres blessures, un coup de fusil à la main gauche, dont il resta estropié.

Désigné l'année suivante par le duc d'Orléans pour se jeter dans Modène et y servir d'ingénieur en chef, il ne put obtenir du gouverneur, M. de Bar, et du commissaire des guerres, Chibert du Bignon, tout-puissant sur l'esprit de ce dernier, qu'ils se défendissent en gens de cœur. Folard s'opposa de toutes ses forces à une reddition honteuse de la citadelle de Modène « sans qu'il y eût aucun boyau de poussé ni brèche praticable (2) ». Ses courageuses représentations faillirent lui coûter la vie, et, en sortant de la place, il accusa ouvertement le gouverneur et le commissaire des guerres de n'être pas demeurés étrangers à une tentative d'assassinat dont il fut l'objet pendant le siège. Menacé par Chibert du Bignon de représailles s'il ne gardait pas le silence, accusé par ce commissaire de n'avoir rien fait à Modène « tant par ignorance que par obstination et dérangement d'esprit (3) », Folard ne craignit point de dévoiler en toute franchise au Ministre de la guerre la triste conduite des défenseurs de cette place, et nous savons, par les témoignages du comte de Médavi et de M. de Foucaucourt, que Folard avait pour lui, en cette circonstance, la vérité et le bon droit. Dans une lettre à Chamillard, du 13 février 1707, le premier « plaint M. de Bar qui ne

(1) Lettre de M. de Saint-Fremond à Chamillard, du champ de bataille de Cassano, 17 août 1706. Vol. 1867. A. H.

(2) Lettre de Folard à Chamillard, à Mantoue, le 13 février 1707. Vol. 2046. A. H.

(3) Lettre de Chibert du Bignon à Chamillard, Mantoue, le 24 février 1707. Vol. 2046. A. H.

s'est pas acquis de réputation dans cette occasion (1) », et, dans une lettre du même jour adressée aussi au Ministre, le second se montre pénétré de douleur de cette mauvaise défense de Modène où les ennemis « avaient fait une brèche à laquelle il a fallu travailler deux jours pour la parfaire afin que la garnison pût y passer (2) ».

La campagne de 1707 donna au chevalier de Folard l'occasion de se distinguer. Il était à l'armée du Dauphiné sous les ordres de M. de Goësbriand, près d'Exilles, quand, avec 45 grenadiers, il attaqua et enleva au village de Chaumont un poste où les ennemis tenaient une garde nombreuse de cavalerie. « On ne tira point de notre part, excepté le sieur Folard qui tua une des vedettes qui l'avait manqué (3). » M. le marquis de Goësbriand ne tarda point à rendre compte au ministre, par une lettre du 27 octobre 1707, « de cette petite expédition du sieur de Folard qui est assez hardie et a été assez bien conduite de sa part ». Elle valut à son auteur une deuxième pension de 400 livres.

Le comte de Grignan, qui n'oubliait point son protégé, écrivait (4) en sa faveur à Chamillard, le 27 avril 1708. « J'ai été le premier à vous parler du chevalier de Folard lorsqu'il fut embarqué à Toulon pour Naples avec un bataillon du régiment de Berry, et vous avez vu, Monsieur, en plus d'une occasion, qu'il n'a pas démenti ce que j'avais eu l'honneur de vous dire de son mérite et de son savoir pour la guerre. Je vous supplie très humblement d'agréer que je vous demande pour lui la continuation de votre protection. » De son côté, Vendôme qui gardait un sincère attachement à son ancien aide de camp de l'armée d'Italie, ne tardait pas à l'appeler en Flandre. Un instant désigné pour se jeter dans Lille lorsque cette ville fut assiégée par le prince Eugène après le combat d'Oudenarde, Folard eut l'occasion de reconnaître le poste de Leffinghe où les ennemis avaient amassé de grands approvisionnements de vivres et de munitions qu'ils destinaient à l'armée assiégeante. Ce poste, occupé par une nombreuse garnison, défendu par une redoute et d'importantes inondations, assurait la communication d'Ostende au camp du prince Eugène, la seule qui permît aux alliés de continuer le siège de Lille opiniâtrement défendue par Boufflers. Le

(1) Le comte de Médavi à Chamillard, à Mantoue, le 13 février 1707. Vol. 2046. A. H.

(2) M. de Foucaucourt à Chamillard, à Mantoue, le 13 février 1707. Vol. 2046. A. H.

(3) Lettre de M. de Goësbriand à Chamillard, à Exilles, le 27 octobre 1707. Vol. 2040. A. H.

(4) M. de Grignan à Chamillard, à Marseille, le 27 avril 1708. Vol. 2098. A. H.

25 octobre 1708, attaquant à revers, d'après le plan tracé par Folard, le village de Leffinghe et la redoute qui le couvrait, Vendôme s'assurait presque sans coup férir cette conquête qui, entreprise quelques jours plus tôt, aurait peut-être sauvé Lille. Il récompensa sur-le-champ les services de Folard en cette circonstance par la commission (1) de commandant du poste de Leffinghe :

« Il est ordonné au sieur Folard de se rendre à Leffinghe pour y commander jusqu'à nouvel ordre. »

Donné à Bruges, le 28 octobre 1708.

LOUIS DE VENDÔME.

*Par Monseigneur :* CAMPISTRON.

La reddition de Gand et de Bruges, à la fin de l'année 1708, entraîna aussi l'abandon du poste de Leffinghe, et le chevalier se trouva de nouveau sans emploi. Le duc de Bourgogne, un instant désigné pour commander notre armée du Rhin, avait promis à Folard de l'attacher à sa personne (2). Mais, comme ce prince ne quitta point Versailles, Folard se retira auprès de son premier protecteur, le marquis de Goësbriand, qu'il suivit pendant la campagne de 1709. On le retrouve en juillet 1709 au camp d'Annay, près de Lens, occupé à mettre en état de défense les bords de la Deûle au nord de Pont-à-Vendin, accompagnant M. d'Albergotti dans une reconnaissance du terrain entre la Scarpe et l'Escaut, et lui démontrant les avantages d'une ligne de Denain à Helesmes, d'où notre armée pouvait soutenir Condé et Valenciennes sans cesser de veiller à la sécurité des places de la Lys, Aire et Saint-Venant. A Malplaquet, Folard eut l'honneur de combattre auprès de M. de Goësbriand qui disputa vigoureusement aux ennemis la lisière du bois de Sars à la tête de l'infanterie de notre gauche. Il y fut blessé assez grièvement à la cuisse, et rédigea quelques jours plus tard une relation de la bataille que l'on trouvera plus loin. Il ne s'est point contenté, à l'exemple d'un grand nombre d'officiers de

(1) Vol. 2108. A. H.

(2) Folard à Voysin, au camp d'Annay, le 22 juillet 1709 : « N'ayant pas l'honneur d'être connu de vous, permettez-moi de représenter à Votre Grandeur que Monseigneur le duc de Bourgogne m'avait retenu pour le suivre en Allemagne, et, ce prince n'y ayant point été, il me dit que je ne pouvais mieux faire pour le service du Roi que d'aller en Flandre pour y continuer mes services. Je me suis rendu auprès de M. de Goësbriand... » Vol. 2136. A. H.

son temps, d'en retracer un tableau plein d'intérêt, mais il a encore cherché à se rendre compte des fautes commises dans cette journée ; et, si certaines de ses critiques paraissent un peu sévères, bien de ses jugements resteront comme fondés. Il sortit de cette rencontre, pénétré de la nécessité de l'offensive, des avantages que notre infanterie possédait dans le choc et le combat à la baïonnette, de son infériorité, en face des ennemis mieux exercés, lorsqu'elle voulait recourir au feu comme seul mode d'action, enfin de la nécessité de donner à nos bataillons, alors rangés sur quatre rangs, une formation plus dense et plus appropriée à l'attaque. C'est en effet, après la bataille de Malplaquet, que nous le voyons s'ouvrir pour la première fois au Ministre d'un ordre de bataille où l'infanterie marcherait en colonnes à la rencontre de l'ennemi. Nous ne possédons plus un premier « Projet pour le secours de Mons » qu'il adressait à Voysin au début d'octobre 1709, où il démontrait « la force des colonnes et la manière de combattre dans cet ordre », mais les Archives de la guerre renferment un second projet que Folard considérait comme plus achevé et « plus sûr que le premier », et qu'il faisait parvenir au Ministre le 19 octobre 1709 (1). Il y proposait d'attaquer les ennemis devant Mons par la trouée de Malplaquet, l'infanterie aux deux ailes et la cavalerie au centre. L'infanterie eût débouché en colonnes des lisières des bois de Blaugies et de la Lanière et combattu dans cette formation. « Lorsque la cavalerie aura enfourné la plaine du côté de Blaregnies, on détachera deux colonnes de la droite, composées de deux brigades chacune... Il s'en détachera deux autres, de la même force, de l'aile gauche qui se porteront encore au centre de la cavalerie. Ces quatre colonnes laisseront chacune, de l'une à l'autre, des espaces entre elles pour former six escadrons. Les deux ailes de l'infanterie seront sur plusieurs colonnes (car votre ordre de bataille doit être par colonnes d'infanterie). Comme le terrain se trouve resserré, la cavalerie formera plusieurs lignes, particulièrement à l'aile gauche par où le pays vient à s'ouvrir. En marchant à l'ennemi, ces lignes de cavalerie se formeront entre les colonnes d'infanterie à mesure que le pays s'ouvrira... Tous vos dragons formeront la réserve avec deux brigades d'infanterie. »

Le combat engagé, deux camps volants, venant de Condé et de Charleroi, « paraîtront l'un sur l'aile droite, et l'autre sur l'aile gauche, après que vous aurez préparé le soldat à l'attente du secours car, comme j'ai dit dans mon premier projet, tout ce qui vient d'imprévu à la guerre étonne, quelque faible qu'il soit ».

(1) Folard à Voysin, au camp de Ruesnes, auprès de M. de Goësbriand, le 19 octobre 1709. Vol. 2153. A. H.

Ce projet du chevalier, qui rompait entièrement avec les idées alors admises sur les ordres de bataille et la façon de combattre, attira l'attention du ministre. Voysin lui répondit (1) aussitôt de Versailles, le 21 octobre 1709 : « Votre lettre du 19 de ce mois m'a été rendue. J'ai vu le projet que vous m'avez envoyé. Il m'a paru bien raisonné, et je souhaiterais fort que vous vous en expliquassiez avec M. le maréchal de Boufflers auquel M. de Goësbriand, qui paraît avoir de l'estime pour vous, pourrait vous présenter. Je crois qu'il ne vous le refusera pas, si vous voulez bien en faire la proposition. » Quand cette lettre de Voysin parvint à son destinataire, l'entreprise du chevalier ne pouvait plus s'exécuter, car Mons avait ouvert ses portes à l'ennemi le 21 octobre.

La correspondance de Folard avec Voysin, pendant cette fin de campagne, offre plusieurs lettres intéressantes. Il y critique judicieusement l'établissement d'une nouvelle ligne de Valenciennes à la Sambre à travers la forêt de Mormal, ligne trop éloignée de Maubeuge qu'elle avait pour but de couvrir, « l'ennemi se tenant toujours plus près de Maubeuge que vous qui faites l'arc dans le temps qu'il fait la corde (2). » C'était sur l'Hogneau qu'il aurait voulu voir reporter la position de notre armée. « Il y va du service du Roi et de sa gloire, peut-être de la paix, écrivait-il à Voysin le 22 septembre 1709, de nous approcher de nos ennemis. Ils ont trouvé des Français dans la dernière affaire. Ils sont consternés, nos soldats sont pleins d'audace et de résolution, et lorsque nos ennemis verront que nous nous sommes reconnus, que nous sommes prêts à recommencer, ils craindront que la fortune ne leur tourne le dos, et, lorsque nous témoignerons de la faiblesse, que nous nous éloignerons d'eux et que nous nous retrancherons, ils reprendront et leur première audace et leurs espérances. » Folard eut même la hardiesse de critiquer devant le maréchal de Montesquiou la ligne de la forêt de Mormal. Il ne tarda pas à se repentir de son franc parler car, après avoir été appelé au commandement de la petite place de Lens, il se vit obligé de remettre ce poste à un lieutenant-colonel que la cour y avait nommé sur la proposition du maréchal de Montesquiou. Cette disgrâce fut très sensible au chevalier en faveur duquel M. de Goësbriand écrivit (3) à Voysin le 10 décembre 1709 : « Le sieur Folard, qui a l'honneur de vous présenter ma lettre, est parti d'ici pénétré du cha-

(1) Vol. 2238. A. H.

(2) Lettre de Folard à Voysin au camp de Ruesnes, le 22 septembre 1709. Elle est signée : le chevalier de Folard auprès de M. de Goësbriand. Vol. 2160. A. H.

(3) M. de Goësbriand à Voysin, à Arras, le 10 décembre 1709. Vol. 2144. A. H.

grin que vient de lui donner M. le maréchal de Montesquiou qui, l'ayant nommé au commandement de Lens, sans l'avoir sollicité, et réglé sur le pied de toutes choses avec lui et M. de Bernage (1), la veille d'y entrer, y a nommé un autre.

« Il ne peut, dit-il, attribuer un si prompt changement et le chagrin qu'il reçoit en cette occasion que d'avoir parlé le 27 novembre dernier, soupant chez moi à Aire avec M. le maréchal de Montesquiou, de la ligne de Valenciennes au Quesnoi qu'on pouvait faire sur l'Hogneau, et d'avoir peut-être déplu à M. de Bernage.

« En son malheur il n'a rien à se reprocher, mais il a besoin de consolation. Pour cet effet il a recours à l'honneur de votre protection et vous supplie très humblement de lui accorder une commission de colonel d'infanterie qui, lui donnant un caractère que le commandement de Lens devait lui procurer, lui fournisse dans la suite l'occasion d'être plus utile au Roi. Je prends la liberté de joindre à cette occasion mes très humbles prières aux siennes et de vous assurer qu'il n'est pas indigne de la grâce qu'il demande qui, par rapport à ses talents pour la guerre, est au dessous de lui.

« Il commandait à Leffinghe que la prise de Gand a fait tomber, et serait très propre pour commander à la Bassée si on y travaille au commencement de la campagne prochaine. »

Au début de l'année 1710, nous retrouvons Folard à Paris, rue Vivienne, chez le marquis de Goësbriand. Désigné pour défendre Aire en cas de siège, ce dernier écrivait (2) au Ministre, de Béthune, le 6 avril 1710 : « Si vous n'avez pas besoin de M. le chevalier Folard, je vous supplie de me l'envoyer à Aire où il ne me sera pas inutile. Il y était déjà l'année passée avec moi, et il connaît la place. » Sur l'invitation de Voysin, Folard reprit le chemin de la Flandre, et comme les alliés avaient commencé la campagne au mois de mai par le siège de Douai, qu'il était question d'une bataille pour faire échouer cette entreprise, Folard s'empressa de dresser un « Projet pour le secours de Douai » qu'il transmit au Ministre et qu'il vint lui-même proposer au maréchal de Villars à la fin de mai 1710. Comme ce projet figure dans l'*Histoire de Polybe* (3), nous nous contenterons de dire ici que Folard voulait marcher aux ennemis avec notre infanterie en colonnes fortes d'une brigade, les bataillons d'une brigade déployés dans l'intervalle de deux colonnes, et notre cavalerie en seconde ligne, les escadrons en bataille et soutenus par des pelotons d'infanterie ou de dragons à pied.

---

(1) Intendant de l'Artois.
(2) Vol. 2224. A. H.
(3) I, p. 140 et suiv.

Nous croyons cependant intéressant de reproduire sa lettre d'envoi (1) à Voysin où le chevalier a résumé ses idées sur la tactique : « ... Ce que nous allons entreprendre est décisif et comme, dans une affaire de cette conséquence, il est bon d'avertir des fautes où nous tombons et auxquelles on peut remédier, je vous supplie très humblement, Monseigneur, de me permettre de lui en parler.

« La première chose qu'il me paraît qu'on manque est qu'on se porte d'abord à une certaine distance des ennemis où l'on attend qu'ils viennent à nous, ce qui est faible et capable d'abattre le cœur du soldat, et, au lieu d'avancer sur eux, on s'amuse à tirailler ; et, comme le feu des ennemis est toujours supérieur au nôtre à cause de leur discipline, nos bataillons mollissent bientôt.

« En second lieu, nous donnons si peu de hauteur à nos bataillons, les rangs et les files sont si ouverts que c'est la faiblesse même, et le moindre échec qui leur arrive les met en confusion outre que, s'il en fallait venir aux mains, ils ne sauraient jamais résister au choc d'un bataillon ennemi, s'il les attendait, car la méthode parmi eux est de combattre à six de hauteur tout au moins, les files serrées et les rangs à la pointe de l'épée. J'avoue que nos bataillons sont courts, mais on peut y remédier en joignant ensemble les bataillons soit en les mettant à six de hauteur avec un plus grand nombre d'officiers à la queue du bataillon, n'y en ayant pas assez.

« On allègue, Monseigneur, qu'il faut un grand front aux bataillons pour en avoir un plus grand feu. Ceux qui sont dans cette opinion ne sont pas dans celle des officiers qui entendent l'infanterie. Cette méthode est très pernicieuse. Il n'y a personne tant soit peu intelligente qui ne convienne qu'on doit tirer un plus grand feu d'un bataillon de 600 hommes à six de hauteur que d'un même nombre à quatre, lorsqu'il combattra selon les règles du métier et non pas selon celles que nous observons ou que je vois observer.

« En troisième lieu, Monseigneur, je prends la liberté de vous dire qu'on manque dans les distances qu'on doit donner d'un escadron à un autre escadron et d'un bataillon à un autre dans une bataille. Cela est pourtant de la dernière importance afin que les escadrons et bataillons de la seconde ligne puissent passer entre les intervalles de la première, et, si ceux de la première sont rompus, ils puissent se retirer dans les intervalles de la seconde, et, si les intervalles ne sont pas observés et trop étroits, les troupes qui seront battues à la première mettront en désordre la seconde.

« La dernière chose qu'il me semble qu'on doit encore observer est

(1) Folard à Voysin, au camp de Vis, le 27 mai 1710. Vol. 2215. A. H.

de faire avertir les soldats par leurs officiers, et leur bien imprimer dans la tête en leur en faisant connaître l'avantage, et de leur défendre de ne pas tirer un seul coup en allant aux ennemis, mais de marcher en bon ordre, les files serrées et les rangs à la pointe de l'épée, lentement, fusil sur l'épaule, et de doubler le pas à vingt pas tout au plus d'eux pour ne tirer qu'à la portée de la baïonnette.

« Voilà, Monseigneur, ce qui doit nous donner infailliblement la victoire. Je ne doute pas que bien des gens n'aient pensé comme moi et mieux encore. Je ne laisse pas que de lui en écrire à tout hasard. »

Nous savons, par Folard lui-même (1), que Villars ne crut point devoir donner suite à son projet d'attaquer les ennemis. « J'eus là-dessus deux entretiens assez longs avec M. le Maréchal qui me fit quelques objections auxquelles j'eus l'honneur de satisfaire si bien qu'il me parut très content. Il eut la bonté, après avoir lu la manière dont je forme mes colonnes, de me dire qu'il trouvait cette évolution bien difficile pour une infanterie aussi mal disciplinée que la nôtre. Je pris la liberté de lui répondre que, quoiqu'il fût vrai ce qu'il disait, cependant que cette évolution était la chose du monde la plus aisée puisqu'il ne s'agissait que de doubler les files d'un bataillon, que cela se pratiquait tous les jours dans l'infanterie, qu'au reste l'ordre que je proposais était l'unique sur lequel il pouvait combattre et que, s'il combattait sur deux lignes, il courrait risque d'être battu ; qu'il fallait d'abord enfoncer ces gens-là en quelque endroit et que l'épouvante serait bientôt parmi eux ; que leurs bataillons étaient de beaucoup plus gros que les nôtres ; et, quoi qu'on veuille dire, j'ose soutenir que, lorsque nous combattrons sur si peu de hauteur, nous ne saurions jamais réussir. Il n'y a donc qu'à chercher des ordres de bataille différents de celui de notre ennemi pour être sûrs de réussir. Quant à ce que je propose, je suis si sûr de mon ordre que je réponds sur ma tête de l'événement partout où l'on mêlera des colonnes parmi un ordre de bataille (2). »

Au mois de juillet 1710, le chevalier s'en retournait de l'armée à Aire, menacée d'un siège prochain, lorsqu'il fut fait prisonnier par les ennemis et conduit à Oudenarde, puis à Lille. Il rencontra dans cette dernière ville le marquis de Maillebois, le fils du contrôleur général Desmaretz et le beau-frère de M. de Goësbriand, qui y était demeuré en otage pour les dettes du siège de 1708. M. de Maillebois aida géné-

(1) Folard à Voysin, au camp d'Arleux, le 1er juin 1710. Vol. 2215. A. H.

(2) Folard ne renonça qu'avec peine à son projet de secours de Douai qui, écrivait-il à Voysin en mai 1711, « était un coup sûr et dont le regret lui durera toute la vie ». Vol. 2300. A. H.

reusement de sa bourse le chevalier et joignit ses instances à celles du défenseur d'Aire auprès de son père et du Ministre de la guerre, afin que Folard fût compris dans le premier échange de prisonniers. A la prière de son fils et de son gendre, le contrôleur général écrivait (1) à l'intendant de Flandre, M. de Bernières, le 3 août 1710 : « Le chevalier Folard a été pris prisonnier en s'en retournant à l'armée (2) et a été conduit à Oudenarde. Si vous pouviez le tirer de ce mauvais pas par la voie d'échange, vous feriez plaisir à M. le marquis de Goësbriand qui s'intéresse à ce qui le touche, et il ne serait point inutile dans le temps présent qu'on a besoin de bons sujets. Cet officier s'applique fort et on peut s'en servir dans l'occasion, étant très agissant. Je vous prie d'y faire tout ce qui dépendra de vous. »

Grâce à cette démarche du contrôleur général à laquelle se joignirent les ordres réitérés de Voysin, le chevalier fut échangé au commencement de l'année 1711. Pendant sa captivité, il avait reçu des éloges flatteurs des généraux alliés, d'Eugène et de Marlborough en particulier. Les deux grands capitaines, qui le connaissaient de réputation, avaient pris plaisir à s'entretenir avec lui (3). Il en fut de même du général saxon Schulenbourg, l'un des meilleurs tacticiens de son

(1) Vol. 2258. A. H.

(2) Nous croyons plutôt, d'après la lettre suivante de Voysin au commissaire des guerres Puech, alors chargé de procéder aux échanges de prisonniers, que Folard est tombé au pouvoir des ennemis en quittant le maréchal de Villars pour rejoindre son poste à Aire. — Voysin au commissaire Puech, 22 juillet 1710 : « Le chevalier Folard, qui a caractère de capitaine d'infanterie, vient d'être fait prisonnier par les ennemis sur la route de l'armée à Aire et a été conduit à Lille. L'intention de Sa Majesté est que vous ayez une attention particulière à profiter pour son échange de la première occasion favorable qui se présentera. Informez-moi des diligences que vous ferez sur cela. » Vol. 2503. A. H.

(3) Folard à Voysin, à Lille, le 21 novembre 1710 : « M. le prince Eugène et Milord ayant passé par Tournai, nous y fûmes avec M. le marquis de Maillebois. J'eus l'honneur de parler à l'un et l'autre pour les informer de mon vrai caractère et leur dire que je n'étais ni brigadier, ni colonel, mais un très petit capitaine, et comme il ne me convient pas d'écrire à Votre Grandeur la réponse qui me fut faite publiquement par l'un et par l'autre, qu'elle peut s'en informer à M. le marquis de Maillebois, au commissaire qui est en otage à Tournai et à M. l'abbé Colbert, qui était présent, je ne prendrai pas la liberté de le lui dire, sinon qu'ils m'ont promis ma liberté et que j'ai été mis sur l'état de l'échange. » Vol. 2217. A. H.

temps, qui s'attacha étroitement au chevalier, et, passant l'année suivante au service de la République de Venise, ne cessa de correspondre avec lui « sur des matières de guerre et d'érudition militaire (1) ». C'est aussi de cette époque que date la liaison de Folard avec le receveur hollandais des contributions, Pesters, personnage influent, avec lequel il eut plusieurs conversations sur la paix. Il lui prédit avec une rare clairvoyance les dangers, pour la Hollande, de renouveler la faute de Louis XIV en 1672 si elle s'obstinait à rejeter les conditions avantageuses offertes par le Roi de France. Il lui écrivit pour lui rappeler l'exemple des Carthaginois préférant la mort à la paix honteuse que Régulus voulait leur imposer, et trouvant leur salut dans cette résolution virile. « Envisagez, s'il vous plaît, Monsieur, lui disait-il (2), tous vos avantages. Considérez-les sans aucune passion, et vous verrez si vous les devez plus à votre courage et à votre conduite qu'à nos fautes. Vous avez trouvé des Français à Malplaquet et, s'il m'était permis de parler de cette affaire en homme de métier et qui s'y est trouvé, je dirais que vous avez vaincu moins par votre conduite et par votre fermeté (qui sont pourtant dignes d'une grande gloire), que par notre manque de considération, et la victoire ne pouvait nous échapper si nous en eussions apporté un peu plus. Il s'en fallait même de beaucoup que le temps fût venu de la céder, et l'on peut fort bien dire dans cette occasion que vos généraux vainquirent les nôtres, mais que nos soldats ne furent pas vaincus. »

Rendu à la liberté, Folard revint à Saint-Omer où commandait le marquis de Goësbriand. Il s'employa à reconnaître les abords de cette place, à rédiger plusieurs projets pour son secours en cas de siège et à suggérer une tentative de surprise de la place d'Aire qui, exécutée en septembre 1711 par M. de Goësbriand, n'eut point de succès. Sa correspondance de cette année, comme celle de 1710, nous le montre partisan résolu de l'offensive, demandant sans cesse que notre infanterie, au combat, abordât l'ennemi la première, qu'elle se contentât d'une seule décharge à bout portant et passât aussitôt à l'attaque à la baïonnette

(1) Folard à Voysin, à Saint-Omer, le 22 mars 1711. Vol. 2302. A. H. On voit même par la correspondance de Folard que, lorsque Schulenbourg lui donna avis de sa résolution de quitter le service d'Auguste II en juillet 1711, le chevalier offrit à Voysin de s'employer pour « nous acquérir un des plus savants et des plus intelligents hommes que j'aie connus pour la guerre et qui est réputé pour tel parmi nos ennemis ». Lettre de Folard à Voysin, à Saint-Omer, le 9 juillet 1711. Vol. 2300. A. H.

(2) Folard à Pesters, à Oudenarde, le 6 octobre 1710. Vol. 2217. A. H.

où ses qualités d'élan et d'action lui assuraient une supériorité incontestée. Nous nous bornerons à citer quelques-unes de ses maximes répandues dans les lettres de cette époque : « Le parti le plus salutaire est d'agir offensivement, de chercher les ennemis et de les combattre. Ne quittons donc pas cette maxime dont nous nous sommes si bien trouvés autrefois et qui convient à la nation (1). » « Il y a encore une chose qui ne contribue pas peu à nous faire battre : c'est que, lorsque l'on est en présence de l'ennemi, on s'amuse à tirailler. Cette manœuvre ne convient pas à la nation, mais bien à nos ennemis. On doit défendre de tirer et faire connaître au soldat que son avantage est d'aller sur l'ennemi la baïonnette au bout du fusil. Si l'on observe cette manière de combattre, nous devons être assurés de les battre partout où nous les trouverons (2). » « Milord Duc est persuadé que son infanterie ne consiste que dans une belle apparence. Ce sont des soldats bien vêtus et de beaux bonnets, aussi neufs que leurs habits, qui ne soutiendraient pas un moment devant les nôtres dans une affaire générale si nous allions à eux de bonne grâce sans les marchander comme nous avons toujours fait (3). »

Par son caractère entier, son franc parler, ses réformes et ses idées nouvelles dans l'art de la guerre, Folard s'était attiré déjà bien des ennemis qui voulaient voir en lui un fou et un visionnaire. « J'ai de puissants ennemis, écrivait-il (4) à Voysin le 16 juillet 1711, qui, après m'avoir gâté dans l'esprit du Roi comme je l'ai appris, tâchent à me détruire dans l'esprit de Votre Grandeur, car sans cela je ne me verrais pas dans la crasse et sans avancement. » Lui-même se rendait compte qu'il ne pouvait être de grande utilité à l'armée où M. de Goësbriand et le Ministre l'avaient invité à se rendre en septembre 1711. « M. le maréchal de Villars a des raisons pour ne pas m'employer, disait-il (5) avec tristesse à Voysin le 18 septembre 1711, et ceux qui l'approchent ont les leurs pour m'éloigner de lui. »

Enfin, après avoir désespéré un moment de se voir « hors de la poussière (6) », Folard apprenait avec joie, par une lettre de Voysin du

---

(1) Lettre de Folard à Voysin, à Aire, le 6 mai 1710. Vol. 2215. A. H.

(2) Lettre de Folard à Voysin, à Aire, le 27 avril 1710. Vol. 2214. A. H.

(3) Lettre de Folard à Voysin, à Saint-Omer, le 30 juillet 1711. Vol. 2304. A. H.

(4) Vol. 2300. A. H.

(5) Lettre de Folard à Voysin, à Saint-Omer, le 18 septembre 1711. Vol. 2301. A. H.

(6) Lettre de Folard à Voysin, à Saint-Omer, le 18 juin 1711. Vol. 2308. A. H.

9 novembre 1711 (1), que le Roi lui donnait le commandement de Bourbourg pendant l'hiver aux appointements de 150 livres par mois, avec mission de veiller à la sécurité des postes de la Colme dont Bourbourg était le centre. Il exprimait en ces termes (2) sa gratitude au Ministre de la guerre : « Je regarde ce commandement comme une chose solide. Permettez, Monseigneur, que je vous en rende de très humbles grâces et que je vous supplie d'être persuadé de mon attachement et d'une reconnaissance qui ne finira qu'avec ma vie. » Si le Roi avait eu la bonté d'ajouter à ce premier établissement le grade de colonel ou de lieutenant-colonel, Folard se fût estimé au comble de ses désirs et peut-être en mesure de contracter un riche mariage avec « une demoiselle de mérite et qui avait du bien (3) ». Pendant sa captivité, il avait pu rencontrer à Lille la femme et la fille de l'ancien argentier de cette ville, Simon Vollant, le meilleur auxiliaire de Vauban dans la construction de la citadelle de Lille. Vollant, mort en 1696, avait déjà marié une de ses filles à M. de Valory, directeur des fortifications de Lille, Menin et Courtrai, que sa belle conduite au siège de Douai en 1710 venait d'élever au grade de lieutenant général. Ce fut M. de Valory qui, tout en honorant le chevalier de son estime, le voyant « sans un sol de bien (4) » et sans espoir d'avancement, crut devoir s'opposer à ce projet d'union qui n'eut point lieu.

Au mois de février 1712, Folard se démit de sa compagnie au régiment de Quercy qu'il ne pouvait administrer en raison de son éloigne-

---

(1) *Voysin à Folard.*

« A Versailles, le 9 novembre 1711.

« Monsieur,

« Le Roi vous ayant destiné pour commander pendant cet hiver à Bourbourg et prendre soin des postes établis à la garde des passages de la rivière de Colme qui se fait par des détachements de Dunkerque, Bergues et Bourbourg, l'intention de Sa Majesté est que vous vous rendiez incessamment sur les lieux pour y exécuter ses ordres. Je vous ferai adresser au premier jour celui qui vous est nécessaire pour vous autoriser dans vos fonctions, et M. Le Blanc vous fera payer des appointements de 150 francs par mois, ainsi qu'ils ont été réglés l'année dernière en faveur de celui qui commandait dans le même poste. » Vol. 2407. A. H.

(2) Lettre de Folard à Voysin, à Bourbourg, le 3 décembre 1711. Vol. 2301. A. H.

(3) Lettre de Folard à Voysin, à Bourbourg, le 8 janvier 1712. Vol. 2372. A. H.

(4) *Ibid.*

ment. Après avoir demandé au Ministre, au mois de mars, sa destination pendant la campagne, il en reçut la lettre suivante (1) : « ... Je ne vois pas qu'il y ait occasion de vous employer à l'armée, et, supposé qu'il ne reste pas de troupes à Bourbourg, il faudra nécessairement que vous serviez dans une des places de la frontière comme Saint-Omer ou autre. » Le chevalier demeura donc à Saint-Omer pendant les opérations de l'année 1712, suivant, comme toujours, avec le plus vif intérêt, les mouvements des deux armées. Il adressait à Voysin, le 25 juillet, c'est-à-dire le lendemain du combat de Denain dont la nouvelle n'était pas encore parvenue à Saint-Omer, un projet pour combattre les ennemis sur la Sambre. Il y mettait en avant la manœuvre inverse de celle que Villars venait d'exécuter, c'est-à-dire une démonstration sur la droite de l'ennemi, vers la basse Selle, et une attaque à fond sur la gauche du prince Eugène, aux abords de Landrecies. Il insistait de nouveau pour que notre infanterie se portât à l'attaque « par colonnes avec des lignes entre deux » (2).

Bientôt la paix d'Utrecht entraîna la suppression de l'emploi de commandant à Bourbourg. Le chevalier, devenu libre, se rendit à Malte en 1714, puis en Suède auprès de Charles XII qui l'accueillit avec bonté et l'envoya même en France pour y travailler au rétablissement de Jacques III sur le trône d'Angleterre. Folard échoua dans cette mission et revint servir aux côtés du roi de Suède. Il était au siège de Frédérickshall quand Charles XII y fut tué. Cette mort décida le chevalier à revenir en France où le Régent le fit enfin mestre de camp réformé à la suite du régiment de Picardie en 1719. Après avoir pris part à la courte campagne de Berwick en Espagne la même année, Folard se consacra tout entier à la publication de son *Histoire de Polybe* dont l'apparition en 1727 rendit son nom célèbre dans toute l'Europe. Pour mener à bien son travail, il obtint un appui généreux du Ministre de la guerre Le Blanc, l'ancien intendant de la Flandre maritime de 1708 à 1712, et auprès du duc de Bourbon et du cardinal de Fleury, comme le témoigne la pièce suivante :

« Août 1727.

« Monsieur le chevalier Folard, mestre de camp réformé au régiment de Picardie, supplie Monseigneur de lui ordonner le payement de la gratification annuelle de 1000 livres que Son Altesse Sérénissime Monsieur le Duc lui a procurée pendant son ministère pour l'aider à soutenir les

---

(1) Voysin à Folard, à Versailles, le 16 mars 1712. Vol. 2468. A. H.

(2) Folard à Voysin, à Saint-Omer, le 25 juillet 1712. Cette lettre de Folard a été publiée dans la *Manœuvre de Denain*, p. 149.

dépenses que lui occasionnent les ouvrages auxquels il travaille depuis longtemps sur le fait de la guerre. Espère que Monseigneur ne lui précomptera sur cette gratification annuelle celles qu'il a eu la bonté de lui accorder cette année, ce qui le dérangerait fort, les ayant regardées comme grâces particulières, indépendantes de son traitement ordinaire. »

Il jouit :

| | |
|---|---|
| Appointements de mestre de camp réformé. | 900 livres. |
| Appointements de ci-devant commandant à Bourbourg | 1.900 — |
| Pension sur le Trésor royal | 660 — |
| Pension sur l'ordre de Saint-Louis | 600 — |
| | 4.060 livres. |

A eu, par gratifications extraordinaires, les :

| | |
|---|---|
| 2 avril 1724 | 1.500 livres. |
| 10 avril 1725 | 1.000 — |
| 3 juin 1726 | 1.000 — |
| 21 février 1727 | 500 — |
| 16 avril 1727 | 1.000 — (1). |

Pendant qu'il travaillait à son *Commentaire sur Polybe*, Folard se lia étroitement avec le comte de Saxe, entré au service de la France en 1722. Il eut le mérite d'apprécier à sa valeur le jeune colonel et de porter sur lui, dès 1728, ce jugement que l'histoire devait ratifier de tout point : « ... C'est un des plus beaux génies pour la guerre que j'aie connus. L'on verra, à la première guerre, que je ne me trompe point dans ce que je pense (2). » N'est-elle pas d'un haut exemple cette amitié pleine de déférence que ne cessèrent de témoigner au chevalier de Folard le vainqueur de Fontenoy et le maréchal de Belle-Isle, les deux hommes de guerre les plus remarquables de cette époque, qui recherchaient avec empressement les leçons et les entretiens de l'historien de Polybe? A l'hôtel de Belle-Isle à Paris ou à sa somptueuse résidence de Bizy, Folard, vieilli, combattu, « n'ayant jamais su rassembler

(1) Cette pièce porte par apostille « encore 1000 livres ». Dossier des pensions et gratifications. Archives administratives du Ministère de la guerre.

(2) *Histoire de Polybe*, III, p. 396.

deux louis ensemble (1) », trouva toujours un généreux accueil et, mieux encore, mille marques sensibles d'un respectueux attachement. Quelques jours avant la mort du chevalier, survenue à Avignon le 23 mars 1752, le maréchal de Belle-Isle lui écrivait (2) : « J'ai reçu, mon cher Folard, votre lettre du 5 février. J'y vois avec grand plaisir la continuation de votre bonne santé et surtout que toutes vos facultés se maintiennent entières et que votre tête ne vieillit point. C'est une grande grâce que Dieu vous a faite. Je voudrais que tous les hommes, et surtout ceux qui sont les maîtres, imitassent ce bon exemple.

« Il n'a assurément pas tenu à moi dans toutes les occasions qui se sont présentées de vous procurer la justice qui vous était due, mais ce n'est pas la seule chose où je n'aie pas réussi.

« .... A l'égard de votre neveu qui restera à Ratisbonne (3) jusqu'au printemps, j'ai pris fait et cause pour lui auprès du nouveau Ministre des affaires étrangères et je lui ai déclaré que je ne le laisserais point en repos qu'il ne l'ait placé ailleurs convenablement ou procuré une pension proportionnée à ses mérites et à ses services. Soyez persuadé que je ne perdrai pas un instant cet objet de vue. Je verrai aussi M. de Ségent et M. Le Tourneur pour vous faire payer de ce qui vous est dû.

« Je suis toujours, de tout mon cœur, mon cher Folard, avec les sentiments que vous me connaissez, votre très humble et très obéissant serviteur. »

Folard a exercé une profonde influence sur son époque. On peut dire que folardistes et anti-folardistes, partisans du choc et du feu, de la colonne et de la ligne déployée, se sont partagé la littérature militaire du milieu du XVIII<sup>e</sup> siècle. Dans son « Projet d'un ordre français en tactique », Mesnil-Durand se réclamera hautement de l'historien de Polybe. Si des juges autorisés, comme Maurice de Saxe et Frédéric II, ont fait justice dans leurs écrits de la colonne de Folard trop lourde et trop compassée, si certaines erreurs du chevalier, érigées par lui en système comme son mépris absolu du feu, son mélange de l'infanterie et de la cavalerie au combat, son dédain injuste pour la cavalerie, ont donné lieu à des critiques méritées, il n'en est pas moins vrai que le

(1) Lettre de M. de Robert, capitaine au régiment de Picardie et neveu de Folard, au comte d'Argenson, au camp d'Alost, le 14 août 1745. Dossier des pensions et gratifications.

(2) Le maréchal de Belle-Isle à Folard, à Paris, le 15 février 1752. Vol. 3396. A. H.

(3) Folard avait un neveu de son nom qui représentait alors la France auprès de la Diète de Ratisbonne.

tacticien, sortant des routes battues, avait ouvert la voie aux penseurs et aux chercheurs de son temps. Ce qu'il faut voir en effet dans la colonne de Folard, c'est moins les éléments trop denses dont il l'a composée que l'esprit qui l'a inspirée, le désir du chevalier de créer une méthode de combat et une formation appropriées au génie de notre race, laissant à nos soldats la mise en œuvre de leurs qualités toutes d'offensive et leur permettant de joindre l'ennemi avec la baïonnette, au corps à corps où rien ne devait leur résister. Aujourd'hui même la lecture de Folard peut se faire avec profit et c'est à un de ses adversaires, à Frédéric II, que nous emprunterons le jugement suivant : « Dans le grand nombre de livres qui sont écrits, il y en a bien peu qui soient tout d'or ; il y en a peu même dont on pourrait tirer autant de bonnes choses que du *Commentaire de Polybe* (1). »

*De La Frézelière (Jean-François-Angélique-Frézeau, marquis).*

Son père, le marquis François de la Frézelière, modèle d'honneur et de dévouement, organisateur et créateur de premier ordre, a rempli dans l'artillerie au XVII^e siècle un rôle analogue à celui de Vauban dans le génie. Véritable précurseur de Gribeauval, il a conçu et réalisé le premier un équipage de campagne d'une mobilité inconnue jusqu'alors et d'une adaptation parfaite au véritable rôle de l'artillerie sur le champ de bataille. Ardent défenseur des pièces légères dites « de la nouvelle invention », il en avait composé son artillerie et obtenu, en les perfectionnant, une sûreté de tir et une rapidité d'évolutions qui en faisaient déjà de merveilleux auxiliaires d'une tactique plus agissante et plus offensive. Louvois a tenu en haute estime l'éminent officier d'artillerie qui fut pour lui un collaborateur précieux, d'un dévouement sans bornes, et qui lui donna, sans compter, ses cinq fils. Trois furent tués à l'ennemi. Un quatrième quitta l'artillerie en 1683 pour entrer dans les ordres. Le dernier, Jean-François-Angélique, élevé au milieu des camps, commandait à seize ans les batteries de l'attaque la plus rapprochée du Rhin au siège de Philipsbourg, en 1688. Plein d'ardeur et d'intelligence, le jeune officier secondait déjà son père dans les détails si nombreux du service de l'artillerie. Il profitait à merveille des leçons du maître qui mettait tous ses soins « à faire de ce fils un bon officier. C'est ce que je désire avec passion, écrivait le marquis de La Frézelière à Louvois, pendant la campagne de 1690, afin que, quand je

(1) Avant-propos de l'extrait tiré des commentaires du chevalier Folard sur l'histoire de Polybe. *Œuvres de Frédéric-le-Grand*, tome XXVIII. Berlin, chez Rodolphe Decker.

*ne pourrai plus aller, il puisse être capable de prendre ma place*... (1) » De fait, quand le marquis de La Frézelière mourait, à 80 ans, au mois de mai 1702, « servant encore avec la vigilance d'un jeune homme et une capacité très distinguée (2), » le comte, maintenant marquis de La Frézelière, se montrait entièrement digne de lui succéder dans le commandement de l'artillerie de l'armée d'Allemagne. Vauban, qui le vit à l'œuvre au siège de Brisach, écrivait (3) à Chamillard, le 19 septembre 1703 : « L'honneur et la conscience m'obligent à vous dire du bien de trois hommes, tous trois gens de mérite. Le premier est M. de La Houssaye, intendant...

« Le deuxième est M. de La Frézelière, lieutenant général de l'artillerie (4), plus intelligent bien assurément que son âge ne porte, qui s'acquitte autant bien de cet emploi qu'on le puisse désirer, je dis mieux qu'on ne le doit espérer d'un homme de son âge. S'il continue, ce sera bien sûrement le premier artilleur de son temps. Il est de plus très honnête homme, plein d'honneur et de probité. »

Brigadier par brevet du 29 janvier 1702, M. de La Frézelière ne tarda pas à mériter le grade de maréchal de camp par sa belle conduite aux sièges de Brisach et de Landau, et à la deuxième journée d'Hochstedt. Il commanda dans cette journée l'artillerie des deux armées de Tallard et de Marsin, distribua avec habileté ses 90 pièces sur tout le front de notre position et canonna si vigoureusement les lignes ennemies qu'il obligea Marlborough à les ébranler plus tôt que ce général n'en avait formé le dessein. Au cours de l'action, M. de La Frézelière essaya, à plusieurs reprises, de parer aux manœuvres défectueuses de Tallard, en indiquant judicieusement à ce maréchal et à ses lieutenants les mouvements propres à y remédier. Puis, quand la retraite s'imposa, il parvint à retirer du champ de bataille la plus grande partie de son artillerie à une époque où le canon du vaincu demeurait presque toujours en entier aux mains du vainqueur. « Je voudrais, Monseigneur, écrivait à Chamillard l'un des acteurs de cette journée, le marquis de Quincy (5), pouvoir vous donner de plus grands éclaircissements sur la manière dont se sont comportés dans cette action les officiers généraux

---

(1) Vol. 980. A. H. et Les Frézeau de La Frézelière, p. 136.

(2) Saint-Simon. Vol. X, p. 145, édition de Boislisle.

(3) Vol. 1667. A. H.

(4) La charge de lieutenant général de l'artillerie, que possédait son père, lui avait été donnée en survivance dès 1685.

(5) L'auteur de l'*Histoire militaire du règne de Louis le Grand*, alors lieutenant d'artillerie à notre armée d'Allemagne.

et autres. Je puis vous assurer que tous ceux que j'ai vus ont bien payé de leur personne, mais entre autres M. le marquis de La Frézelière, qui non seulement a agi en général d'artillerie, mais encore en général d'armée, et je puis vous assurer, Monseigneur, qu'il n'y a personne dans les troupes qui pût plus dignement que lui remplir la place d'officier général : c'est un témoignage que toute l'armée vous rendra comme moi (1). »

De 1705 à 1707, M. de La Frézelière commanda l'artillerie de l'armée d'Allemagne, aux ordres du maréchal de Villars. Dans la campagne de 1706, il décida du succès, par l'habile emploi de son canon, à l'attaque de l'île du Marquisat où « la supériorité en nombre des ennemis était telle qu'elle l'aurait emporté si notre artillerie, très bien servie par les soins de M. de La Frézelière, n'avait enfin ébranlé les ennemis (2)... »

Au siège de Lille de 1708, le maréchal de Boufflers avait demandé au Roi d'avoir à ses côtés le marquis de La Frézelière. Le maréchal n'eut qu'à se louer de son choix, car dans aucun de ses lieutenants il ne trouva un dévouement plus entier, un concours plus précieux. Deux semaines suffirent à M. de La Frézelière pour organiser l'artillerie de la défense. Du 12 août au 22 octobre, il lutta sans faiblir contre les batteries de l'assiégeant qui disposait d'un nombre de pièces trois fois supérieur. Entre les nombreux éloges décernés à sa conduite, il suffira de rappeler ici l'appréciation que le maréchal de Boufflers portait en regard du nom de M. de La Frézelière dans l'important mémoire (3) où, au lendemain de la capitulation, il demandait au Roi de répandre ses grâces les plus signalées sur la vaillante garnison de Lille. « Il mérite tout à fait d'être fait lieutenant général. Il est ancien maréchal de camp et il a rendu ici des services si distingués pour la défense de Lille, tant pour le fait de l'artillerie que par ses bons conseils et sa capacité dont j'ai profité, que je ne puis assez m'en louer. C'est un sujet de grand mérite et de distinction, et des plus dignes des grâces du Roi et des plus capables de servir utilement dans ses armées. »

Lieutenant général à la suite du siège de Lille, M. de La Frézelière resta sur la frontière de Flandre, pendant l'hiver de 1709, occupé, d'après les instructions du maréchal de Boufflers, à visiter nos places les plus exposées Placé par Villars, en qualité de lieutenant général, à

(1) M. de Quincy à Chamillard, au camp de Haguenau, le 18 septembre 1704. Vol. 1751. A. H., et *Mémoires militaires*, de Vault, IV.

(2) Lettre de Villars au Roi, au Fort-Louis, le 21 juillet 1706. Vol. 1948. A. H.

(3) Voir le *Siège de la ville et de la citadelle de Lille en* 1708, p. 412.

la droite de la deuxième ligne de l'armée, M. de La Frézelière se conduisit à Malplaquet, comme il l'avait fait à Hochstedt, avec la plus brillante valeur. Dans son rapport de la journée, adressé au Roi le soir même du 11 septembre, le maréchal de Boufflers disait : « M. le marquis d'Hautefort et M. de La Frézelière, qui étaient encore à la droite et plus en arrière que M. d'Artagnan, ont fait paraître la même valeur et capacité (1). » En retraçant la bataille, nous avons vu le marquis de La Frézelière repousser, à la tête de la brigade de Navarre, les bataillons hollandais qui menaçaient de prendre en flanc la droite de notre ligne de retranchements le long de la lisière du bois de la Lanière, puis proposer sagement au maréchal de Boufflers une sortie en masse de notre infanterie qui, exécutée à ce moment décisif, nous eût procuré la victoire. Après avoir joué dans l'action l'un des premiers rôles, M. de La Frézelière en a écrit une relation qui demeurera comme l'une des vues d'ensemble les plus exactes et les plus complètes de cette grande journée. Lui-même a mentionné les services importants qu'il y rendit, dans cette lettre à Voysin de la fin de l'année 1709 :

« Loudun, le 18 décembre 1709.

« Sur le bruit qui se répand que le Roi fera bientôt des chevaliers de ses ordres, j'ai l'honneur de vous écrire pour vous supplier très humblement de représenter mes services à Sa Majesté, et d'avoir la bonté de les appuyer de vos bons offices pour que je puisse avoir part à cette promotion. Le Roi avait bien voulu flatter feu mon père de cet honneur et d'un autre encore plus grand dont la mort seule l'a privé, qui le mit au tombeau, avec toutes ces grandes espérances, quelques mois avant que l'on fît la dernière promotion de maréchaux de France. Je suis, Monseigneur, dans les mêmes emplois qu'il avait, et si je ne me trouve pas un des plus anciens lieutenants généraux des armées de Sa Majesté, j'ai du moins l'avantage d'être un de ceux qui ont vu le plus d'actions pour son service et d'avoir, dans la dernière bataille, soutenu notre droite, qui allait être enveloppée, en chargeant à la tête de la brigade de Navarre une colonne des ennemis qui prenait notre droite en flanc et qui fut repoussée au delà du bois, après que l'on eût tué beaucoup de monde et pris cinq drapeaux. J'avais pris la liberté de demander un des gouvernements qui ont été vacants cette campagne, Monseigneur, et, le Roi en ayant disposé en faveur de quelques autres lieutenants généraux, je me vois sans aucuns bienfaits de Sa Majesté.

---

(1) Vol. 2152. A. H. et *Mémoires militaires*, de Vault, IX, p. 347.
(2) Vol. 2144. A. H.

Ainsi je crois être d'autant plus à portée d'espérer des honneurs, auxquels je serai toujours plus sensible qu'à des grâces utiles. J'ose dire que vous n'en sauriez procurer à personne qui ait l'honneur d'être avec un plus respectueux attachement que je suis

« Votre très humble et très obéissant serviteur,

« Le Marquis DE LA FRÉZELIÈRE. »

M. de La Frézelière continua de servir à l'armée de Flandre en 1710 et 1711. Au mois d'août 1711, pendant que Marlborough mettait le siège devant Bouchain, le jeune lieutenant général, impatient de se distinguer, s'offrait à Voysin pour commander dans Cambrai. « Cette place, qui deviendrait pour ainsi dire la clef du royaume, serait en même temps la plus exposée si nous perdions Bouchain », écrivait-il (1) au Ministre le 12 août 1711. Mais, presque au même jour, M. de La Frézelière tombait gravement malade. « Je viens de voir trois de nos lieutenants généraux assez malades, écrivait Villars à Voysin, le 25 août. Le chevalier de Maulévrier est à l'extrémité de la petite vérole et du pourpre; M. de La Frézelière d'une maladie moins violente mais dangereuse; M. de Brendlé d'une grosse fièvre. Ces trois hommes me feraient grand'faute dans une action, étant gens très hardis et très fermes (2)... » Vaincu par la maladie, M. de La Frézelière sollicita un congé qui lui fut accordé sur-le-champ, mais il ne fit que languir et il expirait bientôt, le 19 octobre 1711, en son château de la Chaussée, près Marly. Il n'avait que 39 ans.

On doit au marquis de La Frézelière un *Journal du Siège de la ville de Lille*, œuvre considérable qui, aujourd'hui encore, peut être regardée comme un modèle du genre. Il est aussi l'auteur d'un *Projet de descente en Écosse*, rédigé en 1710 sur des bases géographiques et politiques fort exactes (3).

---

(1) M. de La Frézelière à Voysin, au camp de Paillencourt, le 12 août 1711. Vol. 2300. A. H.

(2) Vol. 2305. A. H.

(3) Le *Journal du Siège de la ville de Lille* et le *Projet de descente en Écosse* ont été publiés dans les Frézeau de la Frézelière, p. 1 et 264.

# TROISIÈME PARTIE

## Lettres et relations adressées au Duc du Maine.

---

*M. de Saint-Hilaire au duc du Maine.*

Au Quesnoy, ce 12e septembre 1709.

Monseigneur,

J'aurai l'honneur de rendre compte à Votre Altesse Sérénissime de ce qui vient d'arriver (1).

Le 9 de ce mois, nous arrivâmes en présence des ennemis, et on se canonna de part et d'autre jusques au soir. Nous tirâmes de quarante pièces de canon et les ennemis d'environ quatorze ou quinze, mais comme nos troupes étaient en vue, nous perdîmes quelque monde et nous en tuâmes davantage aux ennemis. La nuit suivante, je fis couvrir notre canon. Le jour même, on fit retirer les troupes un peu en arrière, et nous tirâmes faiblement pendant la journée afin de leur épargner le feu de l'ennemi. Notre infanterie de la droite se retrancha assez bien devant l'ennemi dans quelques vergers et occupa son terrain en retour, couvrant son flanc d'un bon retranchement qui avait devant lui une petite plaine. En cet endroit, je fis établir une batterie de dix pièces de canon, qui était encore soutenue d'une autre batterie de dix pièces sur un monticule, en dedans, qui découvrait beaucoup. J'y fis encore loger vingt autres pièces. Dans notre centre, j'établis encore vingt autres pièces qui battaient dans une petite plaine sur l'ennemi, et, dans le revers gauche, j'y fis mettre dix autres pièces pour battre le

---

(1) Le texte de cette lettre a servi à M. de Saint-Hilaire pour son récit de la bataille de Malplaquet, inséré au tome IV de ses *Mémoires*, p. 210 et suiv.

revers, auxquelles j'en joignis encore dix autres le jour de notre combat (1).

A la droite et à la gauche de cette petite plaine, il y avait de grands bois qui se prolongeaient sur l'ennemi qui occupait celui de la gauche de la dite plaine à son égard. Nous occupâmes celui de la droite, qui s'appelle le bois du Sars, qui était notre gauche d'infanterie, et on y mit la brigade du Roi (2) avec une autre brigade d'infanterie. On logea cinq pièces de canon devant la brigade du Roi, et ces deux brigades se retranchèrent dans le bois, à la tête, lequel ne fut point retranché en arrière par son flanc, et ce fut une faute (3). Dans la petite plaine qui faisait notre centre, notre infanterie se retrancha pareillement, soutenue par plusieurs lignes de cavalerie et notamment de la Maison du Roi et de la gendarmerie qui se trouvèrent au centre. La droite de notre cavalerie faisait un grand cercle rentrant, jusques au bord de l'Hogneau dans une plaine, ayant devant elle le bois de Blaugies et le bois du Sars, à la pointe duquel était la brigade du Roi avec une autre brigade d'infanterie.

On était dans cette situation lorsque le 11, sur les 7 h. 1/2 du matin, les ennemis commencèrent à battre de vingt pièces de canon la brigade du Roi et l'attaquèrent vivement. Il y eut là un grand combat d'infanterie (4), qui dura environ demi-heure, et la tête de la colonne d'infanterie des ennemis qui était devant la plaine de notre centre (5) entra par le flanc du bois du Sars derrière nos deux brigades d'infanterie, que l'on soutint par d'autres brigades qui entraient dans le bois d'où les ennemis nous firent sortir après une heure de combat. Dans ce temps-là, ils attaquèrent notre infanterie de la droite dans ses retran-

(1) Pour les emplacements de nos batteries sur le champ de bataille, se reporter au plan de Naudin.

(2) La brigade du Roi était ainsi composée : Le Roi, quatre bataillons ; Saintonge, deux bataillons. Le colonel-lieutenant du régiment du Roi, M. du Barail, le futur défenseur de Landrecies en 1712, était absent : ce régiment était commandé par le lieutenant-colonel, M. de Beaupuy. Le régiment de Saintonge avait à sa tête M. de Chastenet, son lieutenant-colonel.

(3) C'est aussi l'avis du marquis de La Frézelière, comme on le verra plus loin.

(4) Ce combat fut mené, du côté des alliés, par le général saxon Schulenbourg. (Voir le récit de la bataille, p. 60.)

(5) Il s'agit de l'attaque du comte de Lottum qui pénétra le premier dans nos retranchements de la lisière du bois de Sars, aux postes des régiments de Charost et de la Sarre.

chements, percèrent sur un revers et vinrent jusques à nos batteries qui étaient sur le monticule d'où ils furent bientôt rechassés. Ils ne purent pénétrer les autres retranchements et principalement celui de la brigade de Piémont (1), où nous avions une batterie, et on leur tua là beaucoup de monde : on ne peut trop louer la bravoure du régiment de Piémont qui leur prit en cet endroit deux ou trois drapeaux. Après cela, la droite fut en repos pendant environ une heure et demie, les ennemis faisant toujours grand feu de plus de 100 pièces de canon et quelques obus, et nous des 80 nôtres.

Les ennemis qui se trouvèrent les maîtres du bois de Sars se prolongèrent à travers dans le bois de Blaugies. Cela fit marcher de ce côté-là non seulement la brigade du Roi et les autres qui avaient combattu dans le bois de Sars, mais encore presque toute l'infanterie du centre, qui se trouva fort dégarni. En même temps, plusieurs bataillons des ennemis parurent à la gauche du centre, ayant traversé le bois de Sars et étant près de nos retranchements où il n'y avait presque plus d'infanterie. Je passai par là dans ce temps-là, venant de la droite, et vis fort bien ce qui en pouvait arriver. Je poursuivis mon chemin pour m'en retourner à la gauche retrouver M. le maréchal de Villars que j'avais quitté pour aller à la droite donner des ordres et qui faisait charger, par son infanterie qui était sur quatre lignes, celle de l'ennemi qui était sur le bord du bois de Blaugies et dans le dedans, et même les ennemis plièrent un peu.

Dans ce temps-là, je joignis M. le Maréchal et lui rapportai ce que j'avais vu du dégarnissement du centre et du danger qui en pouvait arriver. Il me répondit qu'il fallait y faire venir de l'infanterie de la droite. Dans ce moment-là, les ennemis firent une décharge de 50 ou 60 coups de fusil sur nous, dont il fut dangereusement blessé au genou et s'en alla. J'envoyai vite chercher 15 pièces de canon pour battre l'infanterie ennemie en cet endroit, mais, avant qu'il fût arrivé, les ennemis firent une si rude charge à notre gauche que notre infanterie plia et abandonna son terrain, et je ne vis que la brigade des Irlandais fort ferme devant l'ennemi (2) et qui ne se rompit pas. Nous ralliâmes

---

(1) La brigade de Piémont comprenait : Piémont, trois bataillons ; Bourgogne, deux bataillons. Elle était commandée par M. de Beuil, qui fut tué au cours de l'action.

(2) La brigade des Irlandais était composée des cinq bataillons de Lee, O'Brien, Dorington, O'Donnell et Galmoy.

« Les Irlandais se sont fort distingués ». Lettre de M. de Contades à Voysin, du camp de Ruesnes, 13 septembre 1709. D. G. 2152

pourtant les autres et les remîmes en bataille devant l'ennemi, et notre canon arriva.

Dans ce temps-là, l'infanterie des ennemis, qui était devant notre retranchement du centre dégarni d'infanterie, s'avança par le bord du dit retranchement et l'occupa. Leur cavalerie s'avança pareillement, et le combat devint grand dans ce centre, le canon, de part et d'autre, faisant un feu terrible. La Maison du Roi y fit des merveilles (1), mais les ennemis percèrent, et notre droite et notre gauche se trouvèrent séparées par eux. Alors la droite commenca à se retirer après avoir été chargée une seconde fois, et nous prîmes le même parti à la gauche, après nous être replacés pour tenir ferme, où se trouvèrent alors MM. de Puységur (2), du Rozel, Legall (3) et moi. Toute cette gauche a pris le

---

et *Mémoires militaires relatifs à la succession d'Espagne* du lieutenant général de Vault, IX, p. 371.

(1) « Rien ne peut être comparable à la valeur et à la vigueur quasi sans exemple que la Maison du Roi a marquées en cette occasion, ayant percé et renversé plus d'une fois deux et trois lignes des ennemis à coups d'épée..... » Lettre du maréchal de Boufflers au Roi, du camp du Quesnoy, 11 septembre 1709, de Vault, IX, p. 347.

(2) « Après la blessure de M. le maréchal de Villars et de M. d'Albergotti, c'est M. de Puységur qui a été chargé du commandement de toute l'infanterie de la gauche jusques à la fin de l'action et il s'en est acquitté avec toute la valeur et la capacité possibles. » Lettre du maréchal de Boufflers au Roi, du 15 septembre 1709. D. G. 2152.

Jacques-François de Chastenet était, depuis 1690, maréchal des logis aux camps et armées du Roi. Maréchal de camp en 1702, lieutenant général en 1704, Puységur était passé maître dans l'art d'asseoir un camp, d'ordonner la marche d'une armée et d'arrêter un plan de campagne. Il remplit avec succès les fonctions de chef d'état-major auprès des maréchaux de Luxembourg, de Villeroy et de Villars de 1690 à 1713. Le bâton de maréchal de France fut, en 1734, la juste récompense des brillants services de M. de Puységur. Il a exposé ses services et résumé ses idées sur l'art de la guerre dans deux mémoires que la *Revue d'Histoire*, d'octobre 1903, a publiés sous ce titre : « *La doctrine d'un maréchal général des logis au XVII<sup>e</sup> siècle* ».

(3) François-René, baron de Legall, d'origine bretonne, avait débuté sous Turenne, Luxembourg et Créqui. Villars n'eut qu'à se louer de lui pendant la campagne de 1703, en Allemagne. C'est à la valeur et à l'habileté de M. de Legall que fut dû, dans cette campagne, le succès du brillant combat de Munderkingen. Nommé lieutenant général, M. de Legall se distingua de 1705 à 1707, en Espagne, où il enleva de vive

parti de se retirer par Quiévrain du côté de Valenciennes, et je revins avec l'artillerie repasser l'Hogneau à Hon, après l'avoir fait encore tirer cinq coups de canon sur l'ennemi, avant partir, pour le contenir. J'omettais à dire qu'à la droite de l'infanterie ennemie, dans le temps des premières charges, dix escadrons des ennemis percèrent le bois de Blaugies par une trouée et vinrent dans la plaine où MM. de Rozel et Clouët (1) les chargèrent si vivement avec les carabiniers qui les défirent si bien qu'ils n'en parut plus. Toute l'infanterie a fait au dessus de ce qu'on pouvait espérer, et le combat a bien duré six heures. Nous avons bien tiré 8,000 coups de canon, et je ne crois pas qu'il nous reste 400 boulets.

---

force la ville d'Alcala. Il revint servir en Flandre en 1709. Il mourut en 1724. — Le lendemain de la bataille de Malplaquet, il écrivait à Voysin :

Au camp sous Valenciennes, ce 12e septembre 1709.

Je suis arrivé cette nuit sous Valenciennes avec toute la gauche de l'armée en très bon état, quoique les ennemis nous eussent détaché un gros corps de cavalerie pour nous suivre, qui ne nous a pas pu entamer. Je ne pris le parti de me retirer du champ de bataille qu'après avoir vu notre droite se retirer. Nous ne pûmes pas la joindre, les ennemis ayant pénétré dans notre centre, ce qui ôta la communication de nos deux ailes. J'ai ramené à Valenciennes plus de 100 escadrons et 60 bataillons avec lesquels je me vais mettre en marche pour joindre notre droite qui s'est retirée au Quesnoy. Je n'ai pas l'honneur de vous faire un plus long détail de cette action dont vous serez mieux informé par M. le maréchal de Boufflers, ne pouvant vous parler que de la gauche. Nous avons assurément beaucoup perdu, mais je suis persuadé que la perte des ennemis n'a pas été moins considérable.

LE GALL (Vol. 2160. A. H.).

(1) Dangeau écrit aussi Clouët. Il s'agit de Nicolas Le Blanc de Cloys, un des vétérans des guerres du grand règne, qui avait débuté comme cornette dans le régiment de Saint-Loup, en 1668, avait pris part à un grand nombre de sièges et de combats de la guerre de Hollande et commandait depuis 1690 la compagnie de carabiniers du régiment Dauphin-Étranger lorsqu'il fut nommé lieutenant-colonel de la brigade d'Achy, à la création du régiment royal des carabiniers le 1er novembre 1693. Mestre de camp de cette brigade en 1702, il la commanda à Nimègue, à Eckeren, à Oudenarde et à Malplaquet. Brigadier de 1704, maréchal de camp par brevet du 8 mars 1718, il se

On n'a pu retirer qu'une pièce des dix qui étaient dans le retranchement de Piémont, et, du poste du régiment du Roi, il n'en est revenu qu'une ou deux des cinq qui y étaient, le restant étant démonté du canon de l'ennemi, et dans le centre on a été obligé d'en laisser deux pièces dont les affûts se sont trouvés brisés par le canon des ennemis et qu'on n'a pu emmener. Je suis revenu ici avec toute la droite de l'armée et 64 pièces de canon de nos 80. On m'a assuré qu'il y en avait une autre avec la gauche de l'armée qui s'est retirée sous Valenciennes. Nous avons perdu nombre de canonniers et soldats de nos bataillons, je ne sais pas encore combien, quantité de chevaux d'artillerie et beaucoup de charretiers, ce que je ne puis encore savoir au juste. Le pauvre Saint-Marc (1), des bombardiers, a été tué d'un coup de canon à la batterie du régiment du Roi ; Le Gras (2) nous manque, et je ne sais s'il a été tué ou pris. Je crois que l'on est fort content de l'artillerie. Voici la douzième affaire où je me suis trouvé, mais je n'ai jamais vu un si grand feu de part et d'autre, et nous avons lieu de nous flatter que l'on est fort content de nous (3). M. de Malézieux (4) m'a très bien secondé, et

---

démit de sa brigade l'année suivante et quitta le service. Il mourut le 2 mai 1722.

Dans sa lettre au Roi, du 15 septembre 1709, le maréchal de Boufflers disait : « M. le chevalier de Rozel a battu entièrement 15 ou 16 escadrons des ennemis, à la tête de la brigade de carabiniers de Cloys qui y a fait de sa personne des merveilles, aussi bien que tous les carabiniers de la dite brigade ». D. G. 2152.

(1) Au cours de sa visite de la frontière, pendant l'hiver de 1709, le maréchal de Boufflers écrivait au Roi, de Béthune, le 24 janvier 1709 : « M. de Saint-Hilaire m'a dit, Sire, qu'il serait à propos et même nécessaire de faire revenir au plus tôt, à Douai, la compagnie de Saint-Mars qui a été détachée, il y a trois ou quatre ans, du bataillon colonel des bombardiers, qui est au dit Douai, pour aller en Dauphiné où elle est actuellement. Le dit sieur de Saint-Mars est le plus capable de tous les officiers bombardiers et de même les bombardiers de sa compagnie ». A. H. 2149. — Le duc du Maine écrit Saint-Mars, comme le maréchal de Boufflers (voir la *Relation du chevalier de Folard*).

(2) M. Le Gras s'était vaillamment comporté au siège de Lille, l'année précédente, en qualité de commissaire ordinaire.

(3) Sur le rôle de l'artillerie à Malplaquet, consulter la notice consacrée à M. de Saint-Hilaire, p. 87 et suiv.

(4) Pierre de Malézieux était fils du secrétaire général des Suisses et des Grisons. Il servit d'abord sur les galères, puis fut pourvu en 1706

nos officiers ont bien servi. S'il y en a quelques-uns de peu intelligents, ils sont toujours braves gens.

Je puis assurer à Votre Altesse que ce détail est juste puisque j'ai tout vu et que personne ne s'est plus promené que moi, de la droite à la gauche, pendant toute l'action. A l'égard de la perte générale, elle est grande (1). Je crois que celle des ennemis est plus considéra-

---

de la charge de lieutenant provincial de l'artillerie au département de Mézières. Il commanda l'artillerie en second à l'armée de Flandre, depuis 1707 jusqu'à 1712. Brigadier d'infanterie en 1721, lieutenant général de l'artillerie au département de la Moselle en 1726 puis au département d'Alsace en 1729, maréchal de camp en 1734, lieutenant général en 1743, commandeur de l'ordre de Saint-Louis en 1750, M. de Malézieux mourut le 21 mars 1756, à Paris.

On a de lui cette lettre, écrite à Voysin, après la bataille de Malplaquet :

Monseigneur,

Comme j'avais l'honneur d'être le seul lieutenant de l'artillerie, avec M. de Saint-Hilaire, à la bataille qui s'est donnée le 11e de ce mois, je crois sans trop de témérité pouvoir prendre la hardiesse de vous demander l'honneur de votre protection et vous représenter avec respect, Monseigneur, que depuis près de vingt ans je sers avec toute l'application et le zèle dont je suis capable, que je n'ai pas manqué une seule campagne et que j'ai eu le bonheur de mériter l'approbation de mes supérieurs dans toutes les actions où je me suis trouvé. J'ose me flatter que Monseigneur le duc du Maine voudra bien vous parler en ma faveur et je m'estimerai très heureux, Monseigneur, si j'en obtiens l'honneur de votre estime que je m'efforcerai de mériter à tous les moments de ma vie, ne désirant rien de plus vivement que de vous persuader le profond respect avec lequel j'ai l'honneur d'être, etc.

Au camp de Ruesnes, 21e septembre 1709 (Vol. 2139. A. H.).

(1) Les archives de la guerre ne conservent point d'état général de nos pertes. Il existe seulement un état (incomplet) des pertes de l'infanterie en officiers, adressé par Boufflers à Voysin, le 20 septembre 1709. Il s'élève à 250 officiers tués et 604 blessés. — Vol. 2152. A. H.

Le comte de Broglie écrivait à Voysin, au camp près Valenciennes, ce 19 septembre 1709 : « Nous avons aux hôpitaux plus de 6,000 blessés et notre perte se monte bien à près de 10,000 hommes, tant tués que blessés. » — Vol. 2152. A. H.

Le 20 septembre 1709, le comte d'Artagnan (bientôt maréchal de Montesquiou) mandait au ministre, du camp de Ruesnes, ce 20e sep-

ble (1), mais leur manœuvre est excellente et ces gens-là savent bien la guerre.

J'ai l'honneur d'être avec beaucoup de respect, de Votre Altesse Sérénissime, Monseigneur, le très humble et très obéissant serviteur.

SAINT-HILAIRE.

*Le chevalier du Rozel au duc du Maine.*

De l'armée de Flandre, 12e de septembre 1709.

Monseigneur,

Après avoir eu l'honneur d'écrire plusieurs lettres à Votre Altesse Sérénissime sur les mouvements de l'armée, qui peuvent bien avoir eu le même sort que les autres, j'ai l'honneur de l'informer que l'armée passa l'Hogneau à Quiévrain, où elle séjourna un jour. Ensuite, MM. les maréchaux la firent marcher sur la chaussée de Bavay à Mons, et celle des ennemis fit le même mouvement, et les deux séparées d'un bois très long. Le lendemain se passa tranquillement, et le jour suivant l'attaque commença par le canon, et notre infanterie marcha à celle des ennemis et les chargea avec tant de vivacité que plusieurs bataillons ennemis furent entièrement défaits. Les ennemis faisaient toutes leurs manœuvres sans que nous puissions en avoir de connaissance qu'avec beaucoup de peine (2).

---

tembre 1709 : « L'on a tant de peine à tirer la vérité de tous les majors sur la perte que les régiments ont faite que je n'ai pu encore vous en envoyer le détail, mais en gros vous pouvez compter que nous ne devons pas avoir 3,000 hommes de tués. Ainsi vous pouvez compter sûrement qu'en tout, cavalerie et infanterie, cette action coûte 9,000 hommes tués ou blessés. » — Vol. 2152. A. H.

On peut donc évaluer nos pertes à 11,000 hommes environ sans trop s'écarter de la vérité.

(1) Schulenbourg a donné les états suivants de la perte des alliés :

| | Morts | Blessés. |
|---|---|---|
| Armée du prince Eugène...... | 2,091 | 3,409 |
| Armée du duc de Marlborough. | 5,721 | 13,034 |

Soit un total de 24,263 tués ou blessés.

(*Vie de Schulenbourg*, t. I, page 439).

(2) Les mouvements de l'ennemi nous étaient en partie masqués par le bois de Thierry, qui s'élevait au milieu de la trouée de Malplaquet et auquel se reliait la cense de Blairon.

Les ennemis étendirent leur droite vers notre gauche, ce qui obligea M. le maréchal de Villars de s'y porter pour faire charger notre infanterie, et M. le maréchal de Boufflers resta à la droite, où notre infanterie fit des merveilles, et je crois que notre centre ne put pas être si bien garni que les deux ailes parce que les ennemis étaient bien plus forts en infanterie. On ne peut pas dire qu'on ait remarqué que le feu des ennemis ait été en cette occasion supérieur à celui de notre infanterie, lequel a duré sept heures ou un peu moins, et les ennemis en conviennent et ne peuvent se lasser de louer nos troupes et d'avouer qu'ils y ont perdu près de 20,000 hommes, tant de morts que hors de combat.

Comme M. le maréchal m'avait beaucoup recommandé de faire attention aux débouchés des bois qui étaient devant notre gauche, j'y fus fort attentif, et m'étant aperçu que leur droite de cavalerie s'emparait d'une plaine qui était vis-à-vis des carabiniers, laquelle plaine était séparée de la nôtre par un ruisseau que venait occuper une colonne d'infanterie qui était encore assez loin pour me donner le temps d'aller charger les escadrons de leur droite qui étaient tous impériaux, ce que je fis avec tant de légèreté que, sans donner le temps à cette cavalerie de prendre possession de la dite plaine et aussi sans faire grand cas du dit ruisseau, que nous passâmes à la vue de l'ennemi que nous chargeâmes si à propos et si heureusement que leur cavalerie fut d'abord défaite et si bien rompue qu'elle ne put jamais se rallier; et il est juste que Votre Altesse soit informée que je ne fis passer avec moi que vos dix escadrons de carabiniers, qui seuls firent cette expédition et avec tant de mérite, et à la vue de toutes nos troupes qui étaient sur la hauteur, que tout le monde en était charmé. Presque tous les officiers de la droite des ennemis y ont été tués ou pris. Il ne s'est jamais vu plus de carnage pour une action de cavalerie. Nous les suivîmes dans les bois et leur prîmes des étendards et beaucoup d'officiers. Cette action n'a fait qu'augmenter l'estime (1) qu'on a pour les carabiniers. Les ennemis les respectent si fort que leurs généraux ne peuvent s'en taire.

Pour reprendre le discours de la bataille, je dirai que M. le maréchal de Villars, qui était occupé à faire combattre notre infanterie de

---

(1) Cette estime n'avait fait que grandir depuis le jour où, réunis sous le commandement du marquis de Montfort, mestre de camp de Royal-Roussillon, les carabiniers des régiments de l'armée de Flandre avaient décidé le gain de la bataille de Nerwinden. Formés après cette bataille en un corps distinct, de cinq brigades, sous le nom de Régiment Royal des Carabiniers, ils ne cessèrent de se rendre redoutables aux ennemis et de mériter le premier rang à la tête de notre cavalerie.

la gauche, fut blessé à la jambe assez considérablement, une grosse balle lui ayant percé l'os un peu au dessous du genou, et ma chaise, s'étant trouvée assez près de lui, lui servit à l'emmener au Quesnoy, et les chirurgiens de nos brigades le pansèrent sur le champ de bataille.

Enfin M. le maréchal de Boufflers, voyant l'infanterie ennemie s'emparer de tous les endroits sensibles, fit les plus belles charges du monde à notre droite et surtout à la Maison du Roi, et par plusieurs reprises, ce qui dura longtemps, mais, jugeant que cette droite souffrirait trop et même ayant déjà trop souffert par le canon des ennemis supérieur au sien, prit le parti de se retirer de cet endroit, ce qu'il fit à son ordinaire et avec une dignité qui a surpris et étonné toute l'armée des ennemis (1), laquelle se jeta avec toutes ses forces sur notre gauche; et l'infanterie de cette armée, prenant toutes les haies qui nous environnaient, donna de l'avantage à toute leur cavalerie; et, voyant bien que notre gauche allait être en grand danger à un quart d'heure de temps, je pris la résolution de faire marcher toute notre gauche et de retirer tout le canon que M. de Saint-Hilaire m'avait amené; et il n'y avait pas de temps à perdre à l'égard de la retraite que nous avons été contraints de faire après avoir vu la droite retirée. Je fis, en présence de l'armée ennemie, marcher notre gauche sur plusieurs colonnes, laquelle armée ennemie ne jugea pas à propos de nous inquiéter sans être en état de nous suivre utilement.

Nous marchâmes sur l'Hogneau pour le passer à Audregnies, où M. de Puységur m'y attendait avec six bataillons irlandais. Cependant nous n'eûmes marché une lieue du champ de bataille que la tête de l'armée ennemie tomba sur notre arrière-garde et à dessein de nous amuser, attendant leur infanterie. Il y a eu d'abord quelque confusion dans deux ou trois escadrons que je ralliai avec assez de peine et songeai d'abord à faire tourner les carabiniers et les mettre en bataille, ce qui se fit si utilement que cela arrêta tout d'un coup la tête de l'armée ennemie, dont la plus grande partie était des impériaux que les carabiniers avaient battus le matin. Mais comme je n'avais pas d'infanterie ni dragons, les ennemis tombèrent à tous moments sur nous, à chaque défilé, et sur nos carabiniers qui faisaient leur décharge si à propos que les escadrons des ennemis reculèrent plutôt que d'avancer;

(1) « Personne ne lui put ôter (à Boufflers) l'honneur de la plus belle retraite qui ait été faite depuis celle d'Altenheim. » Saint-Simon, édition Cheruel, V. p. 53.

Le maréchal de Boufflers fit cette retraite « avec toute la fermeté, toute la conduite, toute la prudence et toute la valeur d'un grand capitaine ». *Mémoires du chevalier de Quincy*, II, p. 370.

les deux brigades de Rouvray (1) et de Verneuil (2), faisant tout à fait l'arrière-garde, ont fait véritablement dans cette occasion les devoirs de dragons ou infanterie, et il ne faut pas oublier M. de Valcourt (3), qui faisait l'arrière-garde de tout avec cinquante carabiniers et avec dignité. Et comme j'avais prévu ce qui nous arriva, je conseillai aux officiers généraux, qui étaient à la tête, de faire mettre en bataille toute la cavalerie de notre aile sur la hauteur au delà d'Audregnies. Ils le firent, ce qui imposa à l'ennemi de manière qu'il se retira, et laissa notre arrière-garde tranquille, et nous marchâmes toute la nuit sur Valenciennes, et, dès le jour, nous passâmes la Ronelle où nous joignîmes notre droite qui avait pris le chemin de Bavay et toute notre infanterie qui s'était retirée en bon ordre aussi bien que la droite et la gauche de la cavalerie.

Il est à remarquer, Monseigneur, que le camp que nous avons pris sur la dite rivière de la Ronelle ne marque point une perte de bataille puisque toute l'armée est arrivée dans le meilleur ordre du monde, mais une retraite autant entendue que sage. Il paraît que la pluralité des drapeaux et étendards, que nous avons pris des ennemis, sont en plus grand nombre que ceux qu'ils ont pris sur nous (4).

A l'égard des morts, Monseigneur, il paraît évidemment même, selon

---

(1) de Rouvray (François-Paul de Courseulles, chevalier, puis marquis), mestre de camp de cavalerie, « officier de réputation, dit Dangeau », avait été choisi sur la demande du duc du Maine pour commander, au mois de décembre 1705, la brigade de carabiniers vacante par la mort de M. d'Imécourt. M. de Rouvray s'était particulièrement distingué à la bataille livrée sous les murs de Turin, en 1706 Maréchal de camp par brevet du 8 mars 1718, il se démit de sa brigade de carabiniers au mois de janvier 1719, et ne servit plus.

(2) M. Verneuil de Rozel, neveu de l'auteur de cette lettre, était mestre de camp d'une brigade de carabiniers du 6 avril 1707. Il venait d'être élevé au grade de brigadier, au mois de janvier 1709. Maréchal de camp par brevet du 1er février 1719, il mourut en 1722.

(3) M. de Valcourt, capitaine de carabiniers, reçut pour sa belle conduite à Malplaquet une pension de 600 livres sur les Invalides, au début d'octobre 1709. *Mémoires du marquis de Sourches*, XII. — M. de Valcourt a parcouru une longue et glorieuse carrière dans le corps des carabiniers. Il les commanda comme brigadier à la journée de Guastalla, en 1734, et contribua, puissamment au gain de cette bataille. Il mourut au mois de mai 1742, possédant encore sa brigade.

(4) « M. le marquis de Nangis s'en est retourné après avoir présenté au Roi 34 drapeaux ou étendards, quasi tous anglais et hollandais. »

l'aveu des ennemis, que le nombre des leurs est beaucoup plus considérable que celui des nôtres.

Pour ce qui regarde votre artillerie, je dirai, Monseigneur, que nous n'avons perdu que trois ou quatre pièces de canon à trois coups (1) et peu regrettables.

---

Lettre de la marquise d'Huxelles, du 20 septembre 1709, insérée dans le *Journal de Dangeau*, XIII.

Voici les états de nos pertes en drapeaux et étendards, d'après le volume 2152 du Dépôt de la guerre.

Le premier est donné par une lettre de M. de Contades du 22 septembre 1709.

*État des régiments qui ont perdu des drapeaux à la bataille donnée le 11 septembre 1709.*

| | |
|---|---|
| Picardie | 1 |
| Lannoy | 3 |
| Alsace | 5 |
| | 9 |
| Bretagne | 2 |
| Provence | 2 |

Le second de ces états fait suite à une lettre du comte de Broglie de la fin de septembre.

*État des timbales et étendards qui ont été perdus le jour de la bataille donnée le 11 septembre 1709.*

| Régiments. | Timbales. | Étendards. |
|---|---|---|
| Cravates | 0 | 1 |
| Toulouse | 0 | 3 |
| Prince Lambesc | 1 | 0 |
| Livry | 0 | 2 |
| Cappy | 1 | 1 |
| La Bretoche | 0 | 2 |
| Courcillon | 0 | 2 |
| D'Aultane | 0 | 2 |
| Comte de Roye | 1 | 3 |
| | 3 | 16 |

(1) Ces pièces, dont les *Mémoires d'artillerie de Saint-Rémy*, I, p. 122, donnent le dessin, avaient été fondues pour la première fois en France, en 1703, sur les modèles d'un religieux italien, de Gênes, le Père Figari. On trouve, au volume 1699 des Archives historiques du Minis-

Ce qui nous a paru le plus triste a véritablement été d'avoir laissé nos blessés sur le champ de bataille, à quoi M. le maréchal de Boufflers n'a pu promptement remédier, mais il paraît qu'il est dans le dessein d'envoyer quelque officier de considération et de concert avec les ennemis pour les chercher (1).

Par la liste que nous avons des officiers généraux ennemis, de morts ou hors de combat, il s'en trouve douze ou quinze, et, à l'égard des nôtres, Votre Altesse Sérénissime sans doute en sait le nombre.

Somme toute, les ennemis y ont beaucoup plus perdu que nous, et quoique la présomption fût de leur côté, il est très vrai que le brillant est présentement du nôtre, d'autant que les ennemis, ainsi que je l'ai déjà marqué, avaient en cette bataille 65 bataillons plus que nous et 20 escadrons et un très gros nombre d'artillerie, ce qui paraît très avantageux pour eux et fort glorieux pour notre infanterie qui, de tout temps, a eu du désavantage dans les combats qui se sont donnés dans les pays fourrés. En un mot, Monseigneur, il me paraît que ce combat s'est donné fort à propos pour faire connaître à nos ennemis que la valeur de notre nation n'est pas éteinte, ainsi qu'ils le croyaient. Ils continuent le siège de Mons, et je crois qu'ils s'en tiendront là pour peu qu'il dure.

Le détail, Monseigneur, que je viens de faire à Votre Altesse Sérénissime, est fort sincère, et, si Elle ne l'a pas encore reçu, il s'en faut prendre à la conjoncture présente.

J'ai l'honneur d'être, avec un très fidèle attachement et un très profond respect, Monseigneur, de Votre Altesse Sérénissime le très humble et très obéissant et très soumis serviteur.

Le chevalier DE ROZEL.

*Le comte Dauger au duc du Maine.*

Le 12e septembre 1709.

Monseigneur,

Votre Altesse Sérénissime ne saura que trop tôt qu'il y eut hier une affaire entre nos deux armées où nous avons joué de malheur, à notre

---

tère de la guerre, des détails sur la fonte et l'épreuve du « triple canon » inventé par le « religieux italien. » On ne tarda pas à abandonner ces pièces, reconnues d'un mauvais service.

(1) Un des premiers soins du Roi fut de songer aux blessés. « On a envoyé de l'argent à l'armée, et on a déboursé 50,000 francs pour faire partir les chirurgiens », écrivait la marquise d'Huxelles le 16 septembre, et quelques jours plus tard : « Le Roi a envoyé 100,000 francs aux blessés de l'armée ».

ordinaire, mais comme on est porté à croire qu'on cache une partie des pertes et du désordre et que d'ailleurs on tâche d'en diminuer le chagrin par les circonstances qu'on tourne à son avantage, Elle ne sera peut-être pas fâchée que je l'assure, avec toute la vérité dont je me pique, que nos troupes en général, surtout la cavalerie, ont témoigné une vigueur digne d'un meilleur sort, que je ne doute pas que les ennemis n'aient perdu bien plus de monde que nous et que je suis trompé si cela ne va à plus de 10,000 hommes hors de combat. Il n'y a personne qui puisse dire au juste notre perte, mais à coup sûr elle est bien moindre, et depuis que l'on donne des batailles, il ne s'est jamais fait une si belle retraite que la nôtre. Il y a eu de l'ordre jusques au bout, et une contenance qui a fort imposé à l'ennemi.

Je vous assure, Monseigneur, avec sincérité que je ne crois pas que le gain de cette bataille leur ait donné mauvaise opinion de nous ni qu'ils en deviennent plus difficiles sur les conditions de la paix. Au contraire, j'ai toujours cru qu'ils devenaient insolents à mesure que nous témoignions de la faiblesse. Heureux ou malheureux, je crois qu'ils auront plus d'égards pour nous à proportion que nous ferons voir plus de courage et de fermeté. M. le maréchal de Villars a été blessé pour en avoir trop eu et s'être trop exposé. Heureusement la présence de M. le maréchal de Boufflers a suppléé et a maintenu tout dans l'ordre. C'est un miracle qu'il n'ait pas été tué mille fois. Il a chargé et donné des coups d'épée comme un simple cavalier. La Maison du Roi, la gendarmerie, l'infanterie même l'a vu entrer dans les ennemis à sa tête (1). C'est un romain, un héros et plus encore, s'il est possible, que tout cela. Ses discours, sa présence, tout cela produit un effet merveilleux. Quel homme, et, Monseigneur, que le Roi serait heureux, si, à proportion, nous étions tous faits comme lui ! Je pourrais, aussi bien que personne, vous faire un détail de l'affaire, mais je vous supplie de m'en dispenser, car, outre que cela est sujet à des inconvénients, je suis tellement accablé d'embarras que je ne puis y suffire. Notre pauvre gendarmerie est dans un état digne de pitié. Aussi, oserai-je dire qu'elle a fait des choses dignes assurément d'être racontées au Roi. J'espère que l'équité de nos généraux les engagera à le faire (2).

(1) « Les prisonniers ne peuvent assez louer le maréchal de Boufflers, qui a chargé à la tête de la Maison du Roi. » Relation de la bataille de Malplaquet, par Schulenbourg (*Vie de Schulenbourg*, I, p. 430). — Boufflers avait alors 65 ans. Après une journée où il avait essuyé d'aussi grandes fatigues, où il s'était dépensé sans compter et où il avait fait face aux mille difficultés d'une situation imprévue, il trouvait encore la force de dicter pour le Roi, à 10 heures du soir, le compte rendu de la bataille.

(2) Dans sa lettre au Roi du 26 septembre 1709, Boufflers a rendu

J'aurai l'honneur de lui en rendre compte, mais il me faut du papier et des commodités pour cela. Vous jugez bien, Monseigneur, que tout me manque, puisque je vous écris comme je fais. De 47 officiers supérieurs que nous avions à la bataille à notre gendarmerie, 30 sont tués, la plupart du canon, blessés et restés sur le champ de bataille ou prisonniers.

J'oubliais à vous dire, sur les prisonniers, qu'il n'y en a que très peu, et je crois seulement que ceux qui ont été (faits prisonniers étaient) trop blessés pour pouvoir se retirer. Vous savez que MM. de Chemerault (1) et de Palavicini (2) sont morts, M. de Beuil (3) aussi, M. de Coëtquen (4) blessé.

J'ai l'honneur d'être avec le plus profond respect, Monseigneur, votre très humble et très obéissant serviteur.

DAUGER.

---

un éclatant hommage à la belle conduite de la gendarmerie. — Voir la notice consacrée à M. Dauger, p. 95.

(1) Jean-Noël de Barbesières, comte de Chemerault, capitaine au régiment Dauphin, colonel du régiment de Forez et de celui de Périgord, brigadier en 1696, combattit à Ostalrich à la tête de vingt compagnies de grenadiers et contribua beaucoup à ce succès de Vendôme qui, peu après, le chargea d'apporter à Versailles la nouvelle de la prise de Barcelone. Maréchal de camp en 1697, lieutenant général en 1702, M. de Chemerault prit une part importante à la victoire de Luzzara. Vendôme, qui se l'était attaché, l'employait souvent à reconnaître les mouvements de l'ennemi et avait une confiance justifiée dans ses lumières. Saint-Simon le dépeint « excellent officier général, fort dans le grand monde et honnête homme. » V. p. 52.

(2) Brigadier dans l'armée du duc de Savoie, officier de mérite, M. de Palavicini avait été distingué par Vendôme, qui lui fit exercer en 1703 la charge de maréchal des logis de son armée. Le baron de Palavicini ne tarda pas à abandonner le service de la Savoie pour celui de la France, et Louis XIV le créa maréchal de camp. C'est en cette qualité qu'il fut tué à Malplaquet.

(3) Honorat, comte de Beuil, entra au régiment Royal-Infanterie en 1682, y fut nommé capitaine en 1686 et leva en 1695 un régiment de son nom. Colonel réformé à la suite du régiment de Normandie en 1698, il prit part à la bataille de Friedlingen, aux sièges de Brisach et de Landau et à la bataille de Spire en 1703. Brigadier par brevet du 10 février 1704, il combattit à la deuxième journée d'Hochstedt et obtint l'année suivante une place d'inspecteur général de l'infanterie qu'il conserva jusqu'à sa mort.

(4) Brigadier de 1704, après s'être vaillamment comporté à Fried-

*Le comte Dauger au duc du Maine.*

Monseigneur,

La vivacité des mouvements de notre armée a été si grande, depuis le 5 du mois qu'elle quitta les environs de Douai pour passer l'Escaut, que Votre Altesse Sérénissime ne doit pas être surprise si je n'ai point eu l'honneur de lui écrire qu'après la bataille, et Elle peut bien juger, par la manière dont je le fis ce jour-là et par le papier dont je me servis, que je n'avais pas autrement mes commodités ni n'étais point sans embarras. Ils ne seront pas sitôt finis; nos blessés qui sont en grand nombre, l'impossibilité où l'on est de trouver un sol chez les trésoriers et ailleurs, les revues et états que j'ai à faire, tout cela, Monseigneur, demande du loisir et des soins, mais je ne connais point de devoir préférable pour moi à l'honneur de vous faire ma cour, et si le détail imparfait que je vais vous faire de ce dont j'ai été le témoin peut y contribuer et vous persuader mon zèle respectueux et ma très humble reconnaissance, je croirai avoir rempli mes obligations les plus essentielles.

Le 5, jour, comme je viens de le dire, qu'on quitta les environs de Douai, on fut en balance si on passerait l'Escaut ou non. Enfin on s'y détermina, et l'on campa à Quiévrain. Ce ne fut pas un camp régulier : on se plaça comme on put à mesure que les troupes, qui étant parties de différents lieux ne purent venir dans le même temps, arrivèrent. Messieurs de Luxembourg (1) et de Legall avaient l'avant-garde

---

lingen et à la deuxième journée d'Hochstedt, à la tête de son régiment dont Marsin écrivait au Roi : « il est parfaitement bon et a fait son devoir avec distinction », M. de Coëtquen comptait en 1708 au nombre des officiers que le maréchal de Boufflers se félicitait d'avoir à ses côtés dans Lille. A l'issue du siège de cette ville, le maréchal disait du marquis de Coëtquen : « Il a servi avec toute la valeur et la distinction possibles, s'est trouvé à plusieurs des grandes actions de ce siège où il a couru tout le risque possible, et en particulier d'une bombe qui lui a brûlé et emporté une partie de son justaucorps et lui meurtrit la cuisse. C'est un sujet de mérite et très digne d'être fait maréchal de camp. » M. de Coëtquen eut une jambe emportée par un boulet la veille de la bataille de Malplaquet. Il mourut gouverneur de Saint-Malo, en 1723. Il était gendre du duc de Noailles.

(1) C'était le dernier des fils du vainqueur de Guillaume d'Orange. Sa bravoure entraînante, le prestige de son nom le rendaient cher entre tous au soldat. A Oudenarde, comme maréchal de camp, il avait ramené

de tout. Le premier fut jusques aux lignes de la Trouille (1) où il trouva quelques escadrons ennemis. Je n'en sais pas au juste le nombre, seulement je crois qu'ils étaient en nombre supérieur à celui des siens, ce qui l'empêcha de les attaquer et lui fit envoyer l'ordre de rejoindre le gros de l'armée, aussi bien que la brigade de Picardie (2) qui, avec quelques munitions de guerre, avait pris les devants du reste de l'infanterie. Je crois même qu'il y eut quelque charrette d'outils et de poudre abandonnée à cause des mauvais chemins.

On séjourna le 6 sur les bords de l'Hogneau pour laisser arriver les troupes qui n'avaient pu s'y rendre la veille, et l'on parut incertain si on la passerait ou non. On s'y détermina, et, le 7, l'armée la traversa sur trois différents ponts. Le quartier général demeura à Quiévrain, et les troupes campèrent la droite à Athis et la gauche tirant sur la Haine. On marqua le champ de bataille pour, si l'envie prenait à l'ennemi de nous attaquer, n'être pas pris en désordre. Autant que je suis capable d'en juger, il ne nous aurait pas été avantageux. Messieurs nos géné-

---

jusqu'à quinze fois à la charge les troupes sous ses ordres. Le 28 septembre 1708, il était entré dans Lille assiégée avec un secours de 1500 cavaliers, chargés de fusils et de poudre. Rarement entreprise fut plus audacieuse et mieux conduite. Son succès inespéré lui valut les applaudissements de la France entière et le grade de lieutenant général.

Proposant le chevalier de Luxembourg pour défendre Tournai en cas de siège, l'intendant de Flandre, M. de Bernières, écrivait à Voysin, le 12 mai 1709 : « Je ne puis vous exprimer, Monsieur, à quel point il est au goût des troupes qui connaissent sa grande valeur ainsi que sa bonne conduite et qui sont charmées de ses manières insinuantes et polies, remplies de fermeté dans l'occasion, sans vous parler de la confiance et du respect qu'un chacun a pour son nom. Les peuples de la ville, depuis le premier jusques au dernier, partagent ces sentiments. J'en suis témoin tous les jours, et j'ose vous dire que, depuis qu'il est en cette ville, il en fait les délices, et il est constant qu'il y trouvera des ressources infinies qu'aucun autre n'y pourra trouver. » (Vol. 2154, Arch. Hist.)

Sous le nom de prince de Tingry et comme gouverneur de Valenciennes, le chevalier de Luxembourg devait encore prendre une part active aux dernières campagnes de Flandre.

(1) Anciennes lignes qui reliaient Maubeuge à Mons.

(2) La brigade de Picardie, aux ordres de M. de Montbazon, avait la composition suivante : Picardie 3 bataillons, Royal-Roussillon 2 bataillons, Deslandes 1 bataillon.

raux le crurent apparemment puisqu'ils prirent la résolution d'en partir (1) pour aller se poster au débouché de la trouée de Malplaquet.

Malplaquet, Monseigneur, est une cense ou, pour mieux dire, deux ou trois petites maisons qui touchent au village de Taisnières. On marcha sur quatre colonnes en bon ordre, et c'était assurément un spectacle très beau. L'infanterie de la première ligne avait celle qui était la plus proche de l'ennemi. La cavalerie de la première ligne composait la seconde colonne, la troisième était d'infanterie, et enfin la cavalerie de la seconde ligne composait la quatrième. L'artillerie devait avoir une marche à part, mais elle se mêla, sans que pourtant cela produisît un grand désordre, avec les colonnes qui voulurent suivre leur marche et furent cause qu'elle arriva plus tard qu'elle n'aurait dû, hors quelques vingt pièces qui furent plus diligentes.

M. le chevalier de Luxembourg, qui avait la tête de tout, envoya dire à M. le Maréchal qui marchait à la tête de la Maison du Roi qu'il entendait battre la marche à l'armée ennemie et qu'il croyait qu'il l'aurait bientôt sur les bras, que cependant il allait doubler le pas et tâcher d'arriver au débouché de la cense de Malplaquet et l'occuper avant lui. Cela inquiéta un peu notre général avec raison, car il était trop engagé pour pouvoir se retirer, et il aurait eu peine à disposer sa bataille avantageusement dans la situation où était l'armée si l'ennemi fût venu à lui. Il s'avança pour reconnaître la chose et fut fort aise de voir que l'ennemi n'avait fait aucun mouvement. Notre armée en continua sa marche avec plus de tranquillité, et, à mesure qu'elle arriva devant la trouée de Malplaquet, on la mit en bataille, non pas dans les formes ordinaires et de la façon qu'on a coutume de faire dans des pays ouverts, mais sur plusieurs lignes d'infanterie à la première, et nombre de bataillons dans les bois, à droite et à gauche, qui sont à l'embouchure de la trouée en question.

Notre avant-garde escarmoucha avec quelques escadrons de l'armée ennemie qui, malgré la surprise où les mit notre arrivée, firent une très bonne contenance, soutenus de quelques bataillons dans un fond à un quart de lieue du débouché. Il est constant, Monseigneur, que les ennemis comptaient si peu de nous voir qu'ils allaient leur train pour former le siège de Mons, avaient une partie de leur cavalerie au fourrage et tous les soldats en maraude, et nous en prîmes autant que nous en voulûmes (2). On prétend qu'ils étaient campés, leur droite

(1) Le 9 septembre, à 6 heures du matin.

(2) On a vu plus haut, page 46, les chances de succès qui s'offraient au maréchal de Villars, s'il avait profité de la surprise où son approche jeta les ennemis.

vers Jemmapes appuyée à la Haine, leur gauche vers le Grand-Quévy. La nouvelle de notre arrivée leur donna un très grand mouvement. Trois coups de canon, que M. le maréchal de Villars fit tirer sur eux, ou pour servir de signal à M. le comte de Broglie (1) ou pour leur offrir la bataille, car l'un et l'autre a été dit, la leur confirmèrent. Ils firent marcher tout ce qu'ils avaient d'infanterie à portée pour occuper les bois à la droite et à la gauche, et l'on crut pendant un temps qu'ils venaient nous attaquer, jusque-là que l'on donna la bénédiction aux troupes et que l'on cria le « Vive le Roi ». Il y eut des coups de canon de tirés de part et d'autre, mais sur le soir ils retirèrent leurs troupes les plus avancées et l'on commença à douter si le lendemain il y aurait bataille ou si chacun occuperait son poste. On prétendait qu'il y avait également de l'inconvénient et pour l'un et pour l'autre à aller attaquer. La nuit fut employée également, comme le jour suivant, dixième, à se fortifier dans les bois de la droite et de la gauche qu'on avait occupés d'abord. Celui de la gauche se nomme bois de Sars, celui de la droite bois de Jansart. Vous les trouverez sur la carte, mais la position n'en est pas tout à fait juste. Il n'y paraît qu'une seule trouée, et il est constant qu'il y en a deux, d'une égale largeur à la vérité.

Il y eut, le 10, une canonnade assez vive depuis les 9 heures, ou

---

(1) Comte de Broglie (François-Marie). Il commença à servir en 1686, eut le régiment de cavalerie du Roi à la suite de la bataille de la Marsaille en 1694, le grade de brigadier en 1702, celui de maréchal de camp en 1704 et celui de lieutenant général en 1710. Directeur général de la cavalerie en 1718, ambassadeur à Londres en 1725, maréchal de France en 1734, duc de Broglie en 1742, il mourut le 22 mai 1745.

Boufflers et Villars tenaient en haute estime le comte de Broglie. Le premier écrivait à Voysin, le 9 octobre 1709 : « Il serait tout à fait à propos que M. le comte de Broglie restât auprès de M. le maréchal d'Artagnan lorsqu'il ne sera pas occupé aux fonctions de son inspection. C'est un officier d'un mérite distingué, d'une volonté infinie, qui pense toujours à tout ce qui se peut faire de mieux, et qui est d'un secours infini à un général. » Vol. 2153, A. H.

Dans une lettre à Voysin du 7 juillet 1712, Villars disait : « Le Roi sait ce que j'ai toujours eu l'honneur de lui dire de M. le comte de Broglie. Ce sont ces sortes d'officiers que Sa Majesté a intérêt d'élever, et je voudrais bien avoir l'occasion d'en louer souvent de pareils ». Vol. 2380, A. H.

Comme on l'a vu page 47, le comte de Broglie avait reçu pour mission, le 9 septembre, de masquer avec son corps de réserve les trouées de **Boussu et de Dour.**

environ, que le brouillard se dissipa, jusque vers les 4 heures après-midi que tout d'un coup on cessa de le (1) tirer de part et d'autre, comme si on l'avait fait de concert. Nos généraux se promenèrent fort et tracèrent des lignes sur la hauteur à intention de faire ensuite camper l'armée derrière, car, encore une fois, on ne croyait pas que les ennemis songeassent à nous attaquer. J'ai dû vous dire, Monseigneur, que non seulement on avait mis d'abord le 9, en arrivant, force bataillons dans les deux bois de la droite et de la gauche que je vous ai nommés, mais qu'il y en eut aussi (2) qui occupa tout le fond du débouché et qui eut ordre de remuer de la terre devant elle pour se mettre à l'abri du canon et que ces dispositions furent changées plusieurs fois à certains égards, selon que nos généraux le trouvèrent à propos. Il y eut d'abord deux lignes d'infanterie devant le débouché et jusques à quatre de cavalerie, car l'espace est petit et environ de la largeur qu'il faut pour mettre vingt ou vingt-cinq escadrons en bataille. Ensuite, il n'y en eut plus qu'une, parce que l'on crut devoir doubler le nombre des bataillons qui avaient été mis dans les deux bois.

Sur le soir, le 10, on fit dire de cesser de porter la fascine qui avait été demandée pour le retranchement, et cela sur des nouvelles que l'ennemi voulait nous attaquer le jour suivant. Personne ne le voulait croire, Monseigneur. Au contraire, on s'imagina, sur un événement assez bizarre, que la paix s'allait faire et que nos généraux devaient avoir une conférence pour cela avec ceux des ennemis. Ce qui y donna lieu, c'est que M. d'Albergotti (3), en visitant les postes, trouvant ceux des ennemis fort avancés, car, le 10, ils avaient pris le parti de s'approcher de nous et de notre camp (nous voyions le leur à en compter les tentes), dit qu'il aurait curiosité de parler à un officier général ennemi.

---

(1) Le canon.

(2) De l'infanterie.

(3) François Zénoble Philippe, comte d'Albergotti, né à Florence le 25 mai 1654, brigadier en 1690, maréchal de camp en 1693, lieutenant général en 1702, colonel du Royal-Italien en 1705, chevalier des Ordres en 1711, mort à Paris, le 23 mars 1717. — M. d'Albergotti sut mériter la confiance des maréchaux de Luxembourg et de Villars. Sa défense de Douai, en 1710, lui fit le plus grand honneur. Il avait été blessé à Malplaquet. Dans sa lettre du 14 septembre 1709, écrite du Quesnoy, le maréchal de Villars disait : « ..... Je dois rendre compte à Votre Majesté de M. d'Albergotti en particulier, et avoir l'honneur de l'informer que, depuis le commencement de l'action jusqu'au moment de sa blessure, il s'est conduit avec toute la valeur, la fermeté et la capacité d'un parfaitement bon officier général. »

Du Sosoir, capitaine de cavalerie dans notre régiment, qui était avec lui, s'avança et en fit la proposition à des ennemis qui, pour réponse, lui tirèrent trois coups de fusil. Un moment après pourtant ils envoyèrent un trompette dire à M. d'Albergotti que, s'il le souhaitait, le prince de Hesse (1), le prince électoral de Brandebourg (2) et M. de Cadogan (3) étaient là, qui seraient ravis de lui parler. Je crois qu'il en envoya demander la permission à M. le Maréchal (4) et s'avança ensuite. Force honnêtetés furent faites de part et d'autre. Mille gens des deux partis s'y trouvèrent. On s'embrassa, mais je remarquai, car la curiosité m'y porta sur la fin, que les ennemis s'attachaient à observer la situation de notre infanterie qui était dans le bois du Sars, ce qui me fit beaucoup de peine (5). J'en parlai même vivement aux officiers qui étaient là. On voulut les faire retirer, mais inutilement, pendant plus d'une heure.

En vérité, Monseigneur, ils n'étaient pas à 50 pas de la pointe de ce bois que nos bataillons occupaient et, une circonstance assez remarquable, c'est que les soldats des deux armées s'avancèrent et ramassèrent pêle-mêle des pois qui étaient dans la plaine, comme s'ils avaient été amis.

Autre chose encore que je n'ai pas vue, mais qu'on m'a assuré être

---

(1) Frédéric de Hesse-Cassel, l'un des meilleurs généraux de cavalerie de son temps, prince héréditaire de Hesse, à qui Charles XII confiera plus tard le commandement de l'armée suédoise contre les Russes. Par son second mariage avec la sœur de ce roi, Ulrique-Éléonore, le prince de Hesse montera sur le trône de Suède en 1720.

(2) Le prince royal de Prusse, et non l'électeur de Brandebourg, servait comme volontaire auprès d'Eugène et de Marlborough pendant cette campagne. Il sera couronné roi de Prusse en 1713 sous le nom de Frédéric-Guillaume Ier.

(3) « Le Puységur de l'armée des Alliés », dit Saint-Simon en parlant de Cadogan, le quartier-maître général, l'ami et le confident de Marlborough.

L'année précédente, il avait créé de toutes pièces, à Bruxelles, l'immense convoi d'artillerie et de munitions sans lequel le prince Eugène n'aurait pu entreprendre le siège de Lille. Dans cette même campagne de 1708, le succès du combat de Wynendaële, l'heureux passage de l'Escaut par les Alliés, étaient dus, pour une grande part, aux actives et sages mesures de Cadogan.

(4) On a vu plus haut, page 54, que cette conférence s'engagea à l'insu du Maréchal.

(5) Tous les témoins de l'entrevue, en particulier Folard, dont on trouvera plus loin le récit très circonstancié, sont unanimes à blâmer la conduite d'Albergotti en cette occasion.

vraie, car jusqu'ici je ne vous ai rien dit que comme témoin oculaire, c'est que des dragons du régiment de Nothaf, qui allèrent dans une maison pour fourrager, y trouvèrent des cavaliers ennemis qui, de bonne amitié, leur dirent de ne s'en pas aller; qu'ils n'étaient là, ni les uns ni les autres, pour se battre. On assure qu'ils s'entr'aidèrent à charger leurs trousses. Cela, comme vous voyez, avait tout à fait l'air de paix (1).

Cependant, le lendemain 11, dès que le brouillard fut dissipé, qui fut vers les 8 heures, on commença de part et d'autre une des rudes canonnades que j'aie vues de ma vie, qui incommoda fort nos pauvres escadrons. Il n'y eut plus moyen, après cela, de se regarder comme ami; on se prépara à la bataille. Les ennemis commencèrent à déployer leurs bataillons, qui marchèrent à droite et à gauche pour attaquer en colonne les deux différents bois. On ne saurait assez admirer le bon ordre avec lequel ils firent leur manœuvre. Tout le monde vit bien que le sort de la bataille dépendait des deux bois et que, si les ennemis les forçaient, infailliblement nous la perdrions. Ils le tentèrent inutilement sur notre droite. Ils y furent reçus avec une vigueur merveilleuse par Navarre et les autres régiments qui étaient là, et même repoussés jusqu'au delà des retranchements, mais ils eurent plus de succès à l'attaque du bois de Sars, qui est à la gauche. Ils forcèrent nos bataillons et les poussèrent pied à pied jusqu'au bord, devant lequel notre cavalerie était en bataille. Vous jugez bien, Monseigneur, qu'ils n'eurent garde de déboucher. Ils se tinrent sur la lisière pour donner le temps au front de leur armée et à leur cavalerie qui marchait dans l'intervalle des deux bois, de s'avancer, et quand, en effet, ils eurent atteint les retranchements que nos bataillons y avaient faits et les en eurent chassés, la cavalerie y entra et tout se mit en mouvement de front, le canon à la tête, pour venir attaquer notre cavalerie.

Nous vîmes bien que nous ne pouvions plus gagner la bataille, notre infanterie s'étant retirée pour regagner la plaine au delà du ruisseau de Taisnières, et marcher vers Valenciennes celle de la gauche, et vers Bavay celle de la droite. Nous ne laissâmes pas de nous flatter que nous enfoncerions la cavalerie ennemie, quoique soutenue de toute son

---

(1) « On se persuada dans les deux armées que la paix était faite. Une joie universelle se répandit promptement dans les deux camps; nous nous embrassions, les officiers ennemis et nous. Les soldats des Alliés apportaient du pain aux nôtres, qui en avaient grand besoin, car il y avait trois jours qu'on ne leur en avait donné..... Les soldats français leur donnaient de l'eau-de-vie. » (*Mémoires du chevalier de Quincy*, tome II, page 359.)

infanterie. Nous le fîmes avec succès. La première charge fut la plus belle du monde. Il y en eut ensuite non pas deux, non pas quatre, mais dix, avec plus de confusion à la vérité, mais toujours avec vigueur. L'exemple de M. le maréchal de Boufflers, car, par malheur, M. le maréchal de Villars avait été fort blessé et n'était plus en état d'agir, contribua fort à la fermeté des troupes. Je vous assure, Monseigneur, et je le dis sans politique, que je suis témoin qu'il a chargé comme un simple grenadier et donné des coups d'épée de sa main (1). Je vous avoue que j'ai tellement redoublé de vénération pour lui, dès ce jour-là, que c'est mon héros par préférence à tous autres. Son sang-froid au milieu des ennemis, la présence d'esprit avec laquelle il donne ordre à tout ne se peut exprimer. Encore une fois, dans le malheur que nous avons eu d'avoir notre général hors de combat, nous sommes bien heureux que M. le maréchal de Boufflers s'est trouvé là. Il nous a fait faire la plus belle retraite qu'il y ait de la vie eu, après une bataille perdue. Nulle confusion, nul désordre, même nul abattement dans les troupes. Je vous jure, Monseigneur, qu'elles ne sont en rien consternées et, selon ce que je vois, comme sur ce qui m'est revenu de l'armée ennemie, l'abattement y est plus grand que dans la nôtre. Pour la perte, il n'y a nulle comparaison. Probablement, ils ont 15,000 à 20,000 hommes hors de combat.

Je ne vous dis point, Monseigneur, tout ce que MM. de Gassion (2) (3),

---

(1) M. Dauger parle ici en toute connaissance de cause. Nous avons vu, dans la notice qui lui est consacrée, que Boufflers le signale comme ayant combattu à ses côtés et (fait que la modestie de M. Dauger passe sous silence) comme ayant eu trois chevaux tués sous lui.

(2) Voir la suite du texte à la page 151.

(3) Jean, chevalier puis comte de Gassion, avait abandonné le régiment dont il était colonel pour entrer dans les gardes du corps comme premier enseigne de la compagnie de Villeroy en 1677. A Nerwinden, il avait fait preuve du plus brillant courage à la tête de la Maison du Roi. Lieutenant général de l'année 1696, il était en 1709 le plus ancien des généraux de l'armée de Flandre. A Malplaquet il mérita les applaudissements de l'armée entière. Le maréchal de Boufflers écrivait au Roi le soir même de la bataille : « M. de Gassion, qui commandait l'aile droite de cavalerie, a fait, à la tête de la Maison de Votre Majesté, les plus belles et les plus vigoureuses charges de cavalerie qui aient jamais été faites. » Durant la campagne de 1711, M. de Gassion surprit près de Douai un camp ennemi qu'il mit au pillage et auquel il enleva 1200 à 1300 chevaux. Il mourut en 1713, sans avoir obtenu le bâton de maréchal. « On en avait fait plus d'un, dit Saint-Simon, qui ne le valait

pas. » Sa belle conduite à Malplaquet et la promotion récente de M. de Bezons, son cadet, à la dignité de maréchal de France, lui firent un instant espérer le même honneur, comme en témoignent les lettres suivantes :

*M. de Gassion à Voysin.*

Au camp sous le Quesnoy, ce 22 septembre 1709.

« Monseigneur,

« Il ne me conviendrait pas de vous rendre compte de ce qui s'est passé à la bataille de la journée du 11 de ce mois, mais je crois que je suis dans l'obligation de vous informer que la Maison du Roi s'y est comportée avec une valeur au delà des expressions et qu'elle est digne des plus grandes louanges.

« J'avais l'honneur d'être témoin de leurs glorieuses actions aussi bien que M. le maréchal de Boufflers qui a toujours été à leur tête. Il ne vous dira pas que, dans cette journée, je me sois comporté en homme qu'on a dit au Roi avoir voulu quitter son service par chagrin de la promotion de M. de Bezons. Je ne saurais empêcher les hommes de mal parler, mais, quelque douleur que j'aurais pu ressentir de cet événement, mon attachement pour Sa Majesté est trop dans mon cœur pour pouvoir jamais m'en séparer tout le temps que je serai en état de pouvoir monter à cheval. Ayez la bonté, s'il vous plaît, de l'en assurer. » (Vol. 2139, A. H.)

*M. de Gassion à Voysin.*

Au Quesnoy, ce 29 septembre 1709.

« Monseigneur,

« J'ose prendre la liberté d'écrire au Roi à cachet volant pour ne pas vous laisser ignorer ce que ma lettre contient, et, après l'avoir lue, je vous supplie de la lui rendre. Je ne demande rien à Sa Majesté que ce qu'Elle jugera que j'aurai mérité par mes longs et heureux services, mais à vous, Monseigneur, je vous demande que vous me fassiez maréchal de France, et je me fais un plaisir sensible d'obtenir cette grâce par vous qui m'avez toujours honoré de vos bontés et comblé d'amitié. » (Vol. 2139, A. H.)

*M. de Gassion au Roi.*

Au camp sous le Quesnoy, ce 29 septembre 1709.

« Sire,

« Je me trouve si honoré des marques de satisfaction que Votre

La Vallière (1), de Rohan (2), de Montesson (3), et les officiers particuliers ont témoigné de vigueur et rendu de services. Il semblerait que je voudrais faire leur éloge, mais en vérité, il y a eu bien du bon dans tout ce qui s'est fait par ces messieurs-là. Je crois que les autres officiers généraux et particuliers ont aussi fait des merveilles, mais je ne les cite

---

Majesté m'a fait donner, par M. le maréchal de Boufflers, des services que j'ai rendus dans cette grande et glorieuse bataille que vos troupes viennent de soutenir contre les puissants efforts de vos ennemis, que j'ai cru pouvoir hasarder avec respect de vous en marquer ma juste et parfaite reconnaissance. Je suis plus que content, Sire, d'avoir pu vous plaire dans cette grande journée où la Maison de Votre Majesté s'est acquis une gloire qui ne peut s'exprimer. Les autres grâces, dont un homme de condition peut se flatter après de si longs et si heureux services, je ne les demande à Votre Majesté qu'autant qu'Elle sera portée à me faire du bien et qu'Elle sera contente de moi.

« J'ai l'honneur d'être, etc. » (Vol. 2139, A. H.)

(1) « M. le marquis de La Vallière s'est porté partout et a chargé avec toute la valeur possible à toutes ces différentes charges. » (Lettre du maréchal de Boufflers au Roi, du 11 septembre.) Neveu de M^lle^ de La Vallière, cousin germain de la princesse de Conti, le marquis de La Vallière fut fait commissaire général de la cavalerie légère après la seconde journée d'Hochstedt où il avait vaillamment combattu et où son frère, le chevalier, avait été tué. Lieutenant général de juin 1709, il commandait la cavalerie de notre armée de Flandre par sa charge de commissaire général, en l'absence simultanée du colonel général et du mestre de camp général.

Après l'action, il adressa à Voysin cette lettre (sans date) :

« Je ne me donnerai point l'honneur, Monseigneur, de vous faire un détail de notre bataille, Messieurs nos généraux s'étant apparemment acquittés de ce devoir-là. L'action a été bien glorieuse pour la nation, et, quoique très meurtrière, nous en avions besoin. La plupart des régiments qui ont chargé l'ont fait avec une vigueur qui certainement mérite louange, et j'ai trouvé dans les officiers une bonne volonté à laquelle je ne m'attendais pas. Il y paraît par la grande quantité que nous avons hors de combat, quoique plus de 150 de nos escadrons n'aient pu avoir part aux charges qui se sont faites, le terrain et la situation de l'affaire ne le comportant pas. La Maison du Roi s'est comportée avec une valeur au delà de l'expression, et l'affaire de Leuze n'est pas plus à leur avantage que celle-ci. J'ai ordonné que l'on m'apportât la perte que les régiments ont faite en cavaliers et en officiers. Je ne vous l'envoie point comme c'était mon intention, Messieurs les inspec-

pás parce que j'étais hors de portée de les voir et que je ne veux parler que de ce dont j'ai été témoin. La Maison du Roi, il faut que j'ajoute encore ce mot, s'est fait sacrifier. Pour vous dire en un mot d'elle ce que j'ai vu, elle s'est surpassée (4), exposée pendant un temps infini à

---

teurs ayant demandé la même chose, ce qu'ils n'ont apparemment pas fait sans votre ordre. J'ai cru qu'il ne fallait pas multiplier les lettres sans nécessité ni vous charger de paperasses inutiles. Si, dans la distribution des charges et des compagnies vacantes, il y a quelque officier qui mérite plus d'attention et que je connaisse plus particulièrement, j'aurai l'honneur de vous en informer.

« Le marquis DE LA VALLIÈRE. »

(Vol. 2160, A. H.)

(2) « M. le prince de Rohan et M. le vidame y ont fait tout ce que l'on peut attendre de gens de la plus grande valeur. » (Lettre du maréchal de Boufflers au Roi, du 11 septembre.) M. le prince de Rohan obtint en 1690 le régiment de cavalerie que possédait son père, M. de Soubise. Brigadier en 1696, maréchal de camp en 1702, il reçut du Roi, en décembre 1703, la lieutenance de ses gendarmes, dont M. de Soubise s'était démis. Lieutenant général d'octobre 1704, il se distingua à Ramillies où il fut grièvement blessé. Louis XIV le fit duc et pair en 1714.

(3) M. de Montesson, le plus ancien exempt des gardes du corps en 1684, obtint cette année l'enseigne de la compagnie de Luxembourg, et, en 1691, la lieutenance de la même compagnie. Maréchal de camp en 1702, il fut choisi pour servir pendant cette campagne auprès du jeune duc de Bourgogne qui, l'année suivante, demanda comme une faveur, à son grand-père, de garder M. de Montesson à ses côtés. « Je suis ravi que vous en soyez content, lui dit Louis XIV; je le suis fort aussi et c'est lui que j'avais destiné à vous suivre. » (*Journal de Dangeau.*)

Lieutenant général de la promotion d'octobre 1704, M. de Montesson commandait les gardes du corps, en sa qualité de plus ancien lieutenant, pendant la campagne de 1709. Sa belle conduite fut récompensée quelques jours plus tard par le gouvernement de Saint-Quentin.

(4) « Ils donnent (les ennemis) sur toutes choses des louanges infinies aux charges que la Maison de Votre Majesté a faites; dans la vérité, elles sont au dessus de l'humanité et de toute expression. » (Lettre du maréchal de Boufflers au Roi, du 13 septembre 1709. *Mémoires militaires*, de Vault, tome IX, page 367.)

En envoyant au Roi, le 24 septembre 1709, « l'état de l'ancienneté

une canonnade affreuse. Après avoir eu la plupart de ses escadrons écrasés, elle n'en a pas chargé l'ennemi moins vigoureusement. Enfin, Monseigneur, M. de Lordat (1) et M. de Flamarens (2), deux de nos officiers qui ont été faits prisonniers et renvoyés sur leur parole, m'ont dit que le prince Eugène et le Milord les avaient assurés qu'ils n'avaient rien vu d'égal à la fermeté de la Maison.

Pour ce qui est de la gendarmerie, Monseigneur, je crois qu'il vaut mieux que je vous laisse apprendre par d'autres quelle a été sa conduite. Je pourrais vous être suspect et je me fie assez à l'équité du public et de nos généraux pour croire qu'ils en diront ce qu'il y a à en dire. Si ce qui vous en reviendra vous contente, je vous supplie, Monseigneur, de l'honorer de votre protection.

Je suis avec le plus profond respect, Monseigneur, de votre Altesse Sérénissime, le très humble et très obéissant serviteur.

DAUGER.

Le 14 septembre 1709, au camp proche le Quesnoy.

---

des colonels des gardes du corps, gendarmes, chevau-légers, mousquetaires et grenadiers à cheval, avec les dates de leur commission, suivant l'ordre dans lequel ils marchent », le maréchal de Boufflers disait : « Il n'y a aucun de tous ces messieurs, de ceux qui se sont trouvés à la bataille, qui n'y ait fait des merveilles et ne se soit comporté avec toute la valeur et le zèle possibles. On en peut juger quand des troupes se rallient six fois en trois ou quatre cents pas de terrain au plus, et rechargent six fois des deux et trois lignes de cavalerie soutenues d'infanterie, qu'ils percent et culbutent jusques à l'infanterie ennemie, sous le feu de laquelle la dite cavalerie ennemie s'est ralliée.

« Tous ceux qui sont blessés portent leur éloge avec eux, et ceux qui ne le sont pas n'en sont obligés qu'au pur hasard, car il n'y en a pas un seul qui n'ait fait tout ce qu'il fallait pour l'être. » (Vol. 2152, A. H.).

(1) M. de Lordat, sous-lieutenant dans la gendarmerie, fait brigadier en mars 1719 en même temps que M. de Flamarens.

(2) Page de la grande écurie, il obtint en 1702 le guidon des gendarmes anglais qu'avait son frère aîné, tué en Italie. MM. de Lordat et de Flamarens, renvoyés sur parole ainsi que le brigadier Shelton, fait prisonnier deux jours avant la bataille, donnèrent au maréchal de Boufflers de précieux renseignements sur les événements du 11, du côté des Alliés, renseignements que le Maréchal a consignés dans sa lettre au Roi, du 13 septembre, reproduite par de Vault dans ses *Mémoires*, tome IX, page 365.

*Le marquis de Goësbriand au duc du Maine.*

Monseigneur,

J'ai été si occupé pendant les jours qui ont précédé l'action du 11 de ce mois, au poste avancé où j'étais dans le bois de Sars, avec cinq brigades d'infanterie, à la tête de la gauche de l'infanterie de la première ligne, et même depuis (car je ne compte pour rien la légère contusion que j'ai eue à l'épaule), que je n'ai pu avoir l'honneur d'informer Votre Altesse de ce qui s'est passé, et comme il est impossible, sans s'être porté partout, d'en rendre un compte juste, je ne lui en ferai aucun détail.

Je sais seulement que l'action a commencé le 11, à 7 heures du matin, par l'attaque de mon poste, que j'ai conservé pendant une heure et demie malgré le gros feu de canon et de mousqueterie des ennemis et où je serais encore, quoique attaqué, dit-on, par 80 bataillons, si deux brigades, des cinq que j'avais (1), ne s'étaient retirées sans raison et sans ordre; qu'elle a duré jusqu'à 2 heures après-midi et que c'est la plus vive qu'on ait vue depuis longtemps, et qu'elle coûte infiniment aux ennemis, qui en conviennent.

Que la Maison du Roi et la gendarmerie y ont chargé plusieurs fois à la droite et y ont fait des merveilles, et aussi les régiments Royal-Piémont et Royal-Allemand, et plusieurs autres de cavalerie.

Que les régiments d'infanterie de Champagne (2), Navarre (3), Pié-

---

(1) On trouvera plus loin la composition de ces brigades.

(2) Le 28 septembre 1709, Boufflers adressait au Roi un « état des régiments d'infanterie vacants depuis l'action du 11 septembre 1709 ». Soucieux de rendre justice à ses vaillants officiers, il n'oubliait pas de réclamer des récompenses en faveur des lieutenants-colonels et majors des régiments qui s'y étaient distingués. Les notes qui suivent sont empruntées à cet état. Vol. 2152, A. H.

« Le régiment de Champagne a pareillement aussi bien fait, et le sieur de Billy, lieutenant-colonel, s'est aussi comporté avec tant de valeur et de capacité qu'il mérite que le Roi ait pareillement la bonté de lui accorder un brevet de colonel. »

(3) « Le régiment de Navarre s'est tellement distingué et le sieur de Barberay, lieutenant-colonel, s'est comporté avec tant de valeur et de capacité qu'il mérite que le Roi ait la bonté de lui accorder un brevet de colonel. »

mont (1), Bourbonnais (2), Mortemart, Bretagne (3), Provence, Saintonge (4), Royal (5), Goudrin, les Irlandais et plusieurs autres y ont fait de même.

On convient n'avoir jamais vu ni entendu un si gros feu de mousqueterie si soutenu, si suivi et qui ait duré si longtemps, ni une artillerie mieux servie de la part des ennemis, et que notre retraite, qui a été volontaire, s'est faite avec tout l'ordre que l'on peut souhaiter et ressemblait à une marche d'armée la plus réglée.

On dit même qu'on eût pu conserver le champ de bataille, les ennemis, fatigués et ayant beaucoup perdu, songeant de leur côté à se retirer.

Au reste, si nous avons perdu à cette action, il est certain que les ennemis y ont, sans comparaison, perdu davantage, et que la valeur et la résistance des troupes, qui a surpris les ennemis, leur a beaucoup imposé, ce qui pourrait bien leur faire faire réflexion pour le siège de Mons et pour l'avenir s'il arrivait une deuxième action.

Quoi qu'il en soit, il est certain que cette affaire a rehaussé le courage des soldats et ranimé pour ainsi dire l'armée qui en avait besoin,

---

(1) « Le sieur de La Salle, major de Piémont, s'est tellement distingué dans l'affaire du 11, et étant très ancien officier, et tout des meilleurs sujets qu'il y ait dans l'infanterie, que je croirais nécessaire, pour échauffer l'émulation aux officiers, que Sa Majesté lui voulût accorder un brevet de colonel. »

(2) « Le régiment de Bourbonnais, qui a aussi très bien fait, et le sieur de Lesguévelle, lieutenant-colonel, s'étant fort distingué, et étant un des meilleurs sujets que le Roi ait dans l'infanterie, il mérite que Sa Majesté lui accorde un brevet de colonel. »

(3) « M. de Cormis, major de Bretagne, s'est comporté avec toute la valeur et la capacité possibles. Il est fort ancien et bon officier, et s'est fort distingué en Italie dans plusieurs actions. Il mérite que Sa Majesté lui accorde un brevet de colonel. »

(4) « Le régiment de Saintonge, qui a aussi très bien fait dans cette occasion et partout où il s'est trouvé, mérite la même distinction pour le sieur Chastenet, lieutenant-colonel.

« Le sieur de Cuigy, major de Saintonge, s'est fort distingué dans l'affaire du 11. Il est très ancien officier. Il mérite pareillement que Sa Majesté lui accorde un brevet de colonel. »

(5) « Le sieur de Fienne, major du régiment Royal, est un très digne sujet et des plus distingués de l'infanterie. Il a si bien fait dans l'affaire du 11 qu'il serait très utile pour l'émulation des troupes que Sa Majesté lui accorde un brevet de colonel. »

tant il est vrai qu'il faut de temps en temps aux armées des actions vigoureuses et disputées qui aguerrissent les soldats, leur fassent connaître leurs ennemis et leur propre force.

On a pris aux ennemis un grand nombre de drapeaux et d'étendards que M. de Nangis (1), qui devait être percé de coups, est allé porter au Roi, et ils en ont peu ou point des nôtres.

On dit qu'ils ont perdu 8 lieutenants généraux, 12 généraux-majors et 22 colonels ou brigadiers, et que, de leur aveu, cette action,

---

(1) Louis-Armand de Brichanteau, marquis de Nangis, colonel de Royal-Marine dès 1690, en remplacement de son père, mis à la tête du régiment de Bourbonnais en 1700, se distingua à Friedlingen et fut fait brigadier en octobre 1704. Excellent danseur, beau cavalier, le marquis de Nangis recevait le meilleur accueil, l'hiver, auprès des dames de Versailles, qui lui savaient gré de sa généreuse bravoure. A nul mieux qu'à lui ne pouvait s'appliquer cette épithète flatteuse : « chevalier de bonne volonté », que Turenne donnait à l'un de ses jeunes capitaines à toute heure dispos pour marcher à l'ennemi. « Il se charge toujours avec plaisir des commissions difficiles », disait Louis XIV de M. de Nangis en 1707. L'année suivante, le Roi le fit maréchal de camp et Boufflers voulut l'avoir à ses côtés, sur la frontière de Flandre, pendant l'hiver de 1709.

Le 24 juillet 1709, le marquis de Nangis emportait l'épée à la main l'abbaye d'Hasnon, entre Marchiennes et Saint-Amand, et tuait ou faisait prisonniers les 200 hommes qui occupaient ce poste. Au lendemain de Malplaquet, Villars le désignait pour présenter au Roi les drapeaux enlevés à l'ennemi : « Mon dit sieur le marquis de Nangis, écrivait Boufflers à Louis XIV le 13 septembre, m'a témoigné de la répugnance à accepter cette commission par le malheur que nous avons eu de perdre le champ de bataille, mais cette bataille et notre retraite ont tant l'air d'une victoire et la prodigieuse perte des ennemis tant l'air d'une défaite que je l'ai déterminé à faire ce plaisir à M. le maréchal de Villars, et personne n'est plus capable de rendre un compte exact de toutes choses à Votre Majesté que mon dit sieur de Nangis, quoiqu'il n'ait combattu qu'à la gauche, par la connaissance parfaite qu'il a de toute la disposition générale avant l'action, par ses talents et par son esprit de guerre, qui le met facilement au fait de tout ce qui s'est passé dans une action, tant de ce qu'il a vu que de ce qui lui est rapporté par des gens sûrs et véritables ; il a combattu à son ordinaire avec une valeur des plus grandes et des plus distinguées. » Au mois de janvier 1711, le Roi faisait à M. de Nangis l'insigne honneur de le

qu'ils appellent la bataille de Taisnières, leur coûte plus de 20,000 hommes.

J'ai l'honneur d'être avec un profond respect, Monseigneur, de Votre Altesse Sérénissime le très humble et très obéissant serviteur.

GOESBRIAND.

Au camp de Ruesnes, entre le Quesnoy et Valenciennes, ce 17 septembre 1709.

---

## Relation de la bataille de Malplaquet, donnée le 11 septembre 1709, par un officier particulier qui était à la gauche (1).

Les ennemis s'étant déterminés pour le siège de Mons, après nous avoir donné jalousie pour nos retranchements de La Bassée, décampèrent le 4 septembre, de leur camp d'Orchies, pour aller passer l'Escaut à Mortagne sur les ponts qu'ils y avaient faits quelques jours auparavant. Sur cet avis, M. le Maréchal rassembla son armée, et passa, le 5, l'Escaut à Valenciennes. Ce même jour, les ennemis ayant abandonné les postes de Saint-Amand et de Mortagne, nous les occupâmes. Le 6, l'armée, qui avait campé aux environs de Valenciennes, s'approcha tout auprès de l'Hogneau où elle campa sur plusieurs lignes, Quiévrain pour (2) quartier général. Toute l'armée fut rassemblée ce jour-là. On fit toute la nuit des ponts sur l'Hogneau que l'armée passa le lendemain 7, et campa en front de bandière, la droite vers Vampemont et la gauche à Montrœul. Le quartier général ne branla pas, et comme les ennemis nous avaient devancés à Mons (ce que nous aurions pu éviter) et que la brigade de Picardie ne s'y jeta pas quoiqu'elle eût pu le faire, on se contenta de renforcer la garnison de Saint-Ghislain. M. le Maré-

---

choisir pour colonel-lieutenant de son régiment d'infanterie. Lieutenant général en 1718, directeur général de l'infanterie en 1721, M. de Nangis fut créé maréchal de France en 1741.

(1) Cette relation est due, comme nous l'avons dit dans l'Introduction, au chevalier de Folard. — Le duc du Maine a barré les derniers mots « par un officier particulier qui était à la gauche » pour rétablir ainsi le titre, de sa main : Relation « faite par un officier particulier qui était à la gauche » de la bataille de Malplaquet, donnée le 11 septembre 1709.

(2) Le duc du Maine a substitué les mots « était le » à « pour ».

chal, qui vit les ennemis résolus au siège de cette place, prit la résolution de marcher à eux pour les combattre.

Le 8 (1), l'armée marcha sur quatre colonnes, deux de cavalerie et deux d'infanterie ; la première ligne d'infanterie alla jusqu'à Athis, et, prenant ensuite à gauche, côtoya le bois de Sars ; à 3 heures du soir (2), l'armée arriva en entier aux censes de Louvière et dans la plaine qui est entre le bois de Sars et Jansart. Il parut quelques escadrons ennemis dans la plaine au débouché qui est entre le bois de Sars et de Jansart ou, pour mieux dire, entre le village de Malplaquet et le bois de Sars. On les poussa, et ils se retirèrent auprès du village de Blaregnies, ayant leurs hussards devant eux, et, comme on vit paraître dans le même temps la tête des colonnes ennemies, M. le Maréchal fit passer l'infanterie de la droite au village de Malplaquet et dans le bois de Jansart, et mit en même temps l'armée en bataille, Mais, avant que de vous parler de la disposition des deux armées, il est bon de donner un petit crayon du terrain que nous occupions.

Nous avions à notre droite le bois de Jansart ; à notre gauche était le ruisseau de Fayt-le-Francq devant nous, et à la gauche étaient les censes de la Louvière qui sont sur les bords du bois de Sars. Entre ce bois et celui de Jansart, est (3) une plaine ou débouché capable de contenir vingt escadrons de front. Dans cette plaine, et sur la droite, est le

---

(1) C'est une erreur de date. Il faut lire 9 au lieu de 8.

(2) Il n'y a que 8 kilomètres à peine d'Athis à la cense de la Louvière, et l'armée était partie de son campement entre Athis et Montrœul vers 6 heures du matin. Le chevalier de Quincy, dont le régiment formait le premier élément de la colonne de la gauche, dit dans ses *Mémoires*, comme on l'a vu au récit de la bataille, qu'il atteignit la trouée vers 10 heures du matin. Le marquis de La Frézelière, dans sa *Relation*, marque que la tête de notre armée y arriva vers midi. Les *Mémoires de Goslinga* font connaître que le prince d'Auvergne, parti du moulin de Sars entre 8 heures et 9 heures du matin, se heurta presque aussitôt dans la trouée, avec ses trente escadrons, à des forces supérieures et dut se replier. On peut donc admettre que nos premières colonnes étaient à midi, au plus tard, à la lisière Sud des bois de Sars et de la Lanière. Peu importent d'ailleurs ces divergences. Un fait sur lequel tous les témoins sont d'accord, c'est que le maréchal de Villars avait encore le temps d'attaquer le 9 septembre, toutes forces réunies, la seule armée de Marlborough qui n'était point prête au combat. Nous avons vu et nous verrons bientôt Folard lui-même regretter la perte de « l'occasion du monde la plus belle d'attaquer les ennemis ».

(3) Le manuscrit porte *et* au lieu de *est*.

village de Malplaquet où sont plusieurs censes et maisons éparpillées, entourées de haies, et des arbres touffus qui en dérobent la vue et vont aboutir au bois de Jansart; dans tout ce front, il y a quelques endroits découverts. En deçà de ces censes et près du village est un chemin creux ou ravin qui commence un peu sur la gauche des censes, et va presque aboutir au bois de Jansart. Depuis ces endroits couverts jusqu'au bois de Sars est la plaine dont j'ai parlé.

M. le Maréchal jeta deux brigades dans le bois de Jansart, qui faisait la droite de l'infanterie qui s'étendit sur deux lignes, le long d'un chemin creux et des endroits couverts du village de Malplaquet, jusque dans la plaine. Derrière la gauche de cette aile d'infanterie, et dans la plaine qui faisait (1) le centre de l'armée était la cavalerie, sur quatre lignes, dont la première était composée de la Maison du Roi. Les deux premières n'avaient qu'autant de front qu'il en fallait pour fermer le débouché et les deux autres avaient leur droite appuyée au ruisseau de Taisnières vers le bois, et la gauche au ruisseau au dessous de Fayt-le-Francq. Ainsi le centre de la cavalerie était sur quatre lignes, dont les deux premières avaient l'infanterie aux ailes.

A la gauche de la Maison du Roi était l'aile gauche de l'infanterie. Elle fut d'abord postée fort confusément, à cause de l'irrésolution des deux généraux (je veux dire de MM. les maréchaux de Villars et de Boufflers) qui voulaient tantôt une chose et tantôt l'autre, et le dernier opinant toujours à ne rien hasarder (2), et, comme on craignait que les ennemis ne fissent couler de l'infanterie dans le bois de Sars, on y jeta d'abord les brigades du Roi, de Charost et de Bretagne (3); mais

---

(1) C'est le duc du Maine qui a ajouté de sa main ces mots : « Derrière la gauche de cette aile d'infanterie et dans la plaine ».

(2) Folard est le seul des acteurs de la bataille qui nous renseigne sur l'attitude des deux maréchaux avant et pendant le combat. Comme on le constatera, il reconnaît plus d'action et de décision au maréchal de Villars qu'au maréchal de Boufflers.

(3) Ces brigades avaient la composition suivante :

| Brigade | Régiment | Bataillons |
|---|---|---|
| Le Roi | Le Roi | 4 bataillons. |
| | Saintonge | 2 — |
| Charost | Charost | 2 — |
| | *Bassigny* | 1 — |
| | Sparre | 2 — |
| Bretagne | Bretagne | 2 — |
| | Provence | 2 — |

comme M. le marquis de Goësbriand connut l'importance du poste, il y fit venir les brigades de la Reine et de la Sarre (1). La brigade de Poitou (2) occupa une cense dans la plaine vis-à-vis un débouché; celles de Charost et de la Sarre et le second bataillon de Béarn se postèrent le long des bords du bois dans la plaine du débouché; le reste de la brigade de la Reine était en réserve. Le bois se repliait à Charost, faisant un coude à gauche, qu'occupaient les régiments de Sparre et du Roi; ce bois formait un flanc à ce coude où étaient les deux bataillons de Saintonge, et, se repliant ensuite à gauche, formait un front où était postée la brigade de Bretagne qui fermait cette gauche qui, formant une pointe et se trouvant toute découverte jusqu'à Poitou, M. le marquis de Goësbriand pressa fort pour avoir deux brigades pour remplir ce vide, qu'il n'eut pas (3).

Toute notre armée était arrivée lorsque la tête de celle des ennemis commença à paraître (comme j'ai dit), et, comme ils s'aperçurent de notre manœuvre et que nous ne profitions pas de l'occasion du monde la plus belle de les attaquer dans leur marche et en détail, et que même nous ne nous étions pas emparés du village d'Aulnois et par conséquent

---

| | | | |
|---|---|---|---|
| (1) La Reine...... | La Reine................ | 3 | bataillons. |
| | Béarn.................. | 2 | — |
| La Sarre....... | La Sarre............... | 1 | — |
| | Royal-la-Marine.......... | 2 | — |
| | *Solre*.................. | 2 | — |
| | Boufflers................ | 1 | —. |

Les brigades du Roi, de Charost, de Bretagne, de la Reine et de la Sarre donnent un total de 26 bataillons, mais les régiments de *Bassigny* et de *Solre* ne semblent pas avoir figuré à la bataille. Ils ne sont portés ni sur l'état des pertes de l'infanterie arrêté par le maréchal de Boufflers, ni sur le plan manuscrit des Archives Historiques qui fournit des renseignements précis sur la position des bataillons en première ligne. Sur ce plan, Béarn est rangé à la gauche de la brigade de Champagne, dans les redans. Il resterait donc 21 bataillons pour l'occupation de la lisière du bois de Sars (ou 23 bataillons si l'on adopte la répartition indiquée par Folard).

| | | | |
|---|---|---|---|
| (2) Poitou........ | Poitou.................. | 2 | bataillons. |
| | Guyenne................ | 2 | — |
| | Chartres................ | 2 | — |

(3) Le texte porte la correction suivante, du duc du Maine : « Deux brigades, qu'il n'eut pas, pour remplir ce vide. » (Voir le plan de la bataille dressé par Naudin, et le croquis qui y est joint.)

du débouché, ils l'occupèrent et partie des censes du village de Malplaquet. Ils jetèrent de l'infanterie dans la partie du bois de Jansart que nous n'occupions pas ; la droite de leur infanterie s'étendait un peu au delà du village de Blaregnies, sur une hauteur, et ayant un ravin derrière elle. Cette droite était si près de nous que nous n'en étions qu'à la petite portée du fusil. Leur cavalerie était sur plusieurs colonnes derrière un petit bois qui partage la plaine, qui la dérobait à notre vue et la couvrait du feu de notre canon.

Ils dressèrent d'abord quelques batteries à leur gauche, et sur les hauteurs qu'ils avaient sur nous. Nous en dressâmes de même, et l'on commença à se canonner de part et d'autre. Ce prélude et notre proximité firent croire que l'affaire s'engagerait bientôt, mais, comme toute leur armée n'était pas arrivée et que la pluie vint pendant ce temps-là, on crut la partie remise au lendemain.

Toute la nuit du 9 fut tranquille. On la passa sous les armes et nous fîmes beaucoup de mouvements.

Le 10, les ennemis ne faisant aucune démarche pour nous attaquer, il y eut un ordre de se retrancher et ensuite un contre-ordre, et il parut beaucoup d'incertitude dans tout ce qu'on voyait faire, ce qui fit juger qu'il y avait des gens qui tâchaient d'éloigner M. le Maréchal d'une affaire. Les choses restèrent dans cet état, et chacun se rempara devant soi, comme il jugea à propos.

Il était 4 heures du soir lorsque M. d'Albergotti, qui était venu à la gauche, envoya un officier aux ennemis qui, s'en étant approché, fit signe du chapeau et demanda s'il ne serait pas permis à un officier général d'avoir un pourparler avec un des leurs. Le général Cadogan étant venu et le baron de Lalo (1), et ayant vu que c'était M. d'Albergotti qui souhaitait cette entrevue, lui firent dire qu'il pouvait venir, et comme pendant les allées et venues il s'était assemblé un nombre d'officiers sur une hauteur entre eux et nous, M. le marquis de Goësbriand voulait faire tirer le canon dessus; mais, ayant su que M. d'Albergotti était là, il s'en approcha. M. d'Albergotti lui dit qu'il allait parler à l'ennemi, affectant un air mystérieux, et paraissant comme un homme destiné à traiter de grandes choses. M. le marquis de Goësbriand ne s'en informa pas davantage, ne doutant point qu'il n'eût un ordre pour cela.

---

(1) M. de Lalo, brigadier de l'armée de Marlborough, fut tué le lendemain. C'était lui que le prince Eugène avait chargé de complimenter le maréchal de Boufflers sur sa vigoureuse défense, après la capitulation de la citadelle de Lille, au mois de décembre de l'année précédente.

Cependant, le général Cadogan lui ayant fait dire qu'il pouvait s'avancer, après s'être avancé lui-même bien près de nos retranchements, M. d'Albergotti y fut, n'ayant voulu avec lui que deux ou trois officiers, après avoir très expressément défendu qu'aucun le suivît. M. le marquis de Goësbriand le suivit dans le dessein de reconnaître leur droite.

M. d'Albergotti avait à peine commencé l'entretien, qu'un nombre d'officiers des nôtres s'avancèrent; il en vint de même du côté des ennemis, et, le nombre augmentant de moment à autre, les soldats s'en mêlèrent et chacun se congratula d'une paix prochaine.

Ce pourparler dura autant de temps qu'il en fallait aux ennemis pour reconnaître ce que nous avions fait dans le bois et notre disposition : et, comme apparemment ils n'avaient pas fait tout ce qu'ils voulaient, ils rappelèrent M. d'Albergotti qui revint en diligence. L'entretien se renoua plus que jamais. M. d'Albergotti en eut même un particulier avec M. Cadogan, pendant que le baron de Lalo entretenait la compagnie.

M. de Contades et le capitaine (1) des gardes de M. le Maréchal arrivèrent pendant ce temps-là et demandèrent à faire des compliments à M. le prince Eugène et à milord Marlborough, de la part de M. le Maréchal; tout cela acheva de persuader que M. d'Albergotti était choisi pour ménager la paix. On voit pareille chose dans Tite-Live, dont Scipion sut fort bien profiter (2).

---

(1) C'était un Irlandais, de Squiddy, capitaine au régiment de Lee. Carton du régiment de Lee. A. H.

(2) Pendant le siège d'Utique par Scipion l'Africain, l'armée romaine était campée à peu de distance de celle d'Asdrubal et de son allié Syphax, roi des Numides. Des pourparlers s'engagèrent entre Syphax et Scipion : ils se renouvelèrent à plusieurs reprises, et les députés du général romain pénétrèrent fréquemment dans le camp de leurs ennemis qu'ils eurent tout le loisir d'examiner. Sur cette entière connaissance de la position de ses adversaires, Scipion forma le projet de les surprendre et de mettre le feu à leur camp. Après avoir rompu les négociations, il exécuta son attaque de nuit. L'incendie, allumé d'une main sûre, jeta l'épouvante et le désarroi parmi ses adversaires qui furent entièrement défaits. *Tite-Live*, 3e décade, livre X.

On s'alarma à la Haye de cet entretien de Cadogan et de Lalo avec M. d'Albergotti qui laissait soupçonner une négociation entre les généraux des deux armées. Heinsius s'étant ouvert à Goslinga de ces craintes, celui-ci réduisit l'incident à sa juste valeur dans la lettre suivante :

Les ennemis, ayant fait reconnaître notre gauche qui était tout ce qui pouvait les inquiéter, prirent la résolution de nous attaquer. Ils tinrent ce jour là un grand conseil de guerre. Messieurs les États ne voulaient en nulle manière qu'on nous attaquât et même le conseil de guerre penchait fort de leur côté (1).

---

Au camp de Mons, ce 23 septembre 1709.

Monsieur,

J'ai reçu celle dont M. de Grovestins (brigadier qui avait annoncé à la Haye la nouvelle de la victoire) a été porteur. Pour ce qui est de la prétendue négociation, il est vrai qu'il y a plus de 200 officiers de part et d'autre qui se sont parlé. Cela donna occasion à M. d'Albergotti de dire à M. de Lalo que les maréchaux souhaiteraient de saluer les Princes. Nous délibérâmes là-dessus, et je convins avec eux qu'à la veille d'un combat, déjà arrêté, une entrevue de cette nature ne pouvait causer qu'un très mauvais effet. Lalo donc, par une lettre, l'excusa honnêtement. Le maréchal de Villars, le lendemain de la bataille, fit écrire en réponse à Lalo, tué dans la mêlée que c'était un malentendu et que les maréchaux n'avaient pas désiré l'entrevue, qu'au contraire on leur avait débité que c'étaient les princes mêmes qui l'avaient souhaité. Voilà, Monsieur, toute la mystérieuse négociation. (Arch. de la Haye.)

(1) Il semble plus exact de dire, comme nous l'avons fait au récit de la bataille, que la résolution de nous attaquer fut prise d'un commun accord le 10 septembre, entre le prince Eugène, le duc de Marlborough et le seul député alors présent à l'armée, Sicco van Goslinga.

Goslinga nous apprend, par une lettre du 9 septembre aux États Généraux (registre aux lettres ordinaires de 1709, Archives de la Haye), que ses trois collègues, Hooft, Randwyck, Vegelin van Claerbergen, étaient demeurés à Tournai. Sa lettre, écrite du camp d'Aulnois, se termine ainsi : « Le canon a joué des deux côtés, sans perte appréciable du nôtre. Dans cette situation, la nuit est survenue. Demain les événements feront connaître si l'ennemi, comme la chose ne paraît pas tout à fait invraisemblable d'après sa contenance, attaquera notre armée. On est en très bonne résolution pour le recevoir et même, si c'est possible, pour l'attaquer. Dieu, j'espère, bénira les armes de vos H. P. par une victoire complète..... »

A la veille d'engager une action générale, Eugène et Marlborough étaient tenus, comme ils n'y ont jamais manqué dans ces campagnes de Flandre, de prendre l'avis des représentants de la Hollande. Goslinga, qui se distinguait entre ses collègues par une grande bravoure et une rare énergie, se décida sans peine pour une bataille. C'est ce que nous

Mais, l'avis de M. le prince Eugène ayant prévalu sur tous, il fut résolu qu'on nous attaquerait à la pointe du jour. Ils travaillèrent toute la nuit du 10 au 11 à de nouvelles batteries : ils en dressèrent une de trente pièces vis-à-vis la brigade de Charost, dans la plaine du débouché, qui enfilait le coude du régiment du Roi et de Sparre, et, comme elle était sur une hauteur, il était bien difficile de s'en garantir. Ils firent des patrouilles toute la nuit pour nous en dérober la connaissance, et même il vint un déserteur qui dit que tout était en mouvement dans leur armée et que nous serions attaqués au jour, qu'on avait même fait la prière du combat (ce que nous avions entendu) et distribué du brandevin aux troupes.

Il était déjà grand jour qu'il faisait un brouillard fort épais. Le soleil,

---

apprend le rapport de l'ingénieur Vleertman, présent à l'action. Ce rapport a été fait aux États Généraux, par l'ingénieur lui-même, quelques jours après la victoire des Alliés. L'*Europische Mercurius* de 1709 l'a reproduit : « Le 10, on vit que l'ennemi tirait un retranchement en plaine, d'un bois à l'autre, se servant de tous ses avantages. Sur quoi, entre le prince Eugène, le duc de Marlborough et le sieur de Goslinga, la résolution fut prise d'attaquer l'ennemi. Sur ces entrefaites, arrivèrent de Tournai le sieur Hooft, député à l'armée et, dans la nuit, à deux heures, le sieur Randwyck ».

Dans une lettre écrite à l'Électeur de Saxe de la Haye, le 22 novembre 1709, Schulenbourg nous a gardé le souvenir de cette scène si caractéristique entre Goslinga et l'un des hommes d'État les plus éminents de la Hollande, Simon van Slingelandt. Tous deux étaient étroitement liés. « M. Goslinga étant à la campagne chez M. Slingelandt, il lui dit qu'il n'avait peut-être pas assez mûrement réfléchi avant que d'ordonner de couper certains arbres à l'entour de sa maison de campagne. Slingelandt répondit vivement qu'il y avait peut-être songé plus que lui lorsqu'il consentit si légèrement à donner la bataille de Malplaquet, lui, connaissant les deux princes ainsi que la manière qu'ils s'y prenaient à ces sortes d'expéditions. » *Vie de Schulenbourg*, tome I, page 409.

Le chevalier de Luxembourg qui, sur la proposition pleine d'humanité de Marlborough, avait été envoyé à Bavay pour recueillir nos blessés, mandait à Voysin, du camp de Ruesnes, le 13 septembre 1709 «... Un adjudant général, que M. de Marlborough m'avait envoyé pour me faire un compliment, nous en a parlé très naturellement (de la bataille) et nous a fait entendre que les Hollandais ne souhaitaient point d'affaires et que leurs généraux avaient pris le temps qu'il y en avait deux d'absents de l'armée pour nous attaquer ». Vol. 2152. A. H.

l'ayant dissipé environ sur les 7 heures ou à 8 heures du matin, nous promit une belle journée dont Mars se pare, et nous aperçûmes, sur la hauteur où s'était faite l'entrevue, la batterie dont j'ai parlé. On fit d'abord des épaulements au régiment du Roi, qui les mit bientôt à couvert, mais le régiment de Sparre, qui n'avait pas d'outils, souffrit beaucoup. Le brouillard étant tout à fait dissipé, nous vîmes toute leur armée en bataille, et leur canon, qui commença alors à tirer, nous tuait une infinité de monde, car il allait comme la mousqueterie. M. le marquis de Goësbriand, qui vit que c'était tout de bon (quoique M. le Maréchal eût de la peine à le croire), lui envoya M. de Marville, pour lui dire qu'il allait être attaqué, et qu'il le priait de lui envoyer incessamment les brigades qu'il lui avait demandées.

La ligne de leur infanterie qui nous faisait face, qui était des Anglais, commença à s'ébranler par sa droite qui, s'en détachant, forma une grosse colonne qui, marchant par sa droite et se repliant ensuite à sa droite, se jeta dans le bois de Sars, faisant un grand détour (1) pour pénétrer entre Bretagne et Poitou. Le centre commença à se mouvoir dans le même temps, semblant s'éloigner du front des retranchements du Roi et de Sparre. Mais, cette ligne ayant marché jusque dans un fond, nous prêtant le flanc, fit un quart de conversion par sa droite et parut de front vis-à-vis de nous (2). Nous avions cinq pièces de canon qui tirèrent environ trois fois sans beaucoup d'effet, et comme l'officier qui commandait cette batterie (3) fut emporté d'un coup de canon, on les attela, à la réserve de deux pièces qu'on abandonna, dont les ennemis se servirent contre nous.

La gauche de cette ligne (4) s'ébranla en même temps que le centre et s'avança en bataille, dans un très bel ordre, sur la hauteur où était la batterie et vis-à-vis les brigades de la Sarre et de Charost, et resta à ce poste, sans branler, tenant en échec tout ce front.

Cependant, la ligne qui marchait au front de Sparre et du Roi, en étant à la demi-portée du fusil, fit une salve qui fut sans effet. On commença à faire feu sur eux pendant qu'ils s'avançaient toujours, faisant mine d'en vouloir à tout ce front; mais, lorsqu'ils en furent à deux cents pas, cette ligne faisant tout à coup à droite par son flanc

---

(1) Il s'agit sans doute de la colonne de Withers, chargée de déborder notre flanc droit.

(2) Folard désigne ici les 40 bataillons de Schulenbourg.

(3) Le duc du Maine a inscrit en marge le nom de l'officier, Saint-Mars, que M. de Saint-Hilaire a mentionné dans sa relation.

(4) C'est le corps d'attaque aux ordres de Lottum.

droit, forma une colonne et coula dans le bois. Mais comme ce mouvement ne se pouvait faire qu'en effleurant de très près quatre compagnies de grenadiers et autant des piquets, qu'on avait postés dans des haies, et ensuite un bataillon de Saintonge, cette colonne essuya un feu si épouvantable qu'elle fut presque mise en désordre. Il y eut même quelques coups d'espontons allongés de part et d'autre. Ayant coulé dans le bois, elle prit à gauche et parut d'abord sur le bord d'un marais praticable, où était la brigade de Bretagne, paraissant vouloir la tourner et étant déjà sur ses flancs; mais elle s'engagea entre cette brigade et un bataillon de la Reine et quatre piquets qu'on avait fort habilement portés en cet endroit. Ce mouvement des ennemis étonna un peu Bretagne. Mais, M. le marquis de Goësbriand qui avait bien prévu ce qui arriverait, y étant accouru, fit faire un mouvement par la gauche à cette brigade qui, se trouvant alors de front devant l'ennemi, commença un feu si terrible et si continu que le bois fut, en un instant, couvert de leurs morts. Le bataillon de la Reine et les quatre piquets de la même brigade, qui étaient entre les ennemis et cette brigade, firent un très grand feu de leur côté, ce qui arrêta tellement leur fougue qu'ils ne purent pénétrer, et attendirent sur le bord du marais que la colonne, qui avait pris un grand détour sur la droite, arrivât.

Sur ces entrefaites, la ligne qui était vis-à-vis le front de Charost et de la Sarre, voyant le combat échauffé à la gauche, marcha sur deux lignes, droit à ces deux brigades qu'elle attaqua très vivement. Le régiment du Roi, qui entendit le bruit de la mousqueterie, et la Sarre, prirent l'épouvante et s'enfuirent (sans qu'ils vissent aucun ennemi) avec tant de promptitude qu'ils semblèrent avoir disparu (1). Cependant les

---

(1) Il semble que Folard juge trop sévèrement la conduite des régiments de la Sarre et du Roi. Il vise surtout ce dernier régiment qu'il accusera plus loin de n'avoir pu se remettre de sa panique du début. Une lettre adressée à Voysin du camp sous le Quesnoy, ce 17 septembre 1709, et signée « un vieux officier de l'armée », marque aussi : « que nous avons perdu le champ de bataille par la poltronnerie qui règne depuis longtemps dans le régiment du Roi et dans les Gardes françaises qui ont lâché le pied à cette dernière affaire. » Vol. 2139, Arch. hist. Voysin, ému des bruits malveillants dont Folard s'est fait ici l'écho, pria Boufflers de contrôler les dépositions du lieutenant-colonel du régiment du Roi, M. de Beaupuy (le colonel-lieutenant, M. du Barail était absent) et du major, M. d'Orbessan, qui s'étaient élevés contre ces imputations. Boufflers transmit au ministre, le 9 octobre, le résultat de son enquête, avec les attestations de MM. de Puységur, d'Albergotti et de Contades, toutes favorables au régiment du Roi. Nous reproduisons

ennemis, ayant attaqué tout le front, trouvèrent beaucoup de résistance

---

ici les pièces les plus importantes de ce débat, un extrait d'une lettre de M. d'Orbessan à Voysin et l'attestation de M. de Contades :

*M. d'Orbessan à Voysin.*

Au camp de Ruesnes, le 23 septembre 1709.

« ..... Si nous avons eu le malheur de perdre le bois où nous étions postés au commencement de l'action, c'est à notre flanc droit qui était gardé par deux brigades et par les trois bataillons de la Reine que nous le devons, qui, se trouvant forcés par une force supérieure, et les ennemis y ayant pénétré, nous nous vîmes entièrement pris par nos derrières par des colonnes entières, ce qui rendit le nôtre tout à fait insoutenable, et nous ne le cédâmes qu'après que beaucoup de nos soldats y furent tués et blessés à coups de baïonnettes, et je puis vous assurer, Monseigneur, qu'il était temps, n'y ayant pas lieu de douter que nous n'eussions été enveloppés dans le moment. Nous nous retirâmes dans la plaine et nous nous y ralliâmes sans peine et sans confusion. Après quoi, nous chargeâmes plusieurs fois les ennemis dans d'autres endroits où MM. les officiers généraux de la gauche et même M. le maréchal de Villars nous portèrent, et ce fut dans une de ces occasions et derrière le régiment que M. le Maréchal fut blessé. 400 soldats que nous avons eus dans cette journée tués ou blessés et plusieurs officiers, tant d'une batterie de canons de 40 pièces, qui n'étaient qu'à portée de carabine, qui nous battirent pendant une grosse heure avant que l'affaire commençât, ne sont pas des preuves qu'il n'y ait pas fait son devoir. » Vol. 2153, A. H.

*Attestation de M. de Contades.*

« Lorsque le bois de la gauche où étaient postées les brigades d'infanterie de la Sarre, Charost, le Roi, Bretagne et la Reine fut attaqué, qui le fut bien une demi-heure avant la droite, avec une artillerie prodigieuse et, à ce qu'il me parut, par plus de 40 bataillons, les brigades de la Sarre et de Charost, qui avaient la droite de ce bois, furent obligées de plier et de céder au grand nombre qui les attaquait. Dans le moment j'y courus et lorsque j'arrivai sur le régiment du Roi qui avait encore gardé son poste, il fut aussi obligé de plier ainsi que les brigades de sa droite. Je parlai même à M. d'Orbessan, major, et à quelques officiers qui faisaient ce qu'ils pouvaient pour se retirer en bon ordre, ce qui ne fut pas possible, parce que les ennemis venaient sur

à Charost (1) et percèrent à la Sarre (2). M. le comte d'Angennes (3) avait été déjà blessé de deux coups, mais se laissant emporter à son courage, et voulant rallier les troupes, il reçut un coup dans la tête qui le tua; c'était un très brave homme, intelligent, plein d'honneur et de vertu et capable de grandes choses (4).

---

eux par leur droite. Je suis obligé de dire que j'ai vu dans ce régiment beaucoup de bonne volonté, qu'au sortir du bois cette brigade s'est très bien reformée, qu'elle s'est portée à la gauche, qu'une demi-heure avant la blessure de M. le maréchal de Villars, il s'en était servi pour marcher aux ennemis qui voulaient déboucher du bois, qu'ils marchèrent fort bien, qu'ils culbutèrent les ennemis dans le bois et les empêchèrent de pénétrer dans la plaine; que, lorsque M. de Puységur, et MM. de Villars et de Nangis ont chargé à la tête de la brigade des Irlandais, pour prendre les ennemis qui voulaient encore sortir du bois en flanc, la brigade du Roi a encore rechargé ces mêmes troupes en front, et même M. de Puységur m'envoyant leur dire de prendre garde de tirer sur eux parce que, prenant les ennemis en flanc, ils étaient à leur gauche, je les trouvai en très bon état et les vis charger et marcher fort bien. Je crois même devoir dire que ceux qui ont mal parlé de cette brigade ne l'ont pas vue. »

CONTADES.

Vol. 2153, A. H.

Le régiment du Roi était sans doute en butte à la jalousie de l'armée, en raison des faveurs dont ses officiers étaient sans cesse comblés par Louis XIV. Ainsi, en 1684, sur 30 régiments nouveaux, le Roi en avait accordé 20 aux capitaines de son régiment. L'envie aura probablement exagéré et exploité quelques défaillances partielles qui n'entachent pas l'honneur du corps tout entier.

(1) Le régiment de Charost perdit à ce combat son colonel Louis-Joseph de Béthune, marquis de Charost, brigadier depuis 1708.

(2) Henri de Moncaut, comte d'Autrey, colonel du régiment de la Sarre, fut grièvement blessé dans la bataille. Transporté à Landrecies, il y mourut le 25 septembre 1709.

(3) D'Angennes (Charles d'Angennes de Poigny, comte), mousquetaire en 1697, lieutenant réformé de la compagnie colonelle du régiment du Roi en 1698, colonel-lieutenant du régiment Royal-la-Marine le 12 septembre 1699, s'était distingué à la tête de ce régiment en Italie, notamment au siège et à la bataille de Turin en 1706. Il avait été fait brigadier par brevet du 19 juin 1708.

(4) Folard rend un hommage mérité à l'un des meilleurs officiers de

M. le marquis de Goësbriand, qui avait arrêté l'impétuosité des ennemis à l'endroit où il y avait le plus à craindre, vit avec douleur le poste du Roi abandonné. Il tint bon pourtant, mais les ennemis ayant pénétré à la Sarre et ensuite à Charost (1), et se voyant prêt à être enveloppé, il prit le parti de se retirer avec la brigade de Bretagne (2) et trois bataillons de Saintonge ou de la Reine. Il fit cette retraite avec une telle fierté et un tel ordre que les ennemis n'osèrent l'aborder.

---

notre armée de Flandre, qui était aussi l'un de ses protecteurs. Le 22 juillet 1709, Folard, écrivant au nouveau ministre de la guerre Voysin pour faire connaître ses services, plaçait sa lettre sous la recommandation de M. d'Angennes. Ce dernier mandait au Ministre, du camp d'Annay, le 22 juillet 1709 : « Permettez-moi, mon cher oncle, de vous envoyer une lettre de M. Folard, capitaine dans le régiment de Quercy, qui avait, la campagne passée, le gouvernement de Leffinghe dans le temps que j'y commandais. M. de Charmont (secrétaire du duc de Bourgogne) doit vous avoir parlé pour lui de la part de Mgr le duc de Bourgogne. Il ne demande rien pour le présent, et j'ose vous supplier de lui témoigner quelque satisfaction de ses services. » (Volume 2159, A. H.)

La recommandation de M. D'Angennes valut au chevalier de Folard cette lettre aimable de Voysin :

A Versailles, le 26 juillet 1709.

« Monsieur,

« J'ai reçu votre lettre du 22 de ce mois pour m'informer de vos services. Je sais ceux que vous avez rendus en Italie et même que vous vous êtes fort distingué l'année passée à Leffinghe. Je suis persuadé que vous continuerez à en rendre de nouveaux avec le même zèle. Je souhaite que vous me fournissiez des occasions de les rappeler à Sa Majesté. Vous pouvez compter que je le ferai avec plaisir par l'intérêt que je vois que M. le comte d'Angennes prend à ce qui vous regarde. » Volume 2468, A. H.

(1) C'est aussi ce que dit M. de La Frézelière dans sa *Relation*.

(2) On ne possède pas l'état des pertes en officiers de la brigade de Bretagne, composée des régiments de Bretagne et de Provence qui, après la bataille, furent laissés à Valenciennes, puis envoyés à Condé tant ils étaient affaiblis à la suite de leur glorieuse résistance. On verra par les témoignages suivants que ces deux régiments avaient perdu plus de la moitié de l'effectif de leurs deux bataillons.

« Je vous envoie ce paquet par le sieur de Cormis, major de Bretagne, prisonnier de guerre, qui s'en va à Paris pour ses affaires parti-

Il eut en cette occasion un cheval tué sous lui et un blessé, un coup sur ses armes, qui lui fit une contusion sur une vieille blessure, et un aide de camp blessé auprès de lui (1).

Les affaires étaient en cet état à la gauche lorsque le combat s'engagea

---

culières. Je ne puis assez vous dire tous les biens qui me reviennent de lui et avec quelle valeur et quel entendement il s'est comporté dans l'action du 11, dans laquelle tout le régiment de Bretagne et M. de Berthelot, colonel, ont fait des merveilles. » Lettre du maréchal de Boufflers à Voysin, au camp de Ruesnes le 20 septembre 1709. Volume 2152, A. H.

« Le régiment de Bretagne est un de ceux qui ont le plus souffert. Le colonel et le régiment ont fait des merveilles. M. de Berthelot, qui en est le colonel, quoique blessé au commencement de la bataille, a demeuré jusques à la fin. » Lettre de M. de Contades à Voysin, au camp de Ruesnes, le 17 septembre 1709. Volume 2152, A. H.

« J'ai joint avant-hier, ici, le régiment de Bretagne et j'en fis hier la revue avec M. Didier, commissaire des guerres. Les officiers, depuis un mois, y ont fait 100 hommes, de manière qu'avec les 100 que le Roi nous a donnés, le régiment est actuellement à 650. » Lettre de M. de Berthelot à Voysin, à Caen, le 23 novembre 1709. Volume 2143, A. H.

« Ayant l'honneur de commander le régiment de Provence, envoyé à Valenciennes parce que la bataille de Malplaquet l'a réduit à moins de 500 hommes et qu'il n'y reste que 5 capitaines, le surplus y ayant été tué, blessé ou pris prisonniers de guerre avec beaucoup de subalternes, plus de 120 soldats de ce qui nous en reste échappés des ennemis absolument nus, je prends la liberté, Monseigneur, de vous représenter la triste situation du régiment, qui n'a rien à se reprocher, et de supplier très humblement Votre Grandeur, au nom de tout le corps, de lui procurer les grâces du Roi, dont il a un très grand besoin pour son prompt rétablissement et celui de 14 capitaines et de beaucoup de subalternes, qui sont la plupart dangereusement blessés.

« J'ai l'honneur d'être, etc.

« Valenceau, aide-major. »

(Lettre de M. de Valenceau à Voysin, à Valenciennes, le 23 septembre 1709). Volume 2139, A. H.

(1) Il est probable que cet aide de camp n'est autre que Folard lui-même, qui fut blessé d'un coup de feu à la cuisse à Malplaquet. Voir la notice qui lui est consacrée.

à la droite. Les ennemis s'étant formés sur plusieurs lignes et colonnes attaquèrent d'abord tout le front des retranchements de M. d'Artagnan (1) qui s'était posté à la brigade de Piémont (2). Ils poussèrent en même temps une colonne dans le bois de Jansart pour pénétrer de ce côté-là ; mais ayant trouvé des abatis, derrière lesquels ils trouvèrent les brigades de La Fère (3) et de Perche (4), ils crurent trouver

---

(1) Le comte d'Artagnan était lieutenant général depuis 1696. Comme major des Gardes, comme major général de nos armées de Flandre et enfin comme directeur général de l'infanterie, il avait puissamment aidé Louvois et ses successeurs à organiser et à améliorer notre infanterie. Il reçut le bâton de maréchal pour sa belle conduite à Malplaquet et prit le nom de maréchal de Montesquiou, sous lequel il devait s'illustrer à Denain. « M. d'Artagnan, qui commandait la droite d'infanterie, s'y est tout à fait distingué, tant par sa valeur que par ses bons ordres. Il a eu trois chevaux tués sous lui et il a reçu deux coups dans sa cuirasse. » Lettre du maréchal de Boufflers au Roi, du camp de Quesnoi ou de Ruesnes, 11 septembre 1709. Vol. 2152, A. H.

Dans sa lettre du 13 septembre 1709, adressée à Voysin, M. de Magnac disait :

« Il vous reviendra de toutes parts, Monseigneur, que le comte d'Artagnan s'est signalé en cette journée. Il n'a jamais perdu un pouce de terrain ; quelque gros feu que lui firent les ennemis, il repoussa toujours leurs attaques. Il n'eut pas plus tôt pris ses armes qu'il reçut deux coups de mousquet dessus. Il a eu trois chevaux de tués sous lui, un aide de camp blessé à mort et un domestique tué, et s'est retiré le petit pas avec ces bataillons lorsqu'il a vu que l'armée se retirait, sans que les ennemis aient jamais osé l'attaquer. » Volume 2160, A. H.

(2) On a vu plus haut, page 129, la composition de la brigade de Piémont

(3) La brigade de La Fère était commandée par M. de Boufflers-Remiencourt, cousin, et plus tard gendre du maréchal de Boufflers. Elle comprenait :

| | | |
|---|---|---|
| La Fère | 2 | bataillons. |
| Agenois | 2 | — |
| Montroux | 1 | — |

(4) La brigade de Perche était aux ordres de M. Ceberet et avait la composition suivante :

| | | |
|---|---|---|
| Perche | 2 | bataillons. |
| Santerre | 2 | — |
| Foix | 2 | — |

mieux leur compte en se mettant sur leur droite, sur le bord du bois, où ils attaquèrent en même temps. Ainsi, le combat étant allumé de tous côtés, on combattit de part et d'autre avec toute l'ardeur et l'opiniâtreté imaginables. La brigade de Bourbonnais (1), les régiments de la Marck et de Châteauneuf (2), soutinrent longtemps leurs efforts. Enfin, accablés par le nombre et par le poids de leurs colonnes, ils se virent obligés de plier. Les ennemis, ayant pénétré, commencèrent à se former. M. le marquis de Hautefort (3), qui vit cette manœuvre, marcha à la tête du régiment de Navarre droit aux ennemis (4). Ce brave régiment les attaqua avec une hardiesse incroyable et les culbuta les uns sur les autres, passa les retranchements et les poursuivit jusqu'à leur cavalerie, après en avoir fait grande boucherie et gagné plusieurs drapeaux.

---

(1) La brigade de Bourbonnais, aux ordres de M. le duc de Mortemart, était formée des régiments suivants :

| | |
|---|---|
| Bourbonnais | 2 bataillons. |
| Mortemart | 2 — |
| La Marck | 2 — |

(2) Le régiment de Châteauneuf (à un seul bataillon) avait été détaché de la brigade de Touraine, en réserve à notre droite, pour appuyer La Marck et border avec ce régiment la lisière du bois de la Lanière. Il était commandé par M. Desmaretz de Châteauneuf, l'un des fils du contrôleur général des finances. La Marck avait à sa tête M. Trichard, son lieutenant-colonel, qui fut blessé dans cette journée.

(3) « M. le marquis d'Hautefort et M. de La Frézelière, qui étaient encore à la droite et plus en arrière que M. d'Artagnan, ont fait paraître la même valeur et capacité. » Lettre de Boufflers au Roi, 11 septembre 1709. Volume 2152, Arch. hist. — François-Marie, marquis d'Hautefort, avait débuté en 1673 comme cadet aux gardes du corps. Aide de camp de M. le Prince en 1674, colonel du régiment d'Anjou-Infanterie en 1685, brigadier en 1691, maréchal de camp en 1694, lieutenant général en 1702, il venait de se signaler pendant la campagne de 1708. Quand Marlborough avait forcé le passage de l'Escaut à la fin de cette campagne, M. d'Hautefort, avec le corps confié à ses ordres, avait exécuté devant lui une sage retraite, en jeune grenadier et en vieux capitaine. Chevalier des ordres du Roi en 1724, le marquis d'Hautefort mourut en 1727. Il avait pour frère M. de Surville. On trouvera plus loin un extrait de la lettre qu'il adressa à Voysin le 28 septembre 1709.

(4) Nous verrons le marquis de La Frézelière revendiquer dans sa *Relation* l'initiative de cette manœuvre.

Les ennemis avaient attaqué, en même temps, de toutes parts avec beaucoup d'intrépidité. La brigade de Piémont soutint leur attaque avec une telle valeur que tous leurs efforts furent vains et ils perdirent un monde infini, et furent suivis de si près par nos troupes que, si l'officier général qui s'y trouva eût connu et su profiter de ce précieux moment, l'affaire était absolument décidée (1) et les ennemis perdus, comme tous leurs généraux l'avouent. »

L'attaque qui se fit du côté d'Alsace ne fut pas si opiniâtrée de notre part, et encore moins de celui de Picardie qui plia et en entraîna quelques autres, quoiqu'Alsace se fût rallié et eût rechassé les ennemis de son poste; mais, comme d'autres ne se rallièrent pas, cela obligea M. d'Hautefort d'y marcher (2). Il laissa la brigade de Touraine (3) au

---

(1) La même pensée sera reproduite par le marquis de La Frézelière dans sa narration. On lit au tome III, page 298, de l'*Histoire de Polybe*, par Folard : « Nos soldats s'ennuyant, derrière le retranchement (à notre droite), d'une défensive si fort opposée à leur humeur, sans prendre conseil que de leur courage, et par une boutade digne de la nation, sortirent tout d'un coup, tombèrent avec une telle furie sur les assaillants et les chargèrent si brusquement qu'ils les culbutèrent et les mirent en fuite avec un meurtre effroyable et les poussèrent jusqu'à leur cavalerie. Que si le général, ou les officiers généraux qui commandaient en cet endroit-là, eussent profité de cet avantage et fait suivre le reste de l'infanterie qui était en seconde ligne et plusieurs lignes de cavalerie, à la tête desquelles était la Maison du Roi qui crevait de dépit de voir des gens qui ne remuaient et n'agissaient non plus que des statues, la journée était terminée, la victoire complète et décisive et la guerre finie ».

(2) Il semble que Folard, qui n'a pas été témoin du combat de notre droite, confonde ici le retour offensif de la brigade de May et du régiment Royal qui permirent au régiment d'Alsace, vers dix heures du matin, de réoccuper son poste, avec la charge tentée à la fin de l'action, vers deux heures du soir, sous M. d'Hautefort, par les brigades de Navarre et de Royal, Navarre en tête, alors que les Gardes, Picardie et Alsace avaient définitivement quitté leurs retranchements. Voir le récit de la bataille page 66 et page 75.

(3) La brigade de Touraine comprenait :

| | | |
|---|---|---|
| Touraine | 2 | bataillons. |
| Châteauneuf | 1 | bataillon. |
| *Dastour* | 1 | — |
| *Nivernais* | 2 | — |

*Dastour* et *Nivernais* n'ont point dû prendre part à la bataille.

poste de Navarre et marcha en diligence où les ennemis avaient pénétré avec les régiments de Navarre, Royal-Italien (1) et la brigade de La Fère qui se formèrent en arrivant au delà des maisons de la Malplaquet et marchèrent en même temps à huit bataillons des ennemis qui s'étaient formés dans une prairie. Le régiment de Navarre, qui vit leurs grenadiers sur une petite hauteur, fondit aussitôt dessus, les chassant de la hauteur; les huit bataillons qui les soutenaient plièrent en même temps et furent menés battant hors des retranchements que Navarre passa et les chassa l'épée dans les reins jusqu'à leur cavalerie.

Tout était à merveille à la droite, mais non pas à la gauche où les ennemis avaient attaqué avec l'élite de leurs troupes. Nous avions été obligés d'abandonner le bois de Sars. Les ennemis avaient déjà tourné leur grande batterie contre la Maison du Roi, qui y causait un grand désordre qu'on eût pu éviter, et leur cavalerie commençait à paraître dans le débouché, sur un grand nombre de lignes, attendant qu'on eût forcé de ce côté-là, lorsque leur infanterie, qui était maîtresse du bois, commença à déboucher de notre côté, se formant le long du bord. Les troupes qui avaient combattu avaient été ralliées, et on avait fait mettre pied à terre à deux régiments de dragons, dont partie des fuyards du régiment du Roi s'emparèrent des chevaux et s'enfuyaient (2). Ces dragons furent postés dans des débouchés, et l'on forma une ligne d'infanterie le long des censes de la Louvière et dans la plaine. Ainsi les ennemis, ayant trouvé les troupes ralliées et les attendant en bonne contenance, restèrent sur le bord du bois, intimidés par notre cavalerie qui était derrière et en bataille sur deux lignes. La brigade de Champagne (3), qui se trouva sur leur gauche, les ayant vus déboucher hors du bois, M. le marquis de Goësbriand s'y étant mis à la tête avec MM. de Nangis et de Palavicini, on les attaqua avec tant de vigueur qu'ils ne tinrent pas un moment et furent chassés bien avant dans le bois, mais comme cette brigade ne fut suivie d'autres troupes que du second bataillon de Béarn, et, ayant trouvé une colonne de troupes fraîches des ennemis, elle se retira après en avoir fait un carnage horrible et gagné plusieurs drapeaux. M. de Goësbriand y eut un coup

---

(1) Ce régiment faisait partie de la brigade de Royal.

(2) Se reporter à la note de la page 166.

(3) La brigade de Champagne, aux ordres de M. de Seignelay, était ainsi composée :

| | | |
|---|---|---|
| Champagne | 3 | bataillons. |
| Louvigny | 2 | — |
| Isenghien | 1 | — |

sur ses armes et un cheval blessé sous lui. Crèvecœur, capitaine des grenadiers de Béarn, fut tué à cette charge, un des plus braves hommes de France (1). M. de Seignelay (2) y fit des merveilles.

M. le maréchal de Villars, qui se portait partout, étant arrivé après cette charge, on résolut de chasser entièrement les ennemis hors du bois. M. de Goësbriand avait déjà fait la disposition et mis les Irlandais à la gauche qui, débordant de ce côté-là les ennemis, eurent ordre de se replier, en marchant à eux, pour tomber sur le flanc pendant que M. de La Marck (3) les attaquerait de front, et comme, lorsqu'on est si près, il y a toujours quelques escarmouches, M. d'Albergotti, qui était sur la hauteur auprès de la cavalerie, fut blessé légèrement, M. de Chemerault tué un moment après, et peu de temps après M. le Maréchal y fut blessé, ce qui fut un très grand malheur pour nous et heureux pour les ennemis. Cependant nos gens s'étant ébranlés et toute cette gauche roulant sur M. de Goësbriand, on attaqua les ennemis avec tant de vigueur qu'ils ne nous attendirent pas et s'enfuirent dans le fond du bois. M. le marquis de Nangis, qui s'était mis à la tête des Irlandais avec M. de Palavicini, les prirent en flanc et en firent un gros carnage. M. de Palavicini y fut tué. Enfin une partie des ennemis fuit jusque hors du bois où ils restèrent, parce qu'on ne les poursuivit pas plus avant, dans une consternation la plus grande du monde. Le régiment du Roi, qui s'était un peu rallié, les Irlandais les prenant pour ennemis, en tuèrent bon nombre. Voilà tout le service qu'on tira de ces gens-là, qu'on ne put jamais remettre de la première épouvante (4).

---

(1) Ce capitaine de grenadiers devait être connu particulièrement du chevalier de Folard qui avait fait ses débuts au régiment de Béarn.

(2) Marie-Jean-Baptiste Colbert, marquis de Seignelay, colonel à 19 ans du beau régiment de Champagne, avait fait preuve de la plus brillante valeur en maintes rencontres, en particulier à Friedlingen, en 1702, et à la prise de l'île du Marquisat en 1706. Brigadier en 1708, M. de Seignelay mourut au commencement de l'année 1712. Il n'avait que 29 ans.

(3) Louis-Pierre-Engilbert, comte de La Marck, était brigadier du mois de mars 1709. Il avait quitté les ordres pour commander, en 1697, le régiment d'infanterie de Fürstenberg. Lieutenant général en 1718, il devait mourir en 1750, grand d'Espagne, chevalier de la Toison d'or et gouverneur du Cambrésis.

(4) Voir la note de la page 166.

Tout étant réparé à la gauche où tous les généraux se signalèrent, particulièrement M. le marquis de Goësbriand et MM. de Nangis et de La Marck, lorsque l'affaire se ralluma à la droite, car les ennemis, ayant remarqué que notre centre était dégarni, firent couler le long du bois une partie de l'infanterie de leur gauche qui allait joindre celle du centre, pendant que, pour nous dérober ce mouvement, ils faisaient un feu épouvantable de leur artillerie qui avait tellement intimidé la nôtre qu'elle se tut devant elle, se retira même sans savoir par quel ordre (1). Cette infanterie ne fut pas plus tôt arrivée et ce mouvement dérobé à M. d'Artagnan, qu'on attaqua nos retranchements où était la brigade des Gardes (2) qui, les ayant aperçus de fort loin et tiré quelques coups en l'air, les abandonna avec tant d'épouvante que les soldats s'enfuirent, passant entre les jambes des chevaux de la Maison du Roi qui voulut les retenir, et, sans regarder derrière, ils s'en allèrent et courent encore (3). M. le duc de Guiche (4) fut blessé en cette occasion.

---

(1) Folard juge peut-être trop sévèrement la conduite de notre artillerie. Les témoignages de M. de Saint-Hilaire et du marquis de La Frézelière s'accordent à reconnaître que, lorsqu'elle se retira, l'artillerie avait presque entièrement épuisé ses munitions.

(2) Le duc de Guiche était à la fois lieutenant général et colonel des Gardes françaises.

La brigade des Gardes comprenait :

| | | |
|---|---|---|
| Gardes françaises | 4 | bataillons. |
| Gardes suisses | 2 | — |

(3) Folard est d'accord avec nombre de témoins lorsqu'il reproche aux Gardes leur mauvaise contenance. Le chevalier de Quincy, dans ses *Mémoires*, tome II, pages 369 et 373, s'exprime ainsi : « Les Gardes, après avoir fait une simple décharge, abandonnèrent sur le champ leur terrain..... Il est certain que, si les régiments des Gardes françaises et suisses avaient tenu ferme comme ils le devaient, ils auraient donné le temps à la brigade de Navarre et à plusieurs autres brigades qui étaient derrière nous et qui n'avaient point combattu, d'arriver pour les secourir ». Un officier de cavalerie signale en ces termes le mécontentement de l'armée contre les Gardes : « Cela va si loin que, le 12 au matin, des soldats ayant rencontré des gardes en ont tué et battu d'autres en leur reprochant leur mauvaise manœuvre. Cette plate infanterie a eu même l'audace de chanter pouille aux bataillons, défilant derrière leurs officiers ». Lettre d'un officier de cavalerie, du camp de Ruesnes, le 14 septembre 1709. Vol. 2258, A. H. Cette lettre figure à l'appendice.

(4) Le marquis de La Frézelière reporte la blessure du duc de Guiche

Les ennemis, s'étant rendus maîtres des retranchements des Gardes, ne les passèrent pas. La fermeté de notre cavalerie, qui était exposée depuis six heures à un feu épouvantable de canon, les étonna, mais ils se contentèrent de faire grand feu sur elle pendant qu'ils firent venir leur cavalerie qui, étant arrivée, passa les retranchements et commença à déboucher dans la plaine à la vue de notre gendarmerie qui les voyait sans se mouvoir, et qui attendit qu'il eût passé vingt escadrons pour charger, ce qu'elle fit, mais si mollement, qu'elle plia d'abord, ce qui arrive ordinairement après une lourde faute ; celui qui la commandait oublia son avantage, car il était du devoir d'un capitaine intelligent de les charger tout en débouchant et de ne pas attendre si longtemps car, par cette manœuvre, tout ce qui eût passé eût été taillé en pièces, le reste n'eût osé déboucher, et, par là, l'accident qui venait d'arriver eût été réparé. La cavalerie, qui soutenait la gendarmerie, suivit l'exemple de la gendarmerie ; elle plia et même il y eut des régiments qui s'enfuirent.

Les gendarmes, qui virent que les ennemis grossissaient, marchèrent à cette cavalerie avec les mousquetaires : quoique la partie ne fût pas égale, ils les attaquèrent avec tant de valeur qu'ils les renversèrent sur leur seconde ligne, derrière laquelle ils se rallièrent et se formèrent sur plusieurs lignes en deçà du chemin creux dont j'ai parlé et sur le bord de la plaine. Les Gardes du corps, les voyant à l'entrée de la plaine, marchèrent à eux avec une intrépidité et une valeur dignes d'admiration ; ils tombèrent sur les ennemis avec une telle force qu'ils furent renversés et les lignes culbutées les unes sur les autres et y causèrent un très grand désordre. Nous étions sur quatre lignes, et, si

---

au début de la bataille. — Antoine de Gramont, duc de Guiche, fut d'abord connu sous le nom de comte de Guiche à son entrée aux mousquetaires en 1685. Duc de Guiche en 1695, il devint duc de Gramont à la mort de son père en 1720. Mestre de camp général des dragons en 1696, colonel général des dragons en 1703, il avait échangé l'année suivante cette charge enviée pour le commandement des Gardes françaises dont son beau-frère, le maréchal de Boufflers, était le colonel. Lieutenant général le 26 octobre 1704, il se signala à la tête des Gardes à Ramillies. Le soir de la bataille de Malplaquet, le maréchal de Boufflers écrivait au Roi : « M. le duc de Guiche, qui était à la droite, plus en avant que M. d'Artagnan, s'y est comporté pareillement avec toute la valeur et la capacité possibles, et y a reçu un coup de mousquet à la jambe ». Maréchal de France le 2 février 1724, il mourut le 16 septembre 1725. — Voir sa biographie dans *La Manœuvre de Denain*, page 284 et suivantes.

elles eussent chargé les unes après les autres, c'était fait des ennemis qui, étant épouvantés par une attaque si furieuse, n'étaient pas en état de faire la même manœuvre. Véritablement vous n'eussiez pu les poursuivre à cause que leurs flancs étaient appuyés à leur infanterie ; mais ce qu'on préparait à la gauche nous eût mis en état de perdre absolument toute leur cavalerie. Il y eut des régiments de cavalerie qui chargèrent fort bravement avec la Maison du Roi, comme Royal-Piémont (1) et Royal-Allemand, et d'autres qui plièrent sans charger.

Nos affaires étaient dans l'état que je viens de dire, les ennemis rebutés et chassés à la droite, battus au centre, quoiqu'ils fussent toujours maîtres de leur premier terrain, qui ne tirait pas à conséquence, quoiqu'il eût dépendu de celui qui commandait l'armée, à l'absence de M. le maréchal de Villars, de faire avancer 100 escadrons qui n'avaient point chargé et qui étaient très inutiles à la gauche, comme ailleurs, et 20 régiments de dragons qu'il eût pu faire mettre pied à terre pour finir une si belle journée. Quoi qu'il en soit, nos affaires allaient bien partout, et particulièrement à la gauche, où les ennemis avaient été chassés dans le fond du bois, si rebutés qu'ils étaient saisis de cœur, et prêts à s'enfuir à la première charge, ce qui allait être expédié par M. le marquis de Goësbriand qui, par cette dernière attaque, se rendait maître du bois de Sars (2), et, par là, nous nous trouvions sur les flancs de leur cavalerie qui était dans la plaine, et le flanc gauche se trouvait appuyé au bois de Sars, ce qui l'eût obligée d'abandonner la plaine avec précipitation, ce qu'elle n'eût jamais pu faire sans un désavantage manifeste. Cette dernière attaque était le gain de la bataille et le bonheur de la France, car toute leur armée était perdue ; mais, dans le temps qu'on allait charger, il vint un ordre de M. le maréchal de Boufflers de se retirer (3). Il n'y avait pas à répliquer, la droite ayant

---

(1) Le texte porte « Piémont Royal et Royal-Allemand ». Il faut lire Royal-Piémont, le régiment Royal ayant fait partie de la cavalerie de notre armée du Rhin durant cette campagne de 1709.

(2) Folard ne manque aucune occasion de mettre en relief le beau rôle de M. de Goësbriand, son protecteur dévoué. Il restait encore à notre gauche plusieurs lieutenants généraux, plus anciens que M. de Goësbriand, comme MM. de Puységur, du Rozel, de Legall, à qui incombait le commandement de notre gauche. On ne trouve d'ailleurs, dans les autres relations de la bataille, aucune trace de la préparation de ce dernier retour offensif dont Folard attribue tout le mérite au vaillant défenseur du bois de Sars.

(3) Les relations qui émanent d'officiers de la droite de notre armée sont unanimes à déclarer que la gauche les a précédés dans leur retraite.

déjà pris ce parti. L'on se disposa donc à la retraite et l'on abandonna le champ de bataille. Les ennemis virent notre manœuvre avec étonnement ; ils admirèrent leur bonheur dans un temps où toutes leurs troupes étaient rebutées, que la poudre leur manquait et qu'ils pensaient se tirer du mauvais pas où elles s'étaient engagées en nous abandonnant le champ de bataille. Ils nous virent aller sans tirer un seul coup, et sans faire la moindre démarche pour nous inquiéter dans notre retraite, qui eût été la plus belle du monde si nous nous fussions retirés dans un si bel ordre après avoir été battus. La droite et le centre se retirèrent sous Bavai, sans être suivis des ennemis qui nous virent retirer dans un très bel ordre. La gauche, qui se retira un peu plus tard, à la tête de laquelle était M. le marquis de Goësbriand, fut suivie quelque peu par 15 escadrons des ennemis, qui n'osèrent jamais l'entamer.

Les ennemis ne parurent sur le champ de bataille que longtemps après que nous l'eûmes abandonné avec si peu de raison. Ils s'y formèrent sur cinq lignes, faisant face à la gauche qui se retirait par Valenciennes.

Si l'artillerie eût aussi bien fait son devoir que les troupes, les ennemis eussent perdu un tiers plus de monde et la Maison du Roi n'eût pas été si maltraitée (1) et peut-être que leur cavalerie n'eût jamais paru dans la plaine du débouché si celui qui commandait eût su connaître les endroits pour poster son canon.

Voilà quelle a été l'issue de cette bataille qui a commencé à 8 heures du matin, pour ne finir qu'à quatre heures et demie du soir. Un peu de tête et de connaissance remettait ce jour-là la France dans le plus haut point de gloire où elle eût jamais été. Les généraux ennemis dirent

---

Les récits des officiers de la gauche font commencer par notre droite l'abandon du champ de bataille. Le major de l'armée, M. de Contades, se contente de dire, dans sa lettre à Voysin du 13 septembre 1709 : « A deux heures après-midi, la droite et la gauche prirent le parti de se retirer séparément. » Cette version paraît la plus vraisemblable, et nous croyons que la gauche avait déjà dessiné son mouvement de retraite avant que Boufflers, tout brûlant encore du combat qu'il achevait de soutenir avec la droite de notre cavalerie, ait pu lui en transmettre l'ordre.

(1) Ces assertions paraissent sans grand fondement. Les pertes de notre cavalerie peuvent être attribuées à deux causes principales : à sa mise en bataille à une faible distance de nos retranchements, et à la cible étendue qu'elle offrait aux batteries ennemies, s'étant formée, non en colonnes, mais en lignes déployées et continues.

hautement que nous eussions gagné la bataille si les troupes eussent été bien conduites, et que la blessure de M. le maréchal de Villars a été très heureuse pour eux. Ils disent avoir perdu 15,000 hommes tués sur la place et 1800 officiers tués ou blessés. Nous étions moins forts qu'eux de 60 bataillons (1) et de quelques escadrons. Si nous eussions su connaître l'avantage de notre poste, les ennemis étaient perdus, et si le général qui était à la droite eût su connaître son avantage au commencement du combat et se porter aux endroits où il aurait dû être, sans rester toujours au poste de Piémont qu'il ne quitta pas, la bataille était gagnée après trois heures de combat.

Il s'est fait de grandes fautes dans cette bataille, comme il s'en fait dans toutes celles qui se donnent.

Il est certain qu'il fallait attaquer l'ennemi tout en arrivant. On ne pouvait trouver une plus belle occasion puisque, étant en marche, vous les eussiez battus en détail et trouvés plus faibles que vous, qui tombiez en masse sur eux, au lieu qu'ils avaient un corps considérable de troupes qu'ils avaient laissé sous Tournay.

On n'a jamais bien connu l'importance du bois de Sars où l'on se contenta d'y jeter quelques brigades dans le temps qu'il fallait y mettre toute la gauche de votre infanterie (2). Les ennemis surent profiter de cette faute.

Dans le temps que les ennemis vous attaquèrent, vous deviez assem-

---

(1) Ce chiffre est exagéré. Voir le récit de la bataille, p. 55.

(2) Peut-être aurait-il mieux valu, comme l'indique Feuquières, « abandonner entièrement la trouée et former la première ligne assez en dehors de la trouée pour se conserver un front plus étendu que celui que l'ennemi pouvait prendre en entrant dans la trouée, et même recourber nos deux ailes de cavalerie vers les bois en les appuyant par les corps d'infanterie placés dans les bois. Dans cette disposition, dont une partie aurait été cachée à l'ennemi, il n'aurait jamais osé s'avancer dans la trouée pour nous venir combattre par un front préparé, plus étendu que le sien, et dont il aurait ignoré la disposition au delà de ce qu'il en voyait ». *Mémoires de Feuquières*, édition de 1740, tome IV, page 53.

Schulenbourg condamne aussi l'occupation du bois de Sars : « On veut que les ennemis auraient beaucoup mieux fait de n'avoir pas occupé ce bois qui pourrait bien être cause de la perte de la bataille. Il aurait fallu laisser ce bois devant leur gauche et achever leur retranchement qu'ils avaient commencé sur la hauteur où le combat de la cavalerie s'est donné. Alors on ne les aurait pas pu attaquer, moins encore les forcer. » *Vie et Mémoires de Schulenbourg*, tome I, page 430.

bler presque toute votre cavalerie au centre et entrer (1) dans la plaine au débouché entre les bois de Sars et de Jansart ou la Lanière. Par cette manœuvre, vous sépariez leur armée en deux, vous coupiez les troupes qui avaient attaqué à la gauche et vous les obligiez à abandonner l'attaque de notre droite, ce qu'ils ne pouvaient faire sans un très grand désavantage. Lorsque vous avez été attaqué par leur cavalerie, vous n'avez jamais fait combattre que la première ligne ou la Maison du Roi, au lieu de faire combattre les lignes tour à tour et faire avancer la cavalerie de la droite et de la gauche qui était inutile. Cette faute est peut-être sans exemple; elle ne doit point être attribuée à M. le maréchal de Villars qui était blessé avant que la cavalerie eût été attaquée.

De n'avoir pas su profiter de 18 régiments de dragons qu'on a laissés inutiles (2), dans le temps qu'ils pouvaient occuper le poste des Gardes françaises et suisses qu'ils (3) avaient abandonné.

Enfin, la plus lourde, et qui ne souffre aucune excuse, est d'avoir abandonné le champ de bataille sans aucune raison opposante (4) dans le temps que les ennemis étaient prêts à abandonner le bois de Sars, ce qui eût obligé la cavalerie ennemie de tout abandonner, au lieu que vous vous êtes retiré seulement parce que les ennemis s'étaient formés en deçà des retranchements, au nombre de 25 escadrons, dans le temps que vous en aviez 60 qui leur faisaient face.

Je ne parle pas de l'artillerie qui mérite d'être châtiée selon les lois de la guerre, aussi bien que les troupes qui ont fui, qui ont reçu, aussi bien que l'artillerie, les mêmes louanges que les troupes qui ont le mieux fait.

---

(1) Au texte qui portait « au centre et entre la plaine, » le duc du Maine a apporté la correction suivante : « au centre, et entrer dans la plaine ».

(2) Dans son *Histoire de Polybe*, Folard signale à plusieurs reprises cette faute de n'avoir point tiré parti de nos régiments de dragons à Malplaquet : « On oublia les 18 régiments de dragons, auxquels on eût dû faire mettre pied à terre pour réparer les affaires à notre centre. Il n'en fallait pas à beaucoup près tant pour rejeter l'ennemi dans la trouée. » Tome III, page 299.

(3) Les Gardes.

(4) Dans ses réflexions sur la bataille de Malplaquet, *Histoire de Polybe*, tome III, page 299, Folard dit : « La bataille ne fut jamais perdue, et la défaite des ennemis était assurée si quelques-uns de nos généraux n'eussent été d'avis de se retirer après la blessure du maréchal de Villars. »

*Le marquis de La Frézelière au duc du Maine.*

Au camp de Ruesnes, le 15 septembre 1709.

Monseigneur,

Je sors de la plus terrible affaire qui se soit passée de nos jours, et personne n'en peut donner une définition plus juste qu'a fait le duc de Marlborough quand il dit à nos prisonniers qu'on venait de voir en une même journée la canonnade de Perth, le combat de Steinkerque et celui de Leuze, pour faire entendre que la cavalerie, l'infanterie et l'artillerie, avaient fait en cette occasion tout ce que l'on en pouvait attendre de mieux.

Il serait difficile, Monseigneur, de faire une relation entière de cette bataille, puisqu'elle a commencé en même temps dans tout le front des deux armées et continué pendant sept à huit heures avec la même furie. Votre Altesse Sérénissime apprendra par morceaux tout ce qui s'est passé, M. le maréchal de Boufflers ayant ordonné à tous les officiers généraux de lui donner des mémoires de ce qu'ils ont fait chacun à son poste ; j'aurai seulement l'honneur de vous envoyer ci-joint le détail de ce que j'ai fait faire aux troupes que j'avais celui de commander. J'espère que Votre Altesse Sérénissime trouvera qu'elles ont mérité beaucoup de louanges puisque, ayant eu affaire à toute la gauche des ennemis, elles n'ont jamais été forcées et qu'elles ne se sont retirées qu'après que notre gauche et le centre ont été pénétrés.

Si nous avons eu le malheur de perdre le champ de bataille dans cette grande action, ce désavantage est réparé par la grande perte que les ennemis y ont faite (1), car ils avouent 20,000 hommes hors de combat, et nous leur avons pris environ 40 drapeaux ou étendards. La retraite de l'armée du Roi s'est faite avec tout l'ordre possible, et nous n'avons laissé aucun corps entier, qui est la chose du monde la plus honorable après un combat si opiniâtre. J'ose dire que, s'il fallait en venir à une seconde action, les troupes ne feraient pas moins bien et que les ennemis, de leur propre aveu, ont vu que la nation française a toujours la même valeur quand elle est bien menée.

---

(1) Villars exprimait la même pensée dans sa lettre au Roi, du 12 septembre 1709 : « Enfin, Sire, les ennemis peuvent dire avoir gagné la bataille, puisqu'ils sont demeurés maîtres du champ de bataille ; mais l'armée de Votre Majesté l'a véritablement gagnée par le nombre prodigieux de morts qu'il y a chez les ennemis..... ». (*Mémoires militaires*, de Vault, IX, p. 365.)

J'ai l'honneur d'être avec un très profond respect, Monseigneur, de Votre Altesse Sérénissime, le très humble et très obéissant serviteur.

La Frézelière.

---

Du 15e septembre 1709, envoyé par le marquis de La Frézelière :

*Mémoire des actions qui se sont passées, dans la dernière retraite, à la droite de l'infanterie.*

Les ennemis ayant d'abord attaqué le village (1) sur le front qui regarde la plaine, qui était occupé en première ligne par les brigades de Piémont, Bourbonnais et Royal (2), ils firent en même temps avancer une colonne par une trouée qui règne entre le village et les bois que j'avais fait border par les deux bataillons de La Marck et celui de Châteauneuf, qui couvraient le flanc droit de Bourbonnais, par où il y avait lieu de craindre que le village fût forcé. Cette attaque se fit avec la dernière vigueur de la part des ennemis, et les troupes du Roi la soutinrent avec une fermeté encore plus grande (3). Cependant la colonne qui longeait le bois ayant accablé les trois bataillons qui gardaient la trouée, après qu'ils eurent fait une résistance longue et vive,

---

(1) Il s'agit du hameau de Grosse-Haie, au nord-est de Malplaquet.

(2) Ces brigades avaient la composition suivante :

| Brigade | Régiment | Bataillons |
|---|---|---|
| Piémont | Piémont | 3 bataillons |
| | Bourgogne | 2 — |
| Bourbonnais | Bourbonnais | 2 bataillons. |
| | Mortemart | 2 — |
| | La Marck | 2 — |
| Royal | Royal | 3 bataillons. |
| | Royal italien | 1 — |
| | Boulonnais | 1 — |

(3) Le chevalier de Quincy, capitaine au régiment de Bourgogne, a écrit dans son récit de la bataille : « A l'égard de notre infanterie de la droite, dont nous étions, elle soutint l'attaque des Hollandais avec tant de fermeté et de valeur pendant une heure entière (les officiers de part et d'autre croisant leurs espontons et les soldats leurs fusils), qu'enfin ils furent obligés de se retirer précipitamment. Ce furent les six régiments écossais, au service depuis longtemps des Hollandais, qui nous attaquèrent. Il faut leur rendre cette justice, ce fut avec toute la férocité possible. Les deux tiers au moins de ces régiments furent couchés par terre ». (*Mémoires* du chevalier de Quincy, II, p. 365.)

ils se trouvèrent obligés de plier et, dès cet instant, le village eût été emporté si je n'avais pas fait avancer le régiment de Navarre, dont la brigade était en réserve à mes ordres, et qui chargea les ennemis avec tant de valeur qu'il renversa toute leur colonne et les poussa quatre à cinq cents pas dans le bois où il prit quatre de leur drapeaux, et il se maintint dans le poste, qu'il venait de regagner, jusqu'à la fin de l'action.

Les ennemis furent aussi repoussés et avec une si grande perte, par les brigades qui défendaient le front du village, qu'ils n'osèrent plus y donner davantage.

La brigade de Royal marcha ensuite par l'ordre de M. le maréchal de Boufflers pour reprendre le poste d'Alsace dont les ennemis s'étaient rendus maîtres, et elle les en chassa en les repoussant même jusqu'à leur batterie, d'où elle revint à son poste.

La même brigade marchait avec moi à la seconde attaque pour soutenir celle des Gardes quand elle (1) commença à s'ébranler, mais tous les bataillons qui étaient au poste du centre se débandèrent si vite que, l'infanterie des ennemis ayant bordé notre retranchement et leur cavalerie pénétré aussitôt par différents endroits, la brigade de Royal fut presque entièrement défaite.

*Relation de la bataille de Taynières et des événements qui l'ont précédée, donnée le 11 septembre 1709* (2).

Les Alliés, nous croyant hors d'état d'entrer en campagne cette année, furent bien surpris lorsqu'ils surent que jamais l'armée du Roi n'avait été plus belle. Les projets chimériques qu'ils avaient faits pour pénétrer en France se trouvèrent échoués, et enfin, pour ne pas perdre entièrement leurs espérances, ils résolurent de faire le siège de Tournai (3).

---

(1) La brigade des Gardes.

(2) Nous avons publié cette relation dans *Les Frézeau de La Frézelière*. Cet ouvrage est aujourd'hui épuisé.

(3) Dans un mémoire qui fait le plus grand honneur à son auteur par la sûreté de son jugement : « Avis touchant l'ouverture de la campagne en Flandre, en mars, pour l'année 1709 », le marquis de La Frézelière avait indiqué la position défensive que notre armée devait prendre au début des opérations de cette campagne. C'est celle dont Villars fit choix. Appuyant sa gauche aux marais de Cuinchy, fermant par une ligne jusqu'à Pont-à-Vendin l'espace laissé libre au sud de la Bassée, couvrant sa droite du canal de la Deûle à la Scarpe, le maré-

Nous fûmes étonnés de cette entreprise car nous nous attendions d'être attaqués avant que l'on eût fait des lignes qui ne furent faites que pour observer leurs mouvements et à cause de la supériorité de leur infanterie, mais comme ils trouvaient plus de facilité à entreprendre ce siège, ils le firent et se rendirent maîtres de la ville, le 29 juillet, et de la citadelle, le 3e septembre. Les ennemis s'étant proposé de faire encore une entreprise parce que la saison n'était pas trop avancée, ils marchèrent le 4e pour ne point perdre de temps, et ils avaient fait d'avance à Bruxelles les magasins nécessaires pour un autre siège, qui ne pouvait être que celui de Mons ou de Charleroi. M. le maréchal de Villars, qui réglait ses mouvements sur les leurs pour s'opposer à tous leurs desseins, sortit de ses lignes le 5, et, par les justes mesures qu'il avait prises, il serait arrivé dans celles de la Trouille avant eux si une pluie continuelle n'avait pas ralenti la marche des troupes. M. le chevalier de Luxembourg s'y était déjà porté avec plus de 30 escadrons, mais le reste de l'armée ne put le suivre d'assez près, quoiqu'elle marchât divisée en plusieurs corps pour faire plus de diligence.

Ce général n'ayant pas jugé à propos d'engager un combat en détail où il n'aurait pu soutenir ces lignes qui ont plus de 3 lieues d'étendue, il fit repasser cette tête derrière l'Hogneau pour rassembler l'armée et le repasser le lendemain avec toutes ses forces pour s'approcher des ennemis et se mettre en état de les combattre en meilleur ordre. Comme ils n'avaient point trouvé d'obstacle sur la Trouille, ils la passèrent pour investir Mons dont ils voulaient faire le siège, leur droite étant appuyée à Jemappes et la gauche s'étendant derrière les bois de Dour. L'armée du Roi séjourna deux jours dans le camp de Quiévrain sans que les ennemis osassent venir l'attaquer ni faire le siège de Saint-Ghislain, quoiqu'il eût été impossible de les en empêcher s'ils s'étaient avancés jusque sur le petit ruisseau de Boussu, à moins que de vouloir donner un combat avec notre aile gauche seulement, le pays étant trop étroit entre la Haine et les bois de Dour qu'ils auraient occupés les premiers, et il n'y aurait point eu de terrain à pouvoir placer la droite. Avant qu'on eut assez reconnu les difficultés à secourir Saint-Ghislain, on y avait fait entrer deux bataillons et chargé M. de Bussy (1),

---

chal ne laissa aux Alliés d'autre alternative que celle indiquée par le mémoire du marquis de La Frézelière, c'est-à-dire le siège des villes d'Ypres ou de Tournai : *Les Frézeau de La Frézelière*, page 228.

(1) M. de Bussy, frère d'un président au Parlement de Flandre des plus estimés pour ses vertus, avait été fait brigadier à la suite du siège de Lille de 1708. En entrant dans cette place, Boufflers avait demandé

qui est un fort bon officier d'infanterie, de sa défense, mais on les retira bientôt, crainte de les perdre dans une si mauvaise place qui ne pouvait manquer d'être prise dès que l'armée s'en éloignerait, et on n'y laissa que 200 hommes, lesquels, ayant été attaqués le lendemain pendant notre marche, se rendirent prisonniers de guerre.

Nos généraux n'ayant pas trouvé la marche assez ouverte pour tenter de secourir Mons du côté de Jemappes et de Cuesmes où les ennemis étaient trop avantageusement postés sur la hauteur de Quaregnon, ayant leur droite appuyée à la rivière d'Hayne, on prit la résolution de s'approcher d'eux par les trouées de Malplaquet et de la Louvière, en tournant les bois du Sars, où l'on espérait de trouver plus de facilité à les attaquer ou du moins à les resserrer pour les subsistances, en sorte qu'on leur ôterait les moyens de faire un siège qui devait être long et difficile devant une armée comme la nôtre, qui était si près d'eux. C'est aussi sur ces fortes raisons qu'ils se déterminèrent à venir au devant de nous et à nous combattre dans ces mêmes trouées, afin que notre cavalerie n'eût pas assez d'espace pour pouvoir se déployer et de réduire l'action à un combat d'infanterie où ils comptaient d'avoir l'avantage, étant supérieurs de 50 bataillons.

Le 9e, nous nous mîmes en marche, à 6 heures du matin, sur cinq colonnes. La marche se fit avec beaucoup d'ordre et de diligence, sans battre, et les ennemis qui ne s'attendaient point à ce mouvement imprévu furent assez embarrassés. Cependant ils s'avancèrent après avoir reconnu notre dessein entre les bois du Sars et de la Lanière pour nous empêcher de déboucher en plaine. Ils envoyèrent quelques troupes légères de cavalerie, qui se replièrent à mesure que nous approchions et qu'on suivit vivement jusqu'à ce qu'elles eussent rejoint le corps qui les soutenait.

La tête de l'armée arriva sur le midi à la cense de la Louvière dont il a été parlé, et MM. les maréchaux de France ne jugèrent pas à propos de s'engager plus avant sans avoir auparavant observé la disposition

---

au Roi, à l'effet de remplir les fonctions de major général de son infanterie, M. de Bussy, alors major au régiment de Foix, « rompu dans les détails de cet emploi ». Au lendemain de la capitulation de Lille, le maréchal de Boufflers rendait au Roi ce témoignage de la conduite de M. de Bussy : « Il s'est acquitté parfaitement de cet emploi dans lequel il a servi avec beaucoup de valeur, d'activité et d'intelligence. Il sert depuis trente ans et est un sujet de mérite. Il mérite d'être fait brigadier ou d'avoir une bonne pension ». *Le Siège de la ville et de la citadelle de Lille en* 1708, par M. Sautai, lieutenant au 43e régiment d'infanterie.

des ennemis. Peut-être que si on les avait chargés dans ce moment-là, toutes leurs troupes n'étant pas à portée de joindre les premières, ils auraient été battus, mais l'épaisseur du bois empêchait qu'on en pût voir les derrières, et la contenance ferme qu'ils tenaient (1) ne laissait pas lieu de douter que l'armée n'y fût tout entière. Il aurait fallu du moins se former et avoir toutes nos troupes ensemble pour pouvoir les attaquer avec avantage, et je crois que, quand nous nous trouvâmes en bataille, ils y étaient aussi, en sorte qu'on aurait tort de dire que nos généraux aient manqué une occasion, laquelle selon les apparences ne s'est pas présentée (2).

Les ennemis s'étant postés en présence et dans un terrain à peu près égal à celui que nous occupions, ayant même un bois dans leur centre, qui, s'avançant en pointe sur le nôtre, couvrait leurs manœuvres et d'où ils voyaient les nôtres, leurs ailes appuyées à ces autres bois qui se trouvaient sur la droite et la gauche des deux armées, c'était à eux qu'il convenait de venir promptement aux mains avec nous et d'attaquer sans nous donner le temps de faire des retranchements, crainte de perdre les avantages d'une situation si favorable. Nos généraux n'avaient point de meilleur parti à prendre que de fortifier leurs postes et de réparer, par les sages précautions dont ils usèrent, la faiblesse de nos troupes, qui étaient fort inférieures par le nombre à celle des Alliés, car nous ne pouvions plus nous retirer sans un péril extrême, quand on aurait voulu éviter une affaire dont les suites pouvaient être d'une terrible conséquence. Il serait seulement à désirer qu'on eût pris moins de confiance sur les bois qui couvraient nos flancs et qu'on y eût fait de meilleurs abatis pour empêcher les ennemis d'y pénétrer, particulièrement à notre gauche, qui ne fut pas postée aussi avantageusement qu'elle pouvait l'être et qu'il convenait pour la mettre plus en état de résister contre des forces si supérieures, car le bois était trop clair pour paraître impraticable à l'infanterie, comme on le vit par la suite.

On aurait bien fait aussi de refuser une conférence aux ennemis, que M. de Cadogan ne proposa que pour avoir occasion de reconnaître la dis-

(1) On a vu, au cours du récit de la bataille, la belle manœuvre du quartier-maître général Dopff qui, à l'approche de toutes nos forces, fit prendre en hâte les armes à la gauche de l'armée de Marlborough, la mit fièrement en bataille devant la trouée de Malplaquet et arrêta net le mouvement de Villars.

(2) Nous savons, par les témoignages des ennemis eux-mêmes, que les Alliés étaient exposés à une défaite presque certaine si Villars les avait attaqués le 9 septembre.

position de notre gauche et nos retranchements, qui ne valaient rien (1). Ils comprirent aisément que c'était le faible de notre poste et résolurent de faire leur principale attaque à cet endroit, par où ils pénétrèrent effectivement. Cependant les Alliés ayant assemblé le conseil de guerre pour déterminer le parti qu'ils avaient à prendre, on dit que les députés des États-Généraux ne voulaient point qu'on hasardât la bataille et que le prince Eugène, dont les sentiments prévalent toujours ceux des autres, leur persuada qu'il fallait la donner (2).

Chacun étant donc déterminé à combattre, on prit des deux côtés les mesures convenables pour se préparer à une si grande action. On avança des postes dont la plupart n'étaient qu'à demi-portée de fusil. La canonnade commença le soir même, et nous demeurâmes dans cette situation depuis le 9ᵉ jusqu'au 11, croyant chaque jour être attaqués. Les ennemis différèrent la bataille pour donner le temps à quelques régiments qu'ils tirèrent de leurs places d'arriver, mais je crois qu'ils auraient mieux fait d'attaquer le premier jour (3), quoiqu'ils eussent moins de troupes. Nous apprîmes, le 10ᵉ au soir, par des déserteurs, qu'ils avaient enfin donné tous les ordres nécessaires pour combattre le lendemain. On eut soin d'envoyer des patrouilles le long des lignes, de part et d'autre. Elles se rencontrèrent plusieurs fois, et il y eut différentes alarmes pendant la nuit. Les ennemis avaient fait leurs dispositions pour attaquer à la pointe du jour par notre droite et notre gauche, qui étaient fort étendues. Elles s'avançaient en pointe et pouvaient être facilement enveloppées, et il n'était pas aisé de les secourir, particulièrement la gauche. Les Anglais furent destinés à cette attaque, les troupes de Hollande pour celle de notre droite, et les Allemands devaient tomber sur le centre en cas que les autres ne pussent péné-

---

(1) Nous avons déjà vu le comte Dauger et Folard blâmer l'imprudence d'Albergotti qui avait engagé cette conférence avec Cadogan. Saint-Simon, dans ses *Mémoires* (édition Cheruel), V, p. 47, s'étend avec complaisance sur « ces ridicules colloques » dont les ennemis « profitèrent pour bien examiner tout ».

(2) Voir la note de la page 163 où nous avons essayé de déterminer quand et par qui, dans le camp des Alliés, fut prise la résolution de nous livrer bataille.

(3) Comme l'indique le récit de la bataille, page 53, ce n'est pas le 9 septembre mais le 10 que Marlborough et Eugène auraient pu nous attaquer avec avantage. Le 9 septembre, leurs armées étaient encore séparées, et, le 10, en attendant le renfort des 21 bataillons laissés sous les murs de Tournai, ils laissèrent à l'armée française le temps de se retrancher plus solidement sur son front.

trer par les ailes. Les généraux des Alliés espéraient que ces deux attaques, faites en même temps, attireraient toute notre attention, et, qu'ayant une plaine vis-à-vis de notre centre, nous la dégarnirions dans la confiance de voir venir de loin l'orage qui le menaçait et d'y pouvoir remédier (1).

Nous avions laissé aux ennemis un bois qui partageait la plaine comme j'ai dit, et ce bois nous cachait leurs mouvements quoiqu'il fût débordé par nos ailes, et leur était favorable pour les porter fort près de notre centre. Ils eurent soin de tenir toute leur cavalerie prête et en colonnes pour ne la point exposer inutilement. Nos généraux ne pouvaient en user de même, car la disposition qui convient à ceux qui attaquent des retranchements est bien différente de celle qui est nécessaire pour les gens qui les défendent. Les premiers doivent donner en colonnes et se former seulement quand ils ont pénétré, et les autres au contraire ne peuvent résister qu'étant en bataille et sur plusieurs lignes, la cavalerie soutenant de près l'infanterie. Les ennemis admiraient la fermeté de nos troupes, surtout de la Maison du Roi, qui soutint longtemps un feu terrible de canon sans s'ébranler, et ils eurent peine à comprendre comment ces mêmes troupes furent encore en état de charger et rompre leur cavalerie, après avoir été pendant six heures dans un si grand péril. Il faut convenir aussi qu'avec la disposition naturelle où elles étaient de faire leur devoir, la présence de M. le maréchal de Boufflers qui se tint toujours à leur tête leur donnait encore une grande émulation.

Les généraux des Alliés montèrent à cheval à la pointe du jour et se firent voir à toutes leurs troupes, principalement à l'infanterie, à qui on distribua de l'eau-de-vie. C'est un usage que les étrangers observent dans toutes les grandes occasions, qui ne se pratique point parmi nous, les Français n'ayant pas besoin qu'on les anime par le secours d'une liqueur capable d'ôter le sang-froid, si nécessaire dans l'action. Il faisait un grand brouillard, et le soleil ne put le dissiper que sur les sept heures. L'infanterie ennemie, qui avait eu ordre de prendre les armes fort matin, s'était déjà approchée des endroits qu'elle devait attaquer, n'attendant que le signal pour se découvrir qui fut

---

(1) « Ils (les ennemis) jugèrent bien que l'attaque faite à toutes les deux (ailes) à la fois attirerait toute l'attention du maréchal de Villars, et qu'ayant une plaine vis-à-vis de son centre, c'est-à-dire les deux trouées qui ont été expliquées, et la petite plaine au delà, il dégarnirait le centre au besoin dans la pensée qu'il aurait toujours loisir d'y voir former l'orage et d'y pourvoir à temps. » *Mémoires de Saint-Simon*, édition Cheruel, V, p. 48.

donné, à 7 h. 1/2, par la grande batterie vers le centre et ensuite par toutes les autres. On n'a guère vu un si grand feu de canon de part et d'autre. Notre artillerie fut bien servie, mais avec des effets fort différents de celle des ennemis, puisqu'ils tiraient à demi-portée sur des escadrons très serrés et que nous ne pouvions tirer que sur des troupes fort éloignées, et qui étaient en colonnes, ou sur de l'infanterie qui fut bientôt aux mains avec la nôtre et par conséquent hors d'état de souffrir longtemps du canon (1). La droite des Alliés attaqua notre gauche avec beaucoup de vigueur, et, n'ayant pu pénétrer par la pointe, plusieurs bataillons s'avancèrent sur la droite du bois, qui augmentèrent le feu. Les régiments de la Sarre et de Charost qui étaient dans un fond plièrent, n'ayant pu le soutenir, et donnèrent entrée aux ennemis dans le bois, qui renversèrent le reste de nos troupes les unes sur les autres.

Cet inconvénient vint de ce que notre seconde ligne d'infanterie était trop éloignée de la première, et de la situation naturelle du poste qui était désavantageuse pour nous, car le bois formait plusieurs angles où les troupes, n'étant pas soutenues, ne pouvaient résister longtemps. Ce fut dans ce temps-là que M. le maréchal de Villars ramena plusieurs fois des bataillons à la charge pour tâcher de regagner le bois. MM. d'Albergotti, de Goësbriand, de Chemerault et Palavicini, firent à son imitation tout ce que l'on pouvait attendre d'eux pour la valeur et pour la capacité. Je crois même que le dernier fut tué dans ce moment-là où nos troupes, ayant trouvé trop de résistance, furent encore obligées de plier, après avoir fait tous les efforts possibles, et le sort de la bataille allait être décidé si elles n'eussent pas été soutenues fort à propos par un corps considérable, qui suspendit l'ardeur des ennemis et les obligea même à rentrer dans le bois, d'où ils étaient déjà sortis. La brigade

(1) « Ils (les ennemis) avaient eu la précaution de tenir leur cavalerie éloignée et presque en colonnes pour ne la pas exposer à notre artillerie; tandis que la nôtre, qui barrait les deux trouées pour soutenir notre infanterie, était fouettée par leur canon à demi-portée et y perdit beaucoup sans utilité six heures durant, avec cette inégalité que notre canon ne pouvait tirer que sur de l'infanterie éloignée et qui fut bientôt aux prises avec la nôtre, ce qui fit cesser notre artillerie sur elle. » (*Mémoires de Saint-Simon*, édition Cheruel, V, p. 48.) Ce passage des Mémoires, joint à la citation que nous avons faite plus haut, permet de croire qu'entre autres récits Saint-Simon a eu devant les yeux la Relation du marquis de La Frézelière. Cette relation, aux critiques modérées, pouvait sans inconvénient être communiquée par le duc du Maine, sous forme de copies, à la cour et dans son entourage.

de Champagne et celle des Irlandais les chargèrent avec fureur et les suivirent dans le bois, où ils en firent un grand carnage. Le régiment de Champagne surtout fit des merveilles dans cette charge, et M. de Seignelay s'y distingua comme il a accoutumé de faire dans toutes les occasions où il se trouve. Nos troupes furent cependant obligées à se retirer, et les ennemis, qui étaient plus de 60 bataillons dans le bois, en demeurèrent les maîtres aussi bien que de quelques pièces de canon qu'on avait abandonnées dans les retranchements, dont ils se servirent contre nous.

Les choses étaient dans cet état pendant que la gauche des ennemis, qui avait attaqué notre droite par deux fois, avait été non seulement repoussée, mais suivie de fort près par la brigade de Navarre, que le marquis de La Frézelière fit charger à propos une colonne des ennemis qui venait entre le bois et le village pour prendre en flanc les troupes qui le gardaient, après avoir forcé les deux bataillons de La Marck et celui de Châteauneuf, qui bordaient ce bois, où ils firent une longue résistance. Cette charge fut très brillante et décisive pour la droite, qui allait être enveloppée. M. de Monchy (1), qui commandait la bri-

---

(1) Jean-Charles de Bournel, marquis de Monchy en Artois, après s'être distingué à Nimègue, à Eckeren, obtint, par commission du 16 décembre 1703, le régiment d'infanterie de Lorraine. Maréchal de camp par brevet du 29 mars 1710, il fut fait commandeur de l'ordre de Saint-Louis en 1716, lieutenant général en 1734 et mourut en 1746.

Le lendemain de la bataille, il écrivait à Voysin :

« Monseigneur,

« Je suis persuadé que les généraux vous auront informé de la distinction avec laquelle j'ai fait combattre la brigade de Navarre que je commandais. J'ai pris aux ennemis huit drapeaux et je les ai battus partout où je les ai trouvés. J'ai l'honneur de vous supplier de m'accorder votre protection pour obtenir du Roi l'inspection de M. de Beuil qui a été tué dans cette action. Je suis le premier brigadier de l'armée et j'ai quatorze maréchaux de camp qui sont mes cadets. Je me flatte qu'il plaira au Roi de m'accorder la même grâce. Il y a vingt-quatre ans que j'ai l'honneur de le servir et voilà la huitième bataille où je me trouve. Je compte fort sur l'honneur de votre protection. Il n'y a rien que je ne fasse pour la mériter. Je suis, etc.....

« Le marquis DE MONCHY.

« A l'armée de Flandre, ce 12e septembre 1709. » (Vol. 2160. A. H.)

L'inspection de M. de Beuil fut donnée à M. de Ravignan. Le marquis de Monchy devait encore se signaler par sa brillante conduite à Denain. Voir *La Manœuvre de Denain*, page 174.

gade (1), et M. de Gassion (2), colonel du régiment de Navarre, méritèrent de grandes louanges dans cette action, où ils prirent quatre drapeaux et tuèrent un grand nombre des ennemis.

M. le maréchal d'Artaignan, dont on connaît la valeur et la sage conduite, et le marquis d'Hautefort soutinrent l'attaque au front du village avec une fermeté surprenante, ayant avec eux pour maréchaux de camp MM. de Vieuxpont (3) et de Dreux (4), qui firent aussi parfaitement bien. On ne peut assez louer les brigades de Piémont, Bourbonnais et Royal, qui combattirent de pied ferme pendant une heure

---

| | | |
|---|---|---|
| (1) Navarre ..... | Navarre .................... | 3 bataillons. |
| | Nice ........................ | 1 — |
| | Lorraine .................... | 2 — |

(2) Pierre Armand, chevalier, puis marquis de Gassion, neveu de l'intrépide lieutenant général du même nom dont il a été question plus haut, avait acheté le régiment de Navarre, en janvier 1709, au prix de 108,000 francs. Il avait une commission de colonel depuis 1702. Brigadier en 1710, maréchal de camp en 1719, il parvint au grade de lieutenant général en 1734.

(3) Il était lieutenant au régiment de Vivarais lorsqu'on le fit colonel-lieutenant du régiment d'infanterie de Bourbon, par commission du 4 novembre 1690, à la mort et en remplacement de son frère tué en Piémont. Brigadier du 29 janvier 1702, maréchal de camp le 26 octobre 1704, M. de Vieuxpont fut créé lieutenant général le 29 mars 1710. Il avait presque toujours combattu aux côtés de Villars qui avait apprécié sa valeur et son mérite à Hochstedt en 1703, au siège de Drusenheim en 1706, à l'attaque des lignes de Stolhofen en 1707. C'est donc à bon escient que Villars, résolu à l'attaque des retranchements de Denain, jettera les yeux sur M. de Vieuxpont pour lui confier le commandement de son avant-garde le 23 juillet 1712.

Dans ses *Mémoires*, II, page 364, le chevalier de Quincy a dépeint la ferme contenance de M. de Vieuxpont, durant la bataille de Malplaquet où il demeura « exposé à un feu d'enfer » derrière le régiment de Bourgogne.

(4) Gendre de Chamillart, le marquis de Dreux avait acheté en 1698 le régiment de Bourgogne. Il s'était particulièrement distingué en Italie pendant les premières années de la guerre de la Succession d'Espagne. Brigadier d'infanterie de janvier 1702, maréchal de camp en octobre 1704, il se couvrit de gloire à la défense de Douai en 1710, où il fut blessé. Le Roi le créa lieutenant général en 1710 en même temps que MM. de Valory et de Brendlé pour leur belle conduite durant le siège de cette place.

et demie sans perdre de terrain. Le régiment de Piémont prit même quelques drapeaux, que les ennemis avaient eu la témérité de planter sur les retranchements. Le comte de Beuil, qui commandait cette brigade ayant été tué au commencement de l'attaque, M. de Fervacques (1) la soutint jusqu'à la fin avec le même courage. Le duc de Mortemart (2), qui avait la droite du poste avec son régiment, parce qu'il y était arrivé le dernier, imita bien ce qu'il voyait faire à Piémont, et son second bataillon qui le flanquait par la droite le favorisa beaucoup de son feu.

Après qu'on eut repoussé les ennemis de toute la droite, avec une si grande perte qu'ils n'osèrent plus y donner, ils ne firent qu'entretenir le feu de loin à cette attaque, et, pour nous engager à y tenir toujours les mêmes troupes, ils battirent différentes marches dans le bois comme s'ils s'étaient préparés à une nouvelle charge. Les Alliés disent que, si nous avions profité de leurs désordres et que notre droite se fût portée

---

(1) Anne-Jacques de Bullion, marquis de Fervacques en 1708, fut d'abord connu sous le nom de chevalier de Bullion, puis de marquis de Bonnelles. Mousquetaire en 1701, colonel du régiment de Bassigny en 1702, puis de celui de Piémont en 1705, M. de Fervacques devait mourir en 1745, en possession du grade de lieutenant général.

(2) « Je ne saurais trop louer la valeur et le sang-froid de M. le duc de Mortemart et de M. de Fervacques, et je n'ai vu dans notre droite que des prodiges de valeur dans toute notre infanterie, ni témoigner plus de fermeté dans la retraite. Il sera nécessaire que Sa Majesté en marque sa satisfaction par quelques récompenses, par exemple M. de Fervacques, M. de Gassion et M. de Monchy. Cela mérite fort de faire un pas. » Lettre de M. d'Artagnan, du 13 septembre 1709. — *Mémoires militaires*, de Vault, IX, page 372.

Mortemart (Louis de Rochechouart, duc de). Mousquetaire en 1699, capitaine au Royal-Roussillon en 1700, il fut fait colonel d'un régiment d'infanterie de son nom par commission du 30 mars 1702. Après s'être distingué à la défense de Kaiserwerth, au combat d'Eckeren où il fut blessé, à l'attaque des lignes de Stolhofen, il fut fait brigadier le 19 juin 1708. Il combattit à Oudenarde et se distingua, comme il a été dit plus haut, à Malplaquet. A la défense de Douai en 1710, il prit part à presque toutes les sorties de la garnison et fut choisi par M. d'Albergotti pour rendre compte au Roi de la vigoureuse défense de cette place. Louis XIV le fit maréchal de camp. Créé lieutenant général en 1720, M. de Mortemart mourut en 1746. Il était gendre du duc de Beauvilliers.

en avant pour dissiper entièrement leur gauche, ils étaient perdus (1) ; mais, outre les difficultés qu'on aurait trouvées à sortir du retranchement et le peu de plaine qu'il y avait pour former la cavalerie, il était nécessaire que l'on fût parfaitement instruit à la droite du fâcheux état de la gauche, pour se déterminer à faire un effort qui était véritablement le seul moyen qui nous restait à pouvoir gagner la bataille.

Les troupes des Alliés s'approchèrent du centre et firent une autre attaque, qui d'abord leur réussit mieux puisqu'ils firent abandonner le poste d'Alsace, qui était à la vérité fort mauvais. M. le maréchal de Boufflers, voyant que leur infanterie avait emporté cette partie du retranchement, la fit attaquer d'un côté par la brigade de May (2), à la tête de laquelle M. de Brendlé (3) chargea avec une grande valeur, et par le régiment Royal qui, après avoir repoussé tout ce qui s'était présenté devant son poste, eut encore l'honneur de reprendre celui d'Alsace, et on peut dire que le comte d'Aubigny (4), qui commandait

---

(1) Il ne semble pas téméraire de présumer, comme on l'a fait au récit de la bataille, que l'issue de la journée eût été en notre faveur si notre droite avait pris à son tour l'offensive contre un ennemi dont elle avait repoussé toutes les attaques et qui avait subi d'énormes pertes.

| (2) Brigade de May | Brendlé | 3 bataillons. |
|---|---|---|
| | May | 3 — |
| | Greder Suisse | 2 — |

(3) M. de Brendlé, originaire du canton d'Argovie, d'abord cadet aux Gardes suisses, avait obtenu en 1701 le régiment de Stoppa, le second des régiments suisses. Brigadier en 1702, maréchal de camp en 1709, M. de Brendlé devait prendre une part glorieuse à la défense de Douai en 1710. Sa belle conduite à ce siège lui mérita le grade de lieutenant général, le 2 juillet 1710.

(4) Louis-François d'Aubigné de Tigny (on écrivait aussi d'Aubigny comme l'a fait M. de La Frézelière) entra au service en qualité de mousquetaire en 1700, et leva la même année un régiment de son nom. Colonel-lieutenant du régiment Royal infanterie par commission du 3 janvier 1705, il méritait, le 11 septembre 1709, cet éloge du maréchal de Boufflers qui disait de lui dans sa lettre à Voysin du 14 septembre : « Monsieur d'Aubigné a fait des merveilles à la tête du régiment Royal ». Vol. 2152. A. H.

Blessé et fait prisonnier à la fin de la bataille de Malplaquet, M. d'Aubigné fut renvoyé à Maubeuge dans un carrosse du prince de Würtemberg, qui lui fit mille honnêtetés. Le 16 septembre 1709, dans une lettre écrite à l'archevêque de Rouen, oncle de M. d'Aubigné, le

cette brigade, fit dans une même occasion le devoir de deux bons brigadiers. Cependant M. le maréchal de Boufflers, dont l'attention s'étendait à tout, avait déjà fait sortir du retranchement quatre escadrons de la Maison du Roi pour soutenir Royal dans cette charge, mais il les fit rentrer aussitôt qu'il vit les ennemis repoussés et notre infanterie rétablie, afin qu'ils ne fussent pas inutilement exposés au feu du canon. On les remit dans la ligne d'où ils avaient été tirés et où le péril n'était guère moins grand, parce que les feux de deux batteries des ennemis se croisaient en cet endroit. Un de leurs officiers d'artillerie, voyant la fermeté constante de notre cavalerie, maltraita ses canonniers, leur reprochant qu'ils pointaient mal et qu'il était impossible que des troupes restassent sous un feu pareil. Aussi y souffrirent-elles infiniment.

L'affaire était encore indécise, notre centre se soutenait toujours, les généraux des Alliés entretenaient simplement le feu de la droite et de la gauche pour cacher leurs manœuvres, mais notre artillerie ne tirait plus si vivement, les munitions commençant à manquer, et celle des ennemis, qui était supérieure de 40 pièces, avait fait taire quelques-unes de nos batteries. Ils remarquèrent, à la faveur d'une hauteur dont ils s'étaient emparés, que le poste des Irlandais était dégarni. Je ne sais si on ne pouvait point les faire remplacer par la brigade de May qui était en seconde ligne vers le centre. Comme on manqua de remplir ce vide, peut-être faute d'avoir assez de troupes pour soutenir tant de différentes attaques et faire tête partout aux ennemis qui avaient un grand nombre de bataillons plus que nous, ils firent promptement couler une partie de l'infanterie de leur gauche qui se joignit à celle du centre, et, sans

---

chirurgien du régiment Royal, Delaunay, retraçait en ces termes la belle conduite de son colonel : « M. d'Aubigné a mené le régiment plusieurs fois à la charge, repris les postes de ceux qui en avaient été poussés, conduit les ennemis si avant qu'il rangea sa troupe en bataille derrière la batterie des ennemis. S'il eût été secondé, certainement il aurait l'honneur de la bataille parce que les ennemis se retirèrent fort en désordre et abandonnaient leur terrain. Tout cela n'est que trop justifié, Monseigneur, par le sang de plus de 40 officiers tués ou blessés et 500 soldats ». Vol. 2139. A. H. — Brigadier en 1710, inspecteur général de l'infanterie l'année suivante, maréchal de camp en 1719, lieutenant général en 1734, M. d'Aubigné obtint l'une des charges de directeur général de l'infanterie en 1736. Il servit encore au siège et à la défense de Prague en 1741 et 1742, revint en France en 1743 et ne fut plus employé jusqu'à sa mort survenue le 26 septembre 1745.

perdre un moment, elle marcha droit à nos retranchements, qu'elle força avec trop de facilité.

Le marquis de La Frézelière, qui soutenait la droite avec ce qui lui restait d'infanterie de la seconde ligne, ayant remarqué le mouvement que les ennemis faisaient pour se mettre en état de pénétrer par le centre, et que la brigade des Gardes commençait à s'ébranler, marchait avec trois bataillons de celle de Royal à son secours, mais à peine avait-il fait la moitié du chemin que les Gardes se débandèrent entièrement. On peut dire à leur justification qu'ils se voyaient pris en flanc et qu'un bataillon des Gardes françaises, à la tête duquel M. de Caraman (1) et M. le prince d'Isenghien (2) se mirent, firent une bonne manœuvre : si les autres avaient pu faire de même et suivre les exemples de ces Messieurs, ils auraient arrêté longtemps les ennemis. Le duc de Guiche avait été blessé, dès le commencement du combat, en s'exposant beaucoup à son ordinaire pour défendre ce poste. Les ennemis s'étant rendus maîtres de cette partie du retranchement obligèrent les brigades de Picardie et d'Alsace, qui pouvaient être coupées, d'abandonner le reste (3).

Cependant M. le maréchal de Villars ralliait l'infanterie de notre gauche, et il se disposait, après avoir formé une ligne d'environ 50 bataillons, outre les brigades de Verac, de Vassé et de Nothaf dragons, à qui on avait fait mettre pied à terre, d'attaquer la droite des ennemis qui avait gagné le bois après y avoir fait une terrible perte. Il y a lieu de croire qu'ayant déjà été ébranlés par plusieurs charges où M. de Puységur, le comte de Villars (4), M. de Nangis et le comte de La

---

(1) Second fils du créateur du canal du Languedoc, M. de Caraman, lieutenant général en 1702, était lieutenant-colonel des Gardes françaises depuis le 1er juin 1705. Il s'était particulièrement distingué, comme le prince d'Isenghien, qui suit, au siège de Menin, en 1706.

(2) Louis de Gand de Mérode, prince d'Isenghien, mousquetaire en 1696, colonel l'année suivante, brigadier en 1703, était maréchal de camp du 20 mars 1709. Lieutenant général en 1718, il fit la campagne de 1733-1734 sur le Rhin et fut créé maréchal de France en 1741.

(3) Le chevalier de Quincy a dépeint dans ses *Mémoires* (II, p. 370) la panique qui s'empara un instant de « ce beau régiment d'Alsace. Il prit si fort l'épouvante qu'il vint précipitamment de notre côté (régiment de Bourgogne), monte et passe notre retranchement et traverse notre régiment sans qu'aucun de nos soldats fût emporté par ce rapide mouvement ».

(4) Armand, comte de Villars, frère du maréchal, avait d'abord servi sur mer où il avait acquis le grade de capitaine de vaisseau. Brigadier

Marck s'étaient mis à la tête de l'infanterie pour l'animer davantage, ils ne se seraient plus trouvés en état, étant attaqués par tout le front du bois, de soutenir un si grand effort ; mais, comme ce général faisait sa disposition, il reçut malheureusement un coup de fusil dans le genou qui l'obligea à se retirer. M. de Chemerault fut tué dans le même temps et M. d'Albergotti blessé un instant après, en sorte que, les officiers généraux qui étaient chargés de cette affaire manquant, elle demeura sans exécution. Les ennemis connurent bientôt que notre gauche n'était plus conduite par les mêmes chefs, et se trouvant d'ailleurs encouragés par le succès de la dernière attaque du centre, ils commencèrent à déboucher en plaine et se mirent sur deux ou trois lignes d'infanterie au bord du bois, mais ayant voulu faire avancer trop tôt la cavalerie de leur droite, M. du Rozel laissa former seulement huit ou dix de leurs escadrons et les chargea à propos, à la tête des carabiniers qui les culbutèrent avec une perte considérable, car ils ne voulurent point faire de quartier.

Le combat finit à notre gauche par cette charge, et elle se retira en bon ordre, après que la droite eût disputé le terrain aussi longtemps qu'elle put. L'infanterie des ennemis ayant forcé notre centre comme j'ai dit, le prince Eugène ne jugea pas à propos de lui permettre de poursuivre la nôtre, crainte qu'elle ne se mît en désordre et que cette cavalerie, qu'il voyait si intrépide, ne lui fît perdre son avantage ; mais, pour favoriser le passage de sa cavalerie qui s'avançait avec toute la diligence possible, il ordonna à quelques bataillons de border le retranchement et fit passer en un instant près de 20 escadrons par les intervalles mêmes que nous avions laissés dans nos lignes. M. le maréchal de Boufflers s'avança aussitôt à la tête de la Maison du Roi, qui chargea avec la dernière vigueur. Il poussa, l'épée dans les reins, toutes les troupes qui lui étaient opposées jusqu'auprès du retranchement où les ennemis se rallièrent sous le feu de leur infanterie, dont les gardes du corps souffrirent beaucoup (1). La gendarmerie attendit un peu trop tard à charger parce qu'un ravin qui était devant quelques-uns de ses escadrons l'arrêta, mais elle combattit vaillamment et enfonça tout ce qui était devant elle. Il n'y eut que ces mêmes escadrons, qui étaient dans un terrain désavantageux, qui ne purent faire aussi bien que les autres,

---

en 1703, lieutenant général en 1708, il ne quitta plus son frère pendant les dernières campagnes de Flandre et mourut à ses côtés, après une courte maladie, pendant le siège de Douai le 19 août 1712.

(1) Le marquis de Sourches, dans ses *Mémoires* (tome XII, p. 76 et suiv.), a donné un état des pertes des gardes du corps à Malplaquet

et dont le premier rang était à peine formé qu'il fut entièrement défait. Si ce corps avait besoin de justification, elle se trouverait dans la perte qu'il a faite (1).

Les ennemis grossissaient toujours et se formaient sur plusieurs lignes, lorsque M. le prince de Rohan et M. le vidame (2) parurent à la tête des gendarmes avec les chevau-légers de la Garde et les mousquetaires, que les ennemis reconnurent à la magnificence de leurs habits. Ils chargèrent fort vigoureusement la première ligne qu'ils enfoncèrent, mais elle trouva sa retraite derrière d'autres où elle se remit en bon ordre. Les gardes du corps s'étant ralliés, on les vit paraître pour la seconde fois, ayant M. de Montesson à leur tête, qui a fait des merveilles. Ils ne furent pas plus tôt en bataille qu'animés par l'exemple de M. de Gassion, en qui ils avaient une juste confiance, ils chargèrent les ennemis avec une si grande impétuosité qu'ils percèrent jusqu'à leur dernière ligne. Les princes de Hesse et d'Auvergne (3), qui comman-

---

qui s'élevèrent à plus de 39 officiers et de 395 hommes tués ou blessés.

Voici les pertes de la seule compagnie de Boufflers :

| | |
|---|---|
| Officiers tués ou perdus. | 8 |
| Gardes tués ou perdus | 76 |
| Gardes blessés | 57 |
| Chevaux tués ou perdus | 195 |
| Chevaux blessés | 16 |

(1) Se reporter aux lettres de M. Dauger.

(2) Louis-Auguste d'Albert d'Ailly, vidame d'Amiens, était fils cadet du duc de Chevreuse. Mousquetaire en 1693, il avait ensuite servi dans le régiment d'infanterie du Roi et était, depuis 1702, sous-lieutenant de la compagnie des chevau-légers de la Garde. Brigadier le 10 février 1704, maréchal de camp le 19 juin 1708, il se distingua à Oudenarde et fut blessé à Malplaquet. Duc de Chaulnes en 1711, lieutenant général en 1718, il fut créé maréchal de France le 11 février 1741.

(3) François-Egon de la Tour, dit le prince d'Auvergne, petit-fils du duc de Bouillon, commandait un régiment de cavalerie depuis 1697. Son ambition, ses biens du marquisat de Berg-op-Zoom, les intrigues de son oncle, le cardinal de Bouillon, le firent passer en 1702 au service de la Hollande. Il y devint major général de la cavalerie en 1704 et mourut à Douai pendant la campagne de 1710.

daient la cavalerie des ennemis, sont convenus qu'ils ne les auraient jamais rassemblés s'ils avaient pu passer les retranchements, mais le feu de leur infanterie ayant encore obligé nos troupes de se retirer pour pouvoir se rallier, les ennemis étaient toujours les maîtres de la plaine. On fit cependant avancer quelques brigades de cavalerie de la première ligne qui firent aussi de très belles choses, entre autres celles de Royal-Piémont et de Royal-Allemand. MM. de Coigny (1) et de La Vallière se distinguèrent beaucoup à leur tête. Notre seconde ligne chargea aussi, et elle soutint la pre-

---

(1) Mestre de camp du régiment de cavalerie Royal-Etranger en 1691, brigadier en 1702, maréchal de camp en 1704, colonel-général des dragons la même année, lieutenant général en 1709, M. de Coigny devait, sous Louis XV, parvenir à la dignité de maréchal de France en 1734 et commander en chef nos armées dans les guerres de la Succession de Pologne et de la Succession d'Autriche. Il mourut en 1759.

On a de lui cette lettre, écrite à Voysin, après la bataille de Malplaquet :

Au camp de Ruesnes, ce 15e septembre 1709.

« J'ai l'honneur de vous envoyer l'état des pertes que les régiments de dragons, qui étaient à l'action qui s'est passée le 11e de ce mois, y ont faites. Il n'y a point de brigade qui n'ait chargé en particulier et n'ait parfaitement bien fait son devoir, mais, comme elles sont extrêmement faibles par la quantité de brigadiers qu'il y a dans cette armée, elles n'ont pas pu être de l'utilité que j'eusse souhaité. J'avais prié M. le maréchal de Villars d'en mettre un corps ensemble qui se serait porté aux endroits qu'on eût jugé nécessaires et aurait pu rétablir l'affaire, au lieu qu'ils étaient dispersés, de manière que le plus gros corps n'était que de cinq escadrons, ce qui m'a fait prendre le parti de charger à mon poste de lieutenant général qui était aux brigades de Royal-Piémont et de Royal-Allemand. M. le maréchal de Boufflers, Monseigneur, a dû vous informer, l'ayant vu, que ces troupes que j'avais l'honneur de commander ont fait au delà de tout ce qu'on peut s'imaginer et ont toujours battu les ennemis et renversé plusieurs lignes l'une sur l'autre sans avoir jamais été repoussées, et lorsque M. de Boufflers prit le parti de se retirer, je fis l'arrière-garde par Hon, avec les mêmes brigades. Comme toute l'armée a vu ce que j'ai l'honneur de vous dire, je me flatte que vous en aurez été informé et que vous voudrez bien en dire un mot au Roi et m'accorder l'honneur de votre estime, m'ayant toujours comblé de vos bontés dont je conserverai une reconnaissance éternelle ». Vol. 2138. A. H.

mière avec toute la vigueur qu'on pouvait désirer. MM. de Magnac (1),

(1) Jules Arnolfini, comte de Magnac, était fils de l'écuyer italien qui enseigna l'équitation à Louis XIV. Un de ses frères s'était retiré du service, après une carrière honorable, avec le grade de maréchal de camp. Trois autres étaient morts en combattant pour le Roi. Quant à lui, sans protecteur et sans fortune, il s'élève par son propre mérite au grade de lieutenant général. Il compte parmi les figures militaires les plus sympathiques de cette époque. A Valcourt, il fait si bonne contenance à la tête de son régiment de cavalerie que le maréchal d'Humières lui dit après l'action : « M. de Magnac, vous paraissez si ferme sur vos étriers que les ennemis ne se sont point souciés de vous tâter ». A Friedlingen, notre infanterie est déjà en déroute, quand M. de Magnac, avec notre cavalerie, ressaisit la victoire par une des plus belles charges qui aient jamais été conduites. Gouverneur de Mont-Dauphin en 1706, M. de Magnac mourut le 23 février 1712, après avoir servi sans interruption pendant 56 ans.

Les deux lettres suivantes montrent que M. de Magnac avait espéré, à la suite de l'action du 11 septembre, obtenir de nouvelles distinctions, peut-être celle d'être reçu chevalier des ordres du Roi, comme il le méritait par ses longs et glorieux services.

*M. de Magnac à Voysin.*

Au camp de Ruesnes, ce 13e septembre 1709.

..... Ce n'est pas à moi, Monseigneur, de vous dire de (*sic*) la manière que j'ai agi dans la bataille qui s'est donnée le 11. Ça été avec le même zèle que je fais depuis 53 ans que je sers. Je vous demande l'honneur de votre protection, si vous croyez que je la mérite.

J'ai demandé à tous les majors de cavalerie de m'apporter un état des officiers de leurs régiments blessés, morts et prisonniers, et de ceux qui y sont absents sans congés, du nombre de cavaliers et de chevaux qu'ils ont perdus en cette malheureuse journée. Si quelque chose en pouvait consoler, ce serait la valeur que l'on a vue dans les Français, mais le champ de bataille est demeuré aux ennemis par le plus grand nombre de troupes qu'ils avaient et l'on peut dire qu'elle a été très sanglante, les ennemis assurément ont perdu plus que nous. Ils n'ont point entamé le combat que les troupes qu'ils avaient à Tournai n'aient été arrivées. MM. les maréchaux de Villars et de Boufflers se portaient où il y avait le plus grand feu, et on les voyait partout. M. le maréchal de Boufflers ralliait les escadrons et les ramenait à la charge avec une si grande valeur qu'on ne peut pas dépeindre, et il a fait une retraite la plus belle du monde. Je pris la liberté de lui dire qu'il fallait gagner le

de Vivans (1) et de Bouzols (2), qui la commandaient, n'oublièrent rien de ce qu'il y avait à faire en cette occasion, et ils s'exposèrent beaucoup.

---

ruisseau de Taisnières, ce qui se fit sans aucune confusion et n'allant que le pas, et l'on se mit en bataille de l'autre côté, et ensuite on marcha au Quesnoy, le petit pas, sans aucune confusion. Je voulus me mettre dans un chemin pour arrêter les fuyards de quelques escadrons qui avaient plié. Ils me jetèrent dans un fossé. Par un miracle, mon cheval m'en sortit, et l'un de mes aides de camp tua un cavalier des ennemis et un dragon, lesquels m'y auraient assommé. Après être sorti du fossé, je ne laissai pas d'agir et de remener plusieurs fois les troupes à la charge. Vol. 2160. A. H.

*M. de Magnac à Voysin.*

Du camp de Ruesnes, ce 23e septembre 1709.

Je suis ravi que le Roi et vous soyez contents des services que j'ai rendus dans cette dernière bataille. Après quoi, je prendrai la liberté de vous dire, Monseigneur, que vous savez bien qui est la cause du gain de la bataille de Friedlingen. Il y a 53 ans que je sers sans discontinuer et que, quoique le Roi ait mille bontés pour moi, je n'ai aucunes marques d'honneur et je suis de naissance à recevoir les honneurs que Sa Majesté voudra bien me faire, et si je suis lieutenant général ce n'a été qu'à mon tour. Depuis que je sers le Roi, je me suis trouvé en huit batailles, et j'ose dire qu'en toutes je me suis distingué. Tout le monde le sait bien. Il n'y a plus de gens à la guerre de mon temps où je vis très honorablement. Je vous prie de vous en faire informer; j'ose me flatter, Monseigneur, que si vous en voulez faire souvenir le Roi, il ne l'aura pas désagréable. Quelque dignité dont il m'honore, je la soutiendrai avec noblesse.

C'est la grâce que je vous demande et celle de me croire avec un profond respect. Vol. 2139. A. H.

(1) Comme M. de Magnac, il s'était distingué par sa valeur dans la charge de Friedlingen. Son père, qui l'avait initié au métier des armes, fut tué à Fleurus. Mestre de camp en 1689, brigadier en 1696, maréchal de camp en 1702, lieutenant général en 1704, le marquis de Vivans mourut en 1719.

(2) Louis-Joachim de Montaigu, marquis de Bouzols, fut blessé à Fleurus, à la tête du régiment de cavalerie de Royal-Piémont dont il était mestre de camp. Brigadier en 1702, maréchal de camp en 1704,

lieutenant général en 1708, M. de Bouzols fut reçu chevalier de l'ordre du Saint-Esprit en 1724 et mourut en 1746, à l'âge de 84 ans.

*M. de Bouzols à Voysin.*

Au camp près du Quesnoy, ce 13e septembre 1709.

Je me crois obligé de vous rendre compte de ce que j'ai vu à la bataille qui s'est donnée le 11 de ce mois pour rendre justice aux brigadiers et colonels de mon poste qui est à la droite de la seconde ligne, depuis la brigade de Marteville jusques à celle du comte de Nille où M. de Vivans est souvent venu donner ses ordres, de même que M. de Magnac, étant tous trois à cette aile droite de seconde ligne. Nous y avons fait au moins huit charges sans jamais pouvoir pousser les ennemis fort loin parce qu'ils se ralliaient toujours au gros de leur infanterie qui était dans la grande trouée, centre de leur ordre de bataille, où ils recevaient notre cavalerie et la forçaient à se retirer, quelquefois même avec confusion parce que le terrain était étroit et qu'il était question d'y former à mesure les troupes pour empêcher les ennemis d'y pénétrer. M. le maréchal de Boufflers, qui y est venu très souvent y mener à la charge à la tête des escadrons, m'y a donné plusieurs fois ses ordres et enfin après avoir tenu pendant cinq ou six heures, battant et battu, m'envoya ordre de me retirer, ce qui fut fait sans aucun embarras jusque de l'autre côté du défilé de Taisnières qui est à plus d'une lieue du champ de bataille. Je trouvai heureusement dans la plaine la brigade de Colonel-général de dragons, je la plaçai dans les haies du village pour favoriser les passages de la cavalerie. J'allai prendre ensuite cette brigade que je formai sur la hauteur tenant les mêmes débouchés. M. le maréchal de Boufflers y vint et ayant vu ma disposition m'ordonna de continuer à faire l'arrière-garde. Quelque temps après arriva M. de Vivans qui s'était retiré par ma droite. Il est mon ancien et nous agîmes de concert pendant près d'une heure. Après quoi nous trouvâmes M. de Gassion avec la Maison du Roi en bataille qui s'était retiré par ma gauche et qui nous dit qu'il avait ordre de continuer à faire cette arrière-garde qui fut ensuite donnée à M. le chevalier de Luxembourg, qui, n'ayant (*sic*) pu charger avec sa réserve, parce qu'elle avait été envoyée avant la bataille sur notre flanc droit sur des avis que les ennemis s'allongeaient par là. Je ne puis assez vous marquer, Monseigneur, combien MM. les brigadiers de Marteville, Choiseul, Heudicourt, Kooke et comte de Nille s'y sont distingués tant par leurs belles charges que pour le ralliement et disposition, aidés de leurs colonels qui sont MM. de Bellefonds, comte de Roye, Chabannes, Villequier, Gontant, d'Alsan et le prince de Marsillac que je trouvai à

Il serait à désirer de pouvoir entrer dans le détail de toutes les belles actions que MM. les officiers généraux, ceux de l'état-major de l'armée et les troupes en particulier ont faites, pour les louer autant que leur conduite et leur valeur le mériteraient. Pendant que toutes ces différentes charges de cavalerie se passaient, le marquis d'Hautefort (1) était venu avec deux brigades d'infanterie de la droite au secours du centre, et celle de Navarre, qui marchait la première, ayant trouvé l'infanterie des ennemis qui gagnait notre grosse batterie pour faire feu sur le flanc de la Maison du Roi, elle l'attaqua la baïonnette au bout du fusil, et la repoussa jusqu'au retranchement des Gardes.

---

l'arrière-garde de tout avec le régiment de Saint-Aignan, dont le colonel avait été déjà blessé, de même que M. de Courcillon qui tous deux aussi avaient fait des merveilles. Je ne doute pas qu'il n'y en ait eu plusieurs autres de cette aile qui ont fait de même. Je ne puis en rendre compte, ne les ayant pas vus. Il est certain, Monseigneur, que ce n'est pas la faute de la cavalerie si nous avons été obligés d'abandonner le champ de bataille qui est le seul avantage que les ennemis aient eu sur nous et qu'ils doivent avoir perdu beaucoup plus que nous. Jamais affaire n'a été disputée si longtemps, essuyant de notre part un feu de canon effroyable pendant sept ou huit heures où la Maison du Roi, comme toute la cavalerie, a marqué toute la fermeté imaginable. Je suis persuadé que les ennemis ne nous approcheront qu'avec beaucoup de circonspection et qu'ils doivent être édifiés de ce qu'ils ont vu faire à nos troupes.

BOUZOLS (vol. 2160. A. A.)

(1) M. d'Hautefort écrivit à Voysin, le 28 septembre 1709, du camp de Ruesnes, pour lui rappeler ses services et sa conduite à la bataille du 11 septembre. Il disait dans sa lettre : « A cette dernière action, j'ai été assez heureux de battre toujours les ennemis à la droite où j'étais et d'avoir marché avec le régiment de Navarre si à propos qu'ils ont rechassé les ennemis jusques à leur cavalerie et pris plusieurs drapeaux.

« Sur la fin de la bataille, voyant les ennemis tout à fait rebutés à la droite, j'ai marché au centre de la ligne que les ennemis avaient pénétrée avec le régiment de Navarre et la brigade. En fait, j'ai réoccupé le poste, pris le canon que les ennemis avaient fait avancer, que l'on a gardé jusqu'à ce que l'on se soit retiré, et voyant que notre cavalerie commençait à faire sa retraite par les ordres de M. le maréchal de Boufflers, j'en ai fait de même avec tout l'ordre possible dans les temps que M. le maréchal d'Artagnan se retirait avec les troupes du front de la ligne pour marcher à hauteur de la cavalerie. » Vol. 2139. A, H.

C'est une action qui fait plus d'honneur à ce corps qu'elle ne pouvait être utile, car, les ennemis perçant de tous côtés, notre cavalerie fut enfin obligée de leur céder le terrain, et il était temps de faire retirer ces deux brigades d'infanterie, qui auraient été taillées en pièces si elles avaient attendu davantage.

On peut dire qu'il ne s'est point vu de notre siècle une si grande bataille, que les troupes des deux côtés ont combattu avec fureur et que la tuerie a été affreuse, sans qu'on ait guère fait de prisonniers de part ni d'autre. Mais ce qu'il y a de plus admirable, c'est qu'après un combat si opiniâtre et si long, l'armée du Roi étant obligée d'abandonner le champ de bataille et de plier devant des troupes qui l'accablaient par leur grand nombre, les ennemis n'aient pu avoir l'avantage de défaire aucun corps entier. Dans presque tous les autres combats, on a vu les vainqueurs chargés de prisonniers et de butin, mais ceux que l'on dit avoir été battus dans cette action se retirent en aussi bon ordre qu'ils étaient allés au combat, et sont encore dans les dispositions de chercher la première occasion pour remporter une victoire que la fortune a laissée comme indécise, car, à balancer la perte du champ de bataille avec ce qu'il a coûté de monde aux ennemis et les drapeaux ou étendards qu'on leur a pris, il serait difficile de dire ceux qui ont le plus perdu des Alliés ou des Français qui viennent de faire voir qu'ils ont toujours la même valeur, quand ils se trouvent bien commandés.

---

# APPENDICE

*Lettre d'un officier de cavalerie de l'armée de Flandre* (1).

Du camp de Ruesnes, le 14 septembre 1709.

Le 5, sur l'avis certain de la marche des Alliés sur Mons, M. le maréchal de Villars, secondé de M. le maréchal de Boufflers, fit filer ses troupes qui étaient au delà de la rivière de Scarpe. A mesure qu'ils s'éloignaient (2) de Douai, nous marchâmes sur les lignes depuis Denain jusqu'à Marchiennes ou nous prîmes le poste des troupes du chevalier de Luxembourg qui s'était avancé à Saint-Saulve au delà de l'Escaut. Comme nous nous préparions de camper derrière ces lignes, on fit remonter les troupes à cheval et recharger les bagages qui allèrent toute la nuit passer l'Escaut à Denain pendant que les troupes le passèrent à Valenciennes. Elles arrivèrent à minuit à portée de celles du chevalier de Luxembourg près de Saint-Saulve, y couchèrent presque en bataille à cause de la marche du lendemain qui fut annoncée pour le point du jour. Elle se fit en effet, et le 6, elles arrivèrent à 8 heures du matin dans la plaine de Quiévrain en deçà du petit Hogneau. Les troupes de M. d'Artagnan qui, la veille, avaient eu ordre de M. de Boufflers de suspendre leur marche, de crainte d'une contremarche des ennemis, arrivèrent auprès de nous sur le soir. Nous campâmes tous dans cette plaine à mesure que nous y arrivâmes, pendant quoi MM. les Maréchaux allèrent marquer un camp au delà de l'Hogneau et un champ de bataille à la tête du camp. Toute l'armée y entra le 7, ayant passé pour cet effet le grand et petit Hogneau. La droite était vers Wihéries, et la gauche au delà de Quiévrain. On fit un détachement pour avoir des nouvelles des ennemis qu'on trouva, en deçà de la Trouille, dans les fonds près de Mons. Ils avaient même porté 20 escadrons à

(1) Vol. 2258. A. H.

(2) Le texte porte « qu'il s'éloignait ». Nous avons cru devoir mettre le pluriel.

Jemappes, vers l'embouchure de la Trouille dans la rivière de Haine. Le canon de Saint-Ghislain nous avertissait assez qu'ils s'en approchaient. Les Maréchaux allèrent eux-mêmes, le 8, reconnaître la disposition du pays, et le 9, au point du jour, après avoir renvoyé dès la veille tous les équipages, notre armée marcha par la droite dans le plus bel ordre que j'aie jamais vu marcher armée vers Malplaquet et Onhaye (1), où il y a un débouché pour se porter sur Mons quoique très étroit, plus commode que par le poste que nous quittions.

Nous y arrivâmes d'assez bonne heure. Les gardes, soutenus de la réserve de Luxembourg, y poussèrent quelques hussards des ennemis qui parurent appuyés de quelque cavalerie qui était au delà du débouché et que les ennemis, campés à une lieue de là, avaient envoyée à la découverte. Ils furent avertis de notre marche : ils montèrent à cheval sans descendre (2) et s'approchèrent du débouché de leur côté. Comme les Maréchaux se virent maîtres de la petite plaine qui est entre Malplaquet et Onhaye, ils y étendirent leur armée, en appuyèrent la droite à un bois qui commence à deux lieues environ de Maubeuge et continue jusqu'à cette ville. La gauche était derrière l'autre bois qui forme le débouché, de manière que toute l'armée ne tenait pas une lieue de pays et était postée devant ce débouché ou derrière le bois qui était à notre égard à la gauche de ce débouché. Il est à remarquer qu'il y a comme deux trouées entre les deux bois ci-marqués. Elles sont formées par le village d'Onhaye autour duquel il y a une espèce de haute futaie assez claire (3). Les ennemis, nous ayant vus occuper ce poste, portèrent leur gauche à portée de notre droite vers ce bois qui va à Maubeuge, et leur droite derrière celui qui couvrait notre gauche dont nous nous étions emparés absolument, ce qui la mettait en toute sûreté. On examina s'ils pouvaient percer celui de notre droite et nous tourner par là, ce qui ne se trouva pas facile et qu'ils ne tentèrent point.

Le 10, au matin, après un assez grand brouillard tombé, chacun profitant de sa situation dressa des batteries, fit des retranchements et nous principalement dans le bois de la gauche un assez bon pour espérer que les ennemis ne le pourraient forcer. Au coin de ce bois, nous y dressâmes des batteries qui fatiguaient leur gauche, devant laquelle, aux deux côtés d'Onhaye, les ennemis avaient des batteries qui visitaient toute la petite plaine où nous étions.

Sur les 4 à 5 heures du soir, soit que nos batteries fussent supérieures

(1) Sous cette dénomination, il faut entendre le hameau de Grosse-Haie.

(2) *Sic*.

(3) Il s'agit ici du bois de Thierry.

ou que les ennemis eussent formé un autre projet, l'infanterie de leur gauche se replia sur ses derrières et les batteries, qui étaient devant elle, disparurent. Ils faisaient, devant ce temps-là, sur le bout de leur plaine qui formait à notre égard une espèce de terre-plein à l'opposite du débouché, des travaux que l'on soupçonnait être des batteries nouvelles, et, comme de leur droite ils voyaient de très près celles que nous faisions sur la lisière du bois de leur côté, il se noua une conférence entre eux et nous, qu'on a cru occasionnée par M. d'Albergotti qui ne voulut pas faire tirer sur des officiers qui faisaient les curieux trop à portée de nos grenadiers. Cette confiance, jointe au changement des batteries des ennemis, répandit le bruit de la paix dans notre camp au point que plus de 400 officiers de distinction se portèrent sur le lieu et s'y entretinrent avec les Alliés, dont les plus distingués étaient Cadogan et un prince de Hesse ou de Brandebourg. Ils firent des compliments au maréchal de Villars de la part du prince Eugène et du Milord, marquant quelque empressement de leur part de l'entretenir. Il envoya son capitaine des gardes répondre aux compliments et les prier de remettre l'entrevue au lendemain, aux gardes montantes. J'eus par hasard occasion, ce jour-là, de vous faire donner de mes nouvelles.

Cette entrevue des gardes montantes fut furieuse comme vous l'avez su. Le brouillard disparut dès 7 heures. La fumée des batteries le remplaça. L'on avait appris la veille au soir, par deux déserteurs, qu'il y avait 2,000 grenadiers commandés pour attaquer le bois de notre gauche et autant pour attaquer notre droite, que tout était disposé pour nous venir combattre, ce qui fit interrompre quelque retranchement, que l'on avait commencé dans la plaine à la tête de notre ligne, que l'on poussa plus bas, à la tête de l'infanterie qui occupait aussi la plaine devant nous, pour soutenir les batteries qui y étaient et pour communiquer de la droite à la gauche. Peu après les premiers coups de canon, ceux de la mousqueterie se firent entendre à droite et à gauche. Toute la cavalerie monta à cheval, et d'abord, pour éviter le canon, on la rejeta derrière Malplaquet dans une autre plaine un peu plus étendue que celle qui est entre Malplaquet et Onhaye. A peine y était-elle alignée qu'on la fit rentrer dans celle-ci où elle se forma sur trois lignes sur les talons de l'infanterie qui était au feu du débouché. L'affaire s'échauffa de part et d'autre; notre droite, soutenant vigoureusement l'assaut des ennemis, les repoussa d'autant plus facilement, à ce que je crois, que de tout temps leur dessein était de s'attacher sérieusement à se rendre maître du bois de notre gauche, parce que, l'ayant perdu, nous ne pouvions plus tenir la plaine. L'on y combattit aussi vigoureusement qu'à la droite. Pendant ce temps-là nos batteries et celles des ennemis ne discontinuaient pas un moment, au grand détriment de nos escadrons qui en étaient très incommodés, quoiqu'en seconde ligne derrière la gendarmerie, mais si près et dans un terrain si élevé que tous les coups qui les manquaient portaient sur nous. Enfin, sur le midi, notre infanterie céda le bois aux ennemis qui parurent à la lisière de notre côté, comme nous avions paru sur la leur. Ils ne tardèrent pas à y mener du canon qui nous obligea à nous replier (1) sur le revers de la plaine et dans les haies de Malplaquet, tant pour nous garantir du canon que pour faciliter à leur cavalerie l'entrée de notre plaine et convertir par ce moyen la canonnade en combat de cavalerie, ce qui arriva une heure après, de sorte que nous n'avons été exposés au canon que cinq heures et demie environ. L'infanterie ennemie ayant donc occupé le retranchement de la plaine, que la nôtre abandonnait dès que celle du bois fut retirée, leur cavalerie vint occuper au devant de leur infanterie le terrain que nous avions derrière la nôtre.

Alors nous remontâmes sur le haut de la plaine, malgré leur canon qui nous saluait toujours.

Nous chargeâmes, l'épée à la main, leur cavalerie que nous fîmes plier en différents endroits et plusieurs fois toujours inutilement, puisqu'elle était soutenue de leur infanterie et de leur canon, et enfin, sur les 4 heures, nous abandonnâmes cette petite plaine entre Malplaquet et Onhaye, par conséquent tout le champ de bataille. Nous nous formâmes dans celle qui était derrière Malplaquet. Nous vînmes à notre corps de réserve repasser l'Hogneau à Taisnières. La gauche, qui n'a vu que 20 escadrons qu'on leur avait envoyés pour les amuser seulement, s'est retirée de son côté sans avoir souffert. Nous traversâmes la plaine de Bavay et vînmes coucher sous le Quesnoy sans beaucoup d'inquiétude. M. le maréchal de Villars est blessé d'un coup de feu dans le genou qui peut être dangereux. Nous sommes présentement campés depuis cette ville jusqu'à Valenciennes, ayant le ruisseau du Quesnoy devant nous. Les ennemis, après avoir suivi notre retraite jusqu'au ruisseau de l'Hogneau, se sont retirés dans leur camp qui n'avait pas été détendu la veille de cette action. Ils se sont, dit-on, rendus maîtres de Saint-Ghislain. Nous les croyons présentement auprès de Mons. Les gens qui reviennent de l'armée des ennemis assurent que le prince Eugène a trouvé le champ de bataille bien cher. Ils avouent tous qu'il leur en a coûté au moins 15,000 hommes. On dit que nous en sommes quittes pour 8,000 ou 9,000, avec 8 pièces de canon que nous ne devrions pas avoir perdues, mais nos canonniers sont trop hardis. J'ai vu une batterie tirer sur l'infanterie des ennemis à la portée du fusil, n'ayant derrière elle que notre cavalerie, plus éloignée que les ennemis.

(1) Voir le récit de la bataille, p. 69.

J'ose ajouter à ce récit que je n'ai point emprunté et je ne le tiens que de mes yeux, sans avoir quitté mon escadron planté assez avantageusement pour voir de loin quelque circonstance et réflexion, circonstance que les régiments du Roi et des Gardes sont presque déshonorés. Cela va si loin que, le 12 au matin, des soldats, ayant rencontré des gardes, en ont tué et battu d'autres en leur reprochant leur mauvaise manœuvre. Cette plate infanterie a eu même l'audace de chanter pouille aux bataillons, défilant derrière leurs officiers.

La cavalerie a paru plus ferme dans la canonnade que dans la charge, ce que j'attribue à la mauvaise disposition et au peu de terrain qu'elle avait pour se mouvoir. Il n'a pas laissé de s'y faire de belles actions. Elle a marqué une fermeté incomparable pendant la canonnade la plus rude qu'on ait jamais essuyée : les bombes, les boulets rayés (1) et les cartouches étaient de la partie. J'ai vu tomber trois bombes dans un même escadron, sans qu'il se soit rompu que le temps nécessaire pour laisser crever la bombe. Je crois qu'à la contenance que j'ai vu faire à cette cavalerie que, si on la menait bien, elle serait invincible.

Il paraît que les officiers généraux n'étaient pas trop fâchés du revers du général, disant : Que venait-il faire ici ? au lieu de rémédier et de prendre sur eux de petites choses qui ne sont pas à négliger. M. le maréchal de Boufflers en a laissé échapper que, s'il avait été cru, les choses se seraient passées autrement, et, si la paix est si prochaine, on pouvait épargner cette bataille en se contenant derrière l'Hogneau. Mons est, dit-on, assiégé, même pris. Il le sera tout de même sans que cela nous fasse un si grand tort. Après tout, j'ose penser, après avoir vu le terrain comme je l'ai vu, que si, après avoir perdu le bois de la gauche, on avait jeté de l'infanterie dans Malplaquet et retiré la cavalerie dans la plaine qui était derrière, où elle eût manœuvré plus commodément, de deux choses l'une fut arrivée : ou que le champ de bataille ne fût demeuré à personne ou qu'il n'y aurait point eu de combat de cavalerie ou que, si celle de l'ennemi se fût formée sur le champ de bataille, elle eût souffert autant que la nôtre du canon que nous aurions pu lui faire essuyer, et qu'elle aurait eu moins beau jeu à nous venir chercher qu'elle en a eu dans la plaine où nous l'avons combattue, et où elle était soutenue de son infanterie et de son canon posté dans le bois que nous avons perdu, avantage qui devenait inutile aux ennemis si nous avions rompu la mesure en nous éloignant un peu. Je puis me tromper, mais, jusqu'à ce qu'on me le fasse connaître, je croirai que nos officiers généraux manquent les uns de capacité et les autres de volonté.

---

(1) Voir la note de la page 71.

*Relation de la bataille de Malplaquet, par M. des Bournays* (1).

Monsieur (2),

L'irrégularité du terrain, la bizarrerie de la disposition, ont si fort embrouillé les affaires particulières de la journée de Malplaquet qu'il est impossible à un seul officier d'en rendre un compte bien exact, et je doute que M. le maréchal de Villars lui-même le pût faire. Pour répondre à ce que vous souhaitez de moi, je vous dirai simplement ce que j'ai vu et ne parlerai que des attaques où je me suis trouvé.

L'incertitude des généraux, à l'arrivée de la tête de notre armée à la trouée d'Aulnois, a donné lieu à plusieurs critiques. Voici ce qui en est venu à ma connaissance. Dans une petite plaine coupée de ravines que l'on traversa pendant la marche, une colonne d'infanterie, ne pouvant trouver les passages qui lui étaient destinés, se mêlait souvent avec une autre. Le maréchal de Boufflers me proposa au maréchal de Villars pour débrouiller cette confusion et les conduire jusqu'aux ouvertures par où elles devaient entrer dans le bois. Cela fut cause que je n'arrivai dans la trouée d'Aulnois qu'un peu après la tête de la cavalerie. Elle était masquée par des troupes des ennemis ayant le village d'Aulnois en queue, lequel est placé au pied d'une hauteur. Les généraux étaient dans l'incertitude s'ils feraient pousser ces troupes afin de reconnaître de dessus cette hauteur la plaine de Mons et savoir si l'armée ennemie arrivait en forces. C'était un coup d'état. Ils écoutaient les propositions bizarres qu'on leur faisait d'envoyer des partis tourner par les bois de la droite ou de la gauche. Je dis mon avis, comme les autres, qui était de présenter un même front de troupes aux ennemis et, pendant une feinte d'attaque, de faire glisser une vingtaine d'officiers par les intervalles, lesquels tâcheraient de gagner la hauteur. Pourvu qu'il en revînt un ou deux, cela suffisait; mais l'on demeura dans l'irrésolution, craignant toujours que le village ne fût occupé par de l'infanterie. L'on a su depuis qu'il n'y en avait point et même qu'il

(1) Vol. 2258. A. H. En qualité de capitaine de dragons au régiment de Belle-Isle, M. des Bournays avait pris part l'année précédente au siège de Lille. Il devait à cette circonstance d'avoir été remarqué par le maréchal de Boufflers qui le prit en amitié, lui procura un bâton d'exempt dans sa compagnie des gardes du corps, et l'attacha comme aide de camp à sa personne en 1709. Brigadier en 1734, gouverneur de Bitche en 1737, M. des Bournays mourut à Nancy le 7 mai 1740.

(2) Le destinataire de cette Relation n'est pas indiqué. Elle se trouve, comme nous l'avons dit à l'Introduction, au milieu de lettres pour la plupart adressées au duc du Maine.

n'y avait qu'une partie de l'armée qui eût passé la Haine (1), laquelle aurait été entièrement défaite si l'on avait su prendre un parti.

Le jour de l'affaire, je fus présent à l'attaque que soutint Piémont. Outre la valeur ordinaire de ce régiment, il eut une circonstance heureuse : c'est que, la colonne des ennemis n'ayant que le front de deux bataillons, presque tout le troisième de Piémont se trouva libre, et, profitant d'un petit flanc capable de contenir dix ou douze fusiliers de front, il fit un feu continuel qui causa la perte considérable que firent les ennemis. Il faut cependant dire à l'honneur des deux bataillons attaqués qu'ils soutinrent avec une telle valeur que souvent les officiers, pendant le fort de l'attaque, étaient occupés du soin de retenir leurs soldats qui voulaient franchir la ligne pour entrer dans les ennemis. J'ai vu bien des actions, mais je n'ai vu nulle part, en un si petit espace, un nombre si considérable de morts. Ils étaient, du front de la colonne jusqu'à la portée du fusil, entassés jusqu'à deux et trois l'un sur l'autre et, pendant l'attaque, les blessés qui se retiraient formaient comme une procession, ce qui fit croire que la colonne fuyait bien longtemps avant qu'elle prît ce parti.

Après l'attaque du régiment de La Marck, qui fut enfoncé mais secouru par celui de Navarre qui culbuta la colonne des ennemis, reprit les drapeaux que La Marck avait perdus et plusieurs de ceux des ennemis dont ils firent un carnage horrible, M. de La Frézelière, et je crois M. de Ceberet (2), vinrent trouver le maréchal de Boufflers pour lui dire que toute leur infanterie était sortie d'elle-même de leurs retranchements, et demandait à marcher aux ennemis, savoir s'il le

---

(1) Les armées d'Eugène et de Marlborough, distantes l'une de l'autre d'environ deux lieues, étaient en réalité établies sur la rive gauche de la Haine, la première à l'Ouest de Mons, près de Quaregnon, la seconde au Sud de cette ville, près de Quévy-le-Petit.

(2) Ceberet (Claude, marquis de). Garde-marine en 1687, mousquetaire en 1690, capitaine au régiment de dragons de Tessé en 1692, grièvement blessé l'année suivante à la Marsaille, il obtint en 1697 le régiment de Ponthieu et se distingua à sa tête, à maintes reprises, en Italie. Brigadier le 21 septembre 1706, il se démit du régiment de Ponthieu pour celui de Perche et continua à servir avec succès en Flandre jusqu'en 1712. Maréchal de camp en 1718, lieutenant général en 1731, gouverneur d'Aire en 1737, M. de Ceberet commanda utilement sur notre frontière des Pays-Bas pendant la guerre de la Succession d'Autriche, obtint le gouvernement d'Ypres en 1744, puis, à la paix de 1748, fut rétabli dans son gouvernement d'Aire où il mourut le 25 avril 1756.

voulait permettre et les faire soutenir de la Maison du Roi et d'autre cavalerie. Le Maréchal, par considération pour le maréchal de Villars, ne voulut rien décider. Il y avait cependant lieu de croire que les ennemis, étonnés des deux attaques où ils venaient d'être repoussés, paraissant fort en désordre, auraient eu de la peine à soutenir l'effort de ces troupes victorieuses qui auraient pris leur gauche en flanc.

La brigade de Picardie et celle d'Alsace furent attaquées. Lannoy ayant plié et Picardie s'étant retiré, les ennemis parurent derrière un flanc d'Alsace, ce qui le mit un peu en désordre et l'obligea de perdre son terrain. Je n'étais point à cette première attaque. Ainsi je ne la rends que sur ce que j'en ai ouï dire. Le maréchal de Boufflers se porta à la tête de Picardie, fit plusieurs tentatives pour le remener au combat mais inutilement. Dans l'intervalle, je proposai à M. le maréchal de Boufflers de faire attaquer les ennemis en flanc par des troupes fraîches. J'avais aperçu une ouverture aux terres qui étaient relevées le long du bois. M. le Maréchal balança, mais M. de Gassion le détermina. J'avais proposé pour cette attaque trois régiments de dragons qui étaient pied à terre derrière la Maison du Roi. J'allai les chercher, mais le maréchal de Villars les avait fait passer à la gauche ; un aide-major du régiment Royal, qui était présent lorsque je proposai cette attaque, partit en même temps que moi et fut prendre son régiment qui n'avait de son retranchement que la trouée à traverser pour arriver à cette ouverture. En revenant, je les vis qui y marchaient, mais sans ordre. Je piquai à leur tête pour les arrêter jusqu'à ce qu'ils fussent assemblés ; après quoi ils firent leur charge, culbutèrent les ennemis et reprirent le poste que Picardie avait perdu, ce qui fit naître une dispute. Ce régiment-ci redemanda son poste, l'autre lui refusa ; cela vint devant M. le Maréchal qui voulut me charger d'aller le faire rendre de sa part, mais je le priai de m'en dispenser.

Quand M. le maréchal de Villars fut blessé, on vint avertir le maréchal de Boufflers qui se mit en chemin pour passer à la gauche. Étant sur la hauteur, on lui fit remarquer que le centre était dégarni, dont on avait tiré la brigade de Champagne. Sans doute que tous les dragons et une brigade d'infanterie que le maréchal de Villars avait envoyé chercher de la droite étaient pour les remplacer, mais ne sachant point à quoi on les destinait, l'infanterie resta dans un chemin creux et les dragons derrière les lignes de cavalerie où on ne les voyait point, ce qui fut cause que M. le Maréchal m'ordonna d'aller faire longer (1) les Gardes suisses par leur gauche pour occuper ce terrain et tâcher d'ôter à l'ennemi la connaissance qu'il fut dégarni. En revenant, je repré-

(1) Allonger.

sentai qu'ils occupaient un trop grand front pour être en état de soutenir une attaque.

On renvoya M. de Visé, aide-major des Gardes françaises, pour les faire rentrer dans leur poste. Dans ce temps-là, une colonne sortit du bois et marcha au régiment des Gardes françaises (l'on dit qu'ils venaient de s'ébranler aussi bien que les Gardes suisses). Le Maréchal s'arrêta pour en voir l'effet. Voyant flotter les drapeaux et les têtes des bataillons des Gardes françaises, étant jeune et vif, je ne pus m'empêcher de dire : « Cela va fuir ». Le Maréchal se retourna de mon côté avec colère, me disant : « Monsieur, quel discours ! » mais, dans ce moment même, l'effet justifia le pronostic. Après une décharge sans ordres et de trop loin, ce régiment se retira avec désordre et vint se jeter dans les jambes des chevaux des gardes du corps, qui, pour leur fermer le passage, s'étaient avancés et serrés, mauvaise manœuvre qui acheva d'y mettre la terreur. Un garde brutal même blessa un des principaux officiers. On tenta inutilement de les rallier. Dans ce temps-là, M. le prince Eugène, qui s'était aperçu du centre dégarni, en fit occuper les retranchements à revers par de l'infanterie, et y ayant fait faire une grande ouverture, fit avancer sa cavalerie. Il était alors une heure et un quart. La Maison du Roi avait à sa gauche un chemin fort creux qu'il leur fallut passer en colonne renversée pour aller attaquer la cavalerie ennemie. Ils ne laissèrent pas de la culbuter jusque sur sa ligne, où l'infanterie que M. le prince Eugène y avait mise les reçut. Ils perdirent considérablement, de même que toute la première ligne et une partie de la seconde. Après s'être ralliés, ils firent encore deux charges avec le même succès, mais la cavalerie ennemie grossissant toujours, celle de nos dernières lignes ne soutenant point (car la cavalerie était sur sept lignes), ils furent obligés de se rallier fort loin.

Cependant celle des ennemis, avançant par un mouvement lent et serré, gagnait du terrain sans faire aucune charge. J'ai ouï dire que, pendant les charges de cavalerie, notre infanterie en fit encore une (1) et même regagna une partie du terrain qu'avaient perdu les Gardes françaises. Cependant la cavalerie ennemie, faisant une ligne convexe sans intervalles, avançait toujours peu à peu. Elle détacha par caracoles quelques escadrons de sa gauche qui paraissaient vouloir se présenter à la queue de notre infanterie. Je le fis remarquer à M. le Maréchal et

(1) C'est la charge qu'exécuta le marquis d'Hautefort vers la fin de l'action, à la tête des brigades de Navarre et de Royal. Comme on l'a vu au *Récit de la bataille*, page 75, et dans la *Relation du marquis de La Frézelière*, page 203, Navarre parvint jusqu'au retranchement des gardes qu'il occupa quelques instants.

lui proposai de détacher trois ou quatre escadrons pour les prendre eux-mêmes en queue et les obliger à quitter leur dessein. J'eus ordre de le faire et m'adressai à M. de Villemeur (1), capitaine-colonel des grenadiers à cheval et à deux ou trois autres troupes, mais cela produisit un mauvais effet auquel je ne m'attendais pas. Toute la cavalerie, croyant que c'était une retraite par la droite, fit un mouvement pour suivre ces troupes et prêta le flanc aux ennemis qui n'étaient qu'à la petite portée du mousqueton. Je voulus les arrêter, mais dans ce temps-là, les ennemis s'étant ébranlés (sans cependant pousser en avant), tout fit volte-face. Le Maréchal fut emporté par le torrent dans un chemin creux. Comme j'étais monté sur un cheval très grand et très vigoureux, je donnai une saccade et renversant ce qui était à ma gauche, tenant la bride du cheval du Maréchal, je montai une petite rampe et le dégageai d'entre les fuyards, n'ayant que ce chemin creux entre les ennemis et lui. Il n'y eut qu'un colonel avec une trentaine de cavaliers de son régiment qui montèrent cette rampe. Les ennemis s'avancèrent toujours dans le même ordre jusqu'au bord du chemin.

La retraite de l'infanterie inquiétait beaucoup M. le Maréchal. Il m'ordonna de rester là jusqu'à ce que je pusse en avoir des nouvelles et leur indiquer par où ils devaient faire leur retraite. Il ordonna à ce

---

(1) Son frère, capitaine-lieutenant de la compagnie des grenadiers à cheval de la Maison du Roi, fut tué au combat de Leuze en 1691. Il le remplaça à la tête de cette troupe d'élite le 16 novembre de la même année.

François de Villemeur-Riotor, marquis de Villemeur, comptait déjà de brillants états de service qu'il a lui-même résumés dans une lettre adressée à Voysin après la bataille de Malplaquet, du camp de Ruesnes le 8 octobre 1709 :

*État des services de Villemeur, capitaine-lieutenant de la compagnie Grenadiers à cheval.*

Villemeur sert Sa Majesté depuis quarante-quatre années. Il en a été vingt-trois capitaine au régiment d'infanterie du Roi, dont dix-sept années à la tête d'une compagnie des grenadiers, dont Sa Majesté le tira il y a dix-huit ans pour lui donner le commandement de la compagnie des grenadiers à cheval où il a toujours servi avec toute l'application possible. (Vol. 2140. A. H.)

M. de Villemeur fut nommé lieutenant général le 8 mars 1718, se démit de la compagnie des grenadiers à cheval au mois de septembre 1730 et ne servit plus jusqu'à sa mort, survenue le 14 octobre 1735. Il était alors âgé de 90 ans.

colonel de se tenir à cinquante pas derrière moi avec sa petite troupe et fut rechercher sa cavalerie. J'étais seul avec un gendarme de la gendarmerie de bonne volonté (car le colonel de cavalerie ne trouva pas la commission de son goût) à la petite portée du pistolet de la cavalerie ennemie, n'ayant que ce chemin creux à passer pour venir à moi. Quelques cavaliers voulurent me tirer, mais les officiers les en empêchèrent, dont je les remerciai. Cela forma une conversation de politesse entre eux et moi (1). Dans ce temps-là, à la fin, quelques sergents blessés parurent au bord du bois, qui me dirent que l'infanterie se retirait en bon ordre, longeant la lisière en dedans. Je fus pour rechercher M. le Maréchal. Ayant tourné une hauteur, je trouvai quelques débris de la cavalerie et un lieutenant-colonel nommé le chevalier Despiés, homme d'un grand mérite, à la tête de 300 chevaux de piquet. J'avais reconnu qu'à l'extrémité du bois l'infanterie, pour passer le ruisseau de Taisnières, serait obligée de traverser un bout de plaine. Je proposai au chevalier Despiés, mon ami, de s'aller poster pour la couvrir et l'empêcher d'être insultée dans sa retraite par la cavalerie ennemie, ce qu'il accepta. M. le prince de Tingry (2), qui le trouva posté où nous étions convenus, l'approuva fort : on lui a donné l'honneur de cette manœuvre. Pour le pauvre chevalier Despiés qui fit une contenance ferme, qui empêcha la cavalerie ennemie d'insulter notre infanterie et qui eut un cheval tué sous lui, cela ne lui a rien produit non plus que toutes les autres actions qu'il a faites en sa vie, et une chose très particulière qui parle pour lui, c'est que son père et son frère furent tués au siège d'Ath en 1697, son grand-père lieutenant général tué à la déroute de Valenciennes, et cinq autres de ses ancêtres, de père en fils, tous tués officiers généraux (3).

---

(1) Ce trait chevaleresque peint les mœurs militaires d'une époque où la courtoisie était de règle dans les rapports des officiers des deux partis.

(2) C'est le chevalier de Luxembourg, plus tard prince de Tingry.

(3) La lettre suivante, conservée aux Archives administratives du ministère de la guerre (pensions et gratifications) semble se rapporter à ce chevalier Despiés que M. des Bournays a pu connaître au siège de Lille de 1708 et qui n'aurait encore été que capitaine réformé au régiment d'Orléans cavalerie, en 1721 :

« A *monseigneur Le Blanc, ministre de la guerre,*

« Monseigneur,

« Le chevalier Despiés, capitaine réformé au régiment d'Orléans cavalerie, sert depuis le siège de Lille, tant en qualité de cadet, trois ans,

Voilà ce que je puis vous dire de cette journée remarquable par un nombre des plus belles et des plus vilaines actions que la dernière guerre nous ait fournies. Je vous ai fait l'aveu de ma mauvaise mémoire. Ainsi vous me passerez de n'être point entré dans le détail des noms, des bois et trouées où les actions se sont passées. Personne n'y peut mieux suppléer que vous qui saurez donner un tour convenable au style de ce fragment.

J'ai l'honneur, etc.

Des Bournays.

---

cornette, lieutenant et capitaine depuis 1710, n'ayant chose au monde de chez lui, a perdu son père et son frère aîné au siège d'Ath, son grand-père tué au siège de Valenciennes, lieutenant général des armées du Roi à 37 ans, ayant deux régiments à lui et quatre compagnies d'armes. A sa mort, le Roi prit son régiment de cavalerie pour lui faire porter son nom de sorte que le régiment de cavalerie du Roi n'a jamais porté d'autre nom que celui du Roi et Despiés, dont il est encore dû 40,000 livres de billets de l'épargne sur la ville de Reims, que Louis XIV avait promis à ma mère et à M. le maréchal de Boufflers, de qui nous sommes parents, de nous faire payer. Mon grand-père avança cet argent pour quatre compagnies d'augmentation qu'il fallut faire subitement. Mon aïeul a été tué lieutenant général, à la tête de ce régiment-là, au siège d'Amiens, un autre au siège de Lyon. Enfin, nous ne connaissons personne de nous, depuis que nous sommes en France, qui soit mort dans son lit. Cela est connu de tout le monde, de père en fils. Mon aïeul a mangé, à la tête des armées du Roi, 60,000 livres de rentes de son bien, sans compter les revenus des gouvernements de Péronne, Montdidier et Ham, qu'il avait. Enfin, ils ne m'ont laissé pour tout bien que l'envie de suivre leurs traces, ce qui me fait espérer, Monseigneur, que vous voudrez bien avoir la bonté de me faire donner quelque secours pour, s'il plaît à Dieu, faire comme eux.

« 1er janvier 1721. »

Cette lettre porte en annotation : 600 livres de pension.

On trouve encore, aux Archives administratives, pour les années suivantes, plusieurs suppliques du chevalier Despiés, qualifié toujours de capitaine réformé au régiment d'Orléans. Le titre de lieutenant-colonel que lui donne M. des Bournays permettrait d'assigner au récit de ce dernier une date postérieure à 1730.

*Relation de la bataille de Malplaquet, adressée aux Etats Généraux par les députés hollandais de l'armée, du camp devant Mons, le 14 octobre* 1709. (1)

Les chefs de l'armée des Alliés, ne voulant pas borner les opérations de la campagne à la prise de la ville et citadelle de Tournai, prirent, avant que cette dernière ne fût rendue, les mesures nécessaires pour prévenir le maréchal de Villars aux lignes de Mons, et faire, après cela, le siège de cette place. Ce fut dans cette vue que, le 3e de septembre, jour que la capitulation de la dite citadelle fut conclue, on fit de la grande armée un détachement de 60 escadrons, sous Son Altesse le prince héréditaire de Hesse, et un autre du corps du siège, de 4,000 fantassins, sous le lieutenant général de Dedem. Ces deux détachements se mirent en marche la nuit du dit 3e et passèrent l'Escaut à Mortagne et à Antoing. Ils furent suivis la même nuit par les armées des deux Princes qui campèrent le lendemain au soir, 4e, à Braffe. On continua la marche le 5e et on campa à Erbisoeul et à Belœil.

Le prince de Hesse et le général de Dedem passèrent ce même jour la rivière de Haine et se présentèrent avec une partie du détachement devant les lignes, mais, voyant que la nuit approchait et qu'il y avait du monde dans les lignes, ils ne trouvèrent pas à propos de rien tenter ce soir, de sorte que le prince rejoignit son corps avec lequel il se remit en marche, le lendemain, pour attaquer l'ennemi ; mais le chevalier de Luxembourg croyant, avec le maréchal de Villars, que tout ce mouvement n'était qu'une feinte pour couvrir le véritable dessein de gagner les lignes de Lens, s'était retiré avec précipitation. On y entra donc sans aucune résistance ; trois régiments des ennemis, qu'on y avait laissés, se retirèrent dans la ville de Mons. Ce fut vers les 3 heures du matin que les Princes reçurent la nouvelle de ce bon succès, ce qui fit redoubler leur marche. On arriva vers le midi, avec la tête de l'armée, près de la rivière de la Haine. On la passa sur deux ponts. Vers les 7 heures du soir, l'armée de Milord Duc avait entièrement passé et campa entre la Haine et la Trouille. Le détachement du prince de Hesse demeura de l'autre côté de la Trouille pour empêcher que rien n'entrât dans la ville assez mal pourvue de monde, toute la garnison ne consistant qu'en neuf bataillons espagnols et bavarois, très faibles pour la plupart. Les armées restèrent le 7e jusques à midi dans leur camp ; ce fut vers ce temps-là qu'un détachement de hussards, envoyé pour recon-

(1) Lettres ordinaires de la campagne de 1709. Archives de la Haye.

naître, rapporta la nouvelle que le maréchal de Villars avait passé ce matin-là le ruisseau le Hogneau et qu'il marchait droit à nous. On en donna connaissance aux Princes qui quittèrent la table et firent mettre toute l'armée sous les armes. Une demi-heure après, elle se mit en marche pour passer la Trouille, et, avant la minuit, tout était passé. On ne laissa que quelques bataillons et escadrons de l'armée du prince Eugène pour tenir la ville bloquée et 2,000 hommes du détachement du lieutenant général de Dedem du côté de Jemappes contre la Haine pour la même fin. Le lendemain, le 8e, à la petite pointe du jour, tout se mit en marche et on se forma en ligne de bataille avec la droite près de Quaregnon contre la Haine, laissant Frameries derrière nous, et la gauche étendue vers le moulin de Sars qu'on laissait devant notre front. On fit avertir qu'au delà de Boussu on voyait paraître quelques escadrons. Le prince héréditaire, là-dessus, se mit à la tête de quelques escadrons, poussa et culbuta 400 chevaux des ennemis qui avaient passé quelques défilés. On prit prisonniers un colonel, quelques subalternes et une centaine de cavaliers. On vit de loin un grand nombre d'escadrons, mais comme il fallait passer plusieurs défilés et que le bois le couvrait et empêchait d'en distinguer le nombre, les Princes ne jugèrent pas à propos de plus rien tenter. On demeura donc encore quelques temps en bataille en attendant que le camp fût marqué.

Les Princes, considérant que le voisinage de l'armée des ennemis rendrait le siège de Mons très difficile, pour ne pas dire impossible, résolurent de reconnaître, le lendemain 9e, le camp des ennemis en passant auprès du moulin de Sars, par le chemin de Bavay, au travers de l'ouverture entre le bois de Lagnières et Sars, dans l'intention de les attaquer si le terrain le permettait. Ce fut dans cette vue qu'on commanda trente escadrons et 400 grenadiers sous le prince d'Auvergne qui devait se rendre, le dit 9d au matin, au moulin de Sars. Il se présenta à la pointe du même jour, 9e, quelques escadrons des ennemis à notre droite, ce qui fit soupçonner qu'ils pourraient avoir quelque dessein de ce côté-là, mais le Duc s'étant rendu lui-même à 8 heures auprès du moulin, on vint l'avertir qu'il se présentait dans la dite ouverture une demi-douzaine d'escadrons des ennemis. Sur quoi on fit marcher les escadrons du prince d'Auvergne pour les charger, mais, quand on vint à déboucher, on aperçut toute une ligne de cavalerie dont le nombre grossissait à tout moment. On vit en même temps avancer l'infanterie qui s'empara des bois des deux côtés de l'ouverture. Ce fut sur cette nouvelle que toute l'armée de Milord Duc se mit sous les armes. On la fit avancer en ligne de bataille vers le front du camp. Le prince de Savoie survint dans ces entrefaites ; jusqu'ici on était dans une grande incertitude du dessein des ennemis.

La plupart des généraux croyaient que leurs lignes, qui grossissaient de plus en plus, ne tendaient que pour couvrir la marche de l'armée vers la Longueville et Maubeuge pour y camper. D'autres étaient du sentiment qu'en conformité des avis et rapports des déserteurs, ils venaient pour nous attaquer. Après quelques moments de délibération les généraux résolurent de faire avancer l'armée de Milord Duc en bataille contre l'ouverture, soit pour recevoir ou attaquer l'ennemi selon l'occasion. Notre gauche marcha là-dessus vers le village d'Aulnois, et s'arrêta à un coup de mousquet près des ennemis, dont plusieurs escadrons et quelque infanterie avaient déjà passé l'ouverture, mais voyant venir les nôtres à eux en bataille, ils se retirèrent sur leur gros. A peine fut-on rangé qu'on fit avancer sept pièces d'artillerie au front, qui incommodèrent fort les ennemis. L'aile droite, plus éloignée, ne fut rangée que vers le soleil couchant en ligne de bataille.

L'armée du prince Eugène qui, dans l'incertitude du dessein des ennemis, n'avait pas encore bougé, reçut aussi ordre de se joindre à la droite de Milord Duc, mais les pluies et une nuit obscure furent la cause qu'elle ne nous joignit que le lendemain, le 10e (1). Les deux armées, la nôtre et celle des ennemis, demeurèrent dans cette situation toute la nuit. On s'était contenté de part et d'autre de se canonner assez vivement. On était jusque-là encore dans l'incertitude si l'ennemi nous attaquerait ou s'il se retirerait. Comme, de notre côté, on attendait le lendemain au soir un renfort de 21 bataillons de Tournai, on résolut de demeurer sur la défensive.

Un grand brouillard qui se leva le 10e, à la pointe du jour, et qui dura jusques à 8 heures, empêcha de reconnaître la situation des ennemis, mais s'étant dissipé, on vit qu'ils étaient occupés à se retrancher dans les deux bois, à leur droite et à leur gauche, et au front, entre les deux bois : une partie de leur artillerie était postée au front sur la hauteur qui commandait le terrain entre les deux armées ; le reste était posté à leur droite contre le bois et à leur gauche dans le coin du bois retranché.

Les Princes, jugeant par cette contenance des ennemis qu'ils n'avaient en vue que de nous rendre par cette situation avantageuse le siège plus difficile, sinon impossible, résolurent de les attaquer le lendemain à la pointe du jour. Ils reconnurent le terrain autant qu'il était possible et firent les dispositions nécessaires pour l'attaquer. Ces dispositions portaient qu'on se formerait une heure avant le jour et qu'on attaquerait

(1) Ces aveux des députés hollandais contiennent la preuve des immenses avantages qui s'offraient au maréchal de Villars s'il en était venu résolument aux prises, le 9 septembre, avec la seule armée de Marlborough.

aussitôt que le jour paraîtrait, savoir : l'armée du prince Eugène, avec une grande partie de l'aile droite de Milord Duc comme aussi le corps arrivé de Tournai, le bois à la gauche des ennemis, tant de front que par les flancs, et toute l'infanterie hollandaise de l'aile gauche de Milord Duc, au nombre de 30 bataillons, le bois et les retranchements à la droite de l'ennemi, l'artillerie anglaise et hollandaise devant être postée au front des attaques et sur la hauteur au centre. Les ordres étant distribués, on fit venir les tentes de l'armée pour faire reposer notre infanterie fatiguée par tant de marches consécutives.

Ce fut dans ce temps-là qu'on reçut avis que les ennemis avaient retiré les trois bataillons de Saint-Ghislain et n'y avaient laissé que 200 hommes détachés (1). On résolut là-dessus de faire attaquer cette place par le détachement sous M. de Dedem. Il l'exécuta heureusement, les ennemis s'étant rendus prisonniers de guerre dans le moment qu'on les allait attaquer.

Le lendemain, 11e, il se leva de nouveau un grand brouillard. Il nous favorisa beaucoup pour pointer le canon et ranger l'armée en bataille, la droite sur trois lignes, la gauche sur deux, et dans le centre il n'y en avait qu'une seule. Toute la cavalerie était postée derrière l'infanterie avec ordre de la soutenir et d'entrer par les ouvertures qu'elle ferait dans les retranchements. On n'était pas encore formé lorsque le brouillard se dissipa ; l'artillerie de part et d'autre commença à tirer d'une terrible manière ; la nôtre surtout éclaircissait extrêmement les rangs des escadrons ennemis. Ce fut vers les 8 heures que les trois

(1) Il y avait dans Saint-Ghislain les deux régiments espagnols (à un seul bataillon) du marquis de Wasme et du comte d'Hamel. Villars les avait fait renforcer, le 8 septembre, par un bataillon de Santerre, et y avait envoyé M. de Bussy, brigadier, pour prendre le commandement de la place. Le lendemain, à 9 heures du matin, M. de Bussy reçut une lettre du Maréchal ainsi conçue : « J'ai fait réflexion qu'en nous éloignant de vous, c'est trop de laisser trois bataillons dans Saint-Ghislain ; ainsi, je vous prie d'y laisser seulement 200 hommes avec un officier qui y commande et de vous retirer cette nuit avec les troupes qui sont dans le dit Saint-Ghislain et de les mener à Condé où vous resterez, et observez s'il vous plaît qu'il ne sorte personne de la garnison qui y restera, qui puisse avertir l'ennemi que l'on a retiré les troupes. Je suis, etc. ». En conformité des ordres de Villars, M. de Bussy quitta Saint-Ghislain dans la nuit du 9 au 10 septembre, ne laissant dans cette ville que 200 hommes commandés par le lieutenant-colonel du régiment d'Hamel. Lettre de M. de Griffeuille (lieutenant de Roi à Saint-Ghislain) à Voysin, à Condé, ce 10 septembre 1709. Vol. 2160. A. H.

lignes du corps arrivé de Tournai, de l'armée du prince de Savoie et de la droite de Milord Duc s'avancèrent jusques au bois retranché par les ennemis. On peut dire que le feu était terrible, et, si l'attaque était vigoureuse, la défense ne l'était guère moins ; les ennemis disputèrent avec une vigueur et une opiniâtreté plus qu'ordinaires le terrain, mais enfin la présence des Princes, celui de Savoie étant blessé d'un coup de feu à la tête, et l'exemple de tous les généraux animèrent nos gens à un tel point que, l'ennemi ne pouvant plus résister, quoique retranché jusqu'aux dents, fut obligé de céder. Il ne fut pourtant pas si fort rebuté qu'il ne revint plusieurs fois attaquer, la baïonnette sur le fusil, nos troupes, et ce ne fut qu'après un combat de plus de quatre heures, sur la fin duquel le maréchal de Villars reçut un coup de mousquet au dessous du genou, qu'il fut forcé de quitter entièrement le bois et le retranchement qui y joignait sur la hauteur. Pendant ce rude choc, on ne demeura pas inutile à notre gauche où les 30 bataillons de l'infanterie hollandaise, sous le prince d'Orange et le général Fagel, attaquèrent 60 des ennemis postés derrière de très bons retranchements et un abatis de bois impénétrable avec tant de furie que non seulement ils les chassèrent du premier et du second retranchement, mais qu'ils passèrent au travers de la plaine, en poursuivant les ennemis, jusques au troisième retranchement sur la hauteur. C'est là qu'ils furent arrêtés par le feu des ennemis en front et dans les deux flancs. La valeur fut obligée de céder au nombre et nos gens, après une résistance des plus opiniâtres qu'il y eut jamais, furent obligés de quitter les retranchements des ennemis. La perte fut considérable, mais, ce nonobstant, les débris se formèrent de nouveau sous le feu du mousquet et firent si bonne contenance que les ennemis n'osèrent jamais sortir de leur retranchement pour profiter de l'avantage que la force de ces retranchements et la grande supériorité du nombre leur avaient fait remporter sur la valeur de nos gens. De notre côté, on se contentait de maintenir le terrain qu'on avait occupé avant le combat, et on fit aux ennemis tout le mal imaginable par notre artillerie qu'ils n'avaient pu emporter quoiqu'elle ne fût postée qu'à 200 pas de leur retranchement. Des rangs entiers de leur cavalerie furent emportés.

C'était environ une heure après-midi qu'on s'aperçut que l'ennemi, voyant son infanterie de la gauche défaite, commença à se battre en retraite. Notre infanterie de la gauche s'en apercevant ne peut être contenue par les chefs et elle attaqua de nouveau les retranchements des ennemis, emporta le premier, gagna des drapeaux ; mais étant trop faible, après les pertes faites, pour tenir contre leur trop grande supériorité, elle fut obligée de céder au nombre et de se retirer dans son premier poste. Notre infanterie de la droite serrait cependant les ennemis de près, et celle du front, s'étant avancée contre le retranchement, favorisa par le feu notre cavalerie à se former sur la plaine. On n'en vint pourtant à bout qu'après bien des difficultés. L'ennemi, particulièrement la Maison du Roi, ayant un plus grand front que les nôtres, firent de très braves et très rudes charges. On se rompit réciproquement à diverses reprises, mais enfin l'ennemi, trouvant le feu de l'infanterie dans son chemin, songea sérieusement à la retraite ; il faut lui rendre la justice qu'il l'a fit assez fièrement. On le poursuivit jusqu'au fond du village de Taisnières. Ce fut là qu'on s'arrêta, les Princes ne jugeant pas à propos de pousser plus loin. 16 pièces de canon et plus de 50 drapeaux et étendards pris sur les ennemis et plus de 1000 blessés trouvés à Bavay et sur le champ de bataille, où notre armée resta la nuit, sont des preuves convaincantes de la plus signalée et en même temps de la plus sanglante victoire qui s'est remportée depuis un siècle. La consolation que l'ennemi trouve dans sa défaite est qu'il croit notre perte plus grande que la sienne et que son infanterie a tenu contre la nôtre plus longtemps que de coutume. Pour le premier point, il est difficile de le décider, les listes n'étant pas faites ; mais pour le second, si l'on considère la force des retranchements et le nombre des troupes qui surpassait plutôt le nôtre qu'il ne l'égalait, beaucoup des nôtres étant restés auprès du gros et petit bagages et tentes, il ne trouvera pas de grandes raisons pour se flatter que son infanterie osera tenir dans une plaine contre la nôtre. On reçut le lendemain la nouvelle, par un très grand nombre de déserteurs, que les ennemis s'étaient retirés, pendant la nuit, derrière le Quesnoy.

Les généraux, là-dessus, prirent la résolution de poursuivre leur principal dessein, étant celui qui les avait fait résoudre à la bataille, à savoir le siège de Mons. On ramassa donc tous nos blessés et ceux des ennemis, et on rentra dans le vieux camp en attendant l'artillerie pour former le siège. Voilà un récit fidèle de cette mémorable bataille.

Si les ennemis paraissent contents de leurs généraux, de leurs officiers et soldats, après une bataille perdue, que de justes raisons pour les Alliés d'admirer et élever au ciel la sage conduite, la fermeté et le sang-froid des généraux en chef, ainsi que le courage et la bravoure de tous les autres généraux, officiers et soldats ! Les actions des uns et des autres sont en vérité au dessus de ce qu'on peut dire pour les louer. Il en faut pourtant rendre grâces uniquement au Tout-Puissant, qui s'est servi de leur valeur pour nous faire remporter une victoire dont il n'y a guère d'exemple dans l'histoire.

*Le quartier-maître général Dopff* (1) *à Heinsius* (2).

Monsieur,

Je me donne l'honneur de vous féliciter avec la grande victoire que Dieu nous vient de donner. L'action a commencé ce matin à 8 heures et fini environ les 2 heures. Les ennemis ont eu à plusieurs endroits et surtout devant notre gauche trois retranchements, un derrière l'autre, et le quatrième commencé. Le combat a été fort opiniâtre de part et d'autre, l'infanterie de l'État a le plus souffert, et, sans la fermeté et bonne contenance de notre cavalerie qui a été depuis le commencement jusqu'à la fin sous le canon des ennemis, Dieu sait si la bataille aurait été gagnée. De part et d'autre, il y a eu de braves gens tués et blessés. De notre côté Oxentiern, colonel Dilberding, Hebron, Swintham, tués; Spaar, Colyar, Baudits et le colonel Volckenhoven et plusieurs autres, qui ont été éloignés de moi, tués et blessés, dont je ne suis pas informé. Voilà, Monsieur, tout ce que je vous puis dire en hâte, me recommandant toujours à l'honneur de vos sentiments, étant avec respect, Monsieur,

Votre très humble et très obéissant serviteur,

DOPFF.

Au camp (3) de bataille ce 11 septembre 1709, le soir.

---

(1) Dopff remplit les fonctions de quartier-maître général dans l'armée hollandaise pendant toute la durée de la guerre de la Succession d'Espagne. Goslinga, dans ses *Mémoires*, page 11, en a tracé le portrait suivant : « Homme de rien par rapport à sa naissance, il avait suivi, si je ne me trompe, le prince de Waldeck en qualité d'homme de chambre. Petit à petit, il était monté, par la faveur de ce prince, à ce poste honorable sous le roi Guillaume. C'était un petit homme pour le corps et pour l'esprit : son courage était très équivoque, pour ne rien dire de plus fort. Il n'avait pas de fermeté, toujours irrésolu, évitant soigneusement de dire son sentiment et craignant en être responsable. Il avait acquis au reste une connaissance exacte et parfaite du pays et terrain où, sous le roi Guillaume, on avait fait la guerre : il savait de plus parfaitement le petit détail d'une disposition de marche, d'un fourrage, d'un convoi, et de ce qu'il fallait pour la subsistance d'une armée ; et c'est sans doute ce qui lui avait procuré la faveur de ce grand Roi, qui connaissait au reste mieux que personne les talents de chacun des gens qui servaient sous lui ».

(2) Papiers d'Heinsius, Archives de la Haye.

(3) *Sic.*

*Le lieutenant général baron de Fagel* (1) *à Heinsius* (2).

Au camp de Grand Quévy le 12 de septembre 1709.

Monsieur,

J'ai l'honneur de vous féliciter sur la complète victoire que les armes des Alliés, composant cette armée, ont emportée hier sur les ennemis à quoi je prends la liberté d'ajouter que j'ai eu l'honneur de suivre aujourd'hui les princes de Savoie et de Marlborough, en visitant le champ de bataille, et que tout le monde a été étonné, voyant la fermeté des troupes de leurs Hautes Puissances, par les corps morts par terre en rangs et files, sur, dedans et devant les retranchements où ils ont attaqué, ce que je crois qui mérite l'attention de l'État. Je suis cependant avec beaucoup de zèle et de respect, Monsieur, etc.

Il n'y a eu général d'infanterie de l'État dans cette affaire ou bien ceux qui leur ont suivi qu'ils n'ont été touchés, ou bien leurs chevaux, de balles de la mousqueterie. Pour moi, grâce à Dieu, je suis été quitte avec une contusion.

Votre très humble et très obéissant serviteur,

Baron de Fagel.

---

(1) Fagel (François-Nicolas baron de). Fils du bourgmestre de Nimègue, né dans cette ville en 1645, il se signala comme enseigne à la défense de Maëstricht en 1673, sous les yeux du comte de Waldeck, qui lui procura une commission de capitaine. En 1679, Guillaume III lui donna un régiment. Fagel se distingua comme brigadier à Fleurus en 1690 et à la défense de Mons en 1691. Général-major puis lieutenant général, il combattit à Nimègue et à Eckeren. En 1704 et en 1705 il commanda avec succès les troupes anglaises et hollandaises en Portugal et en Espagne. Dé retour aux Pays-Bas, il prit part à la bataille de Ramillies et à celle de Malplaquet, conduisit une des attaques aux sièges de Tournai, de Béthune et de Bouchain, et dirigea seul le siège du Quesnoy en juin 1712. Gouverneur de l'Écluse après la paix d'Utrecht, il y mourut le 23 février 1718. *Dictionnaire biographique de Van der Aa.*

(2) Papiers d'Heinsius, Archives de la Haye.

*Le comte d'Albemarle* (1) *à Heinsius* (2).

Au camp de Bognies (3) ce 12e de septembre 1709.

Le général-major Grovestein aura eu l'honneur de vous faire le détail de notre grande et heureuse journée d'hier. Je l'ai prié de vous assurer de mes respects, n'ayant alors ni papier ni encre pour vous pouvoir écrire. Il n'est pas possible que l'on puisse acquérir plus de gloire que celle que nos troupes ont acquise, mais j'avoue que la chose nous coûte cher, car notre pauvre infanterie hollandaise est presque toute taillée en pièces. L'attaque a été furieuse. Les ennemis avaient un terrain fort avantageux et, outre cela, jusqu'à trois retranchements les uns derrière les autres, et, malgré tout cela, la valeur et l'intrépidité de nos troupes a battu les ennemis à plate couture, mais nos pauvres troupes ont terriblement souffert. La cavalerie hollandaise a fait la plus belle contenance du monde. Ceux qui n'ont point chargé ont soutenu l'infanterie avec une fermeté admirable et toujours sous le feu des retranchements ennemis où ils ont aussi beaucoup souffert du canon. Nous n'avons point perdu de nos généraux de cavalerie, mais de l'infanterie nous avons perdu le comte d'Oxenstiern, Sparre, Wecke, Heyden, Els et Keppel, blessés. Je crains aussi que le premier en mourra. La plus grande partie des officiers de l'infanterie ont été tués et blessés et plu-

(1) C'était un Hollandais, Arnold-Joost van Keppel. Guillaume d'Orange, dont il avait été page, l'avait fait comte d'Albemarle, commandant de la première compagnie de ses gardes du corps et chevalier de l'Ordre de la Jarretière. Après la mort de Guillaume III, Albemarle trouva dans Heinsius un protecteur généreux. Il dut à ses services et à l'appui du grand pensionnaire d'être nommé général de la cavalerie et des Suisses à la solde de la Hollande. Gouverneur de Tournai en 1709, Albemarle prit une part active aux dernières campagnes de la guerre de la Succession d'Espagne. Vaincu et fait prisonnier à Denain, le 24 juillet 1712, il parvint non sans peine à se disculper des accusations dont il fut alors l'objet en Hollande, grâce à l'appui du grand pensionnaire et à l'intervention du prince Eugène qui rendit entière justice à sa belle quoique malheureuse conduite à Denain. Albemarle mourut à la Haye le 30 mai 1718. — Voir à son sujet *La Manœuvre de Denain*, page 273 et suivantes.

(2) Papiers d'Heinsius, Archives de la Haye.

(3) Peut-être Blaregnies ou Blaugies.

sieurs de la cavalerie. J'espère que l'État aura soin de faire récompenser les autres officiers qui sont restés en leur donnant les charges selon leur mérite, car ils sont bien mérités. Nous avons été ce matin avec nos chefs pour visiter le terrain du champ de bataille. On n'a jamais vu dans aucune action tant de morts. Dieu soit loué que nous avons emporté la victoire. Je vous en félicite de toute mon âme. J'espère que cela nous donnera telle paix que nous pouvons désirer. Nous avons fait un mouvement aujourd'hui pour nous approcher de Mons. Je crois que dans deux fois vingt-quatre heures nous pourrons faire la disposition pour l'attaque de cette place. Je suis et serai toute ma vie avec un attachement inviolable, Monsieur,

Votre très humble et très obéissant serviteur,

ALBEMARLE.

Nos bataillons suisses au nombre de sept, qui ont été à l'action, ont beaucoup souffert. Je crois qu'il ne faut pas perdre du temps à remplacer les charges. Les colonels me nommeront des bons sujets et je les admettrai. J'espère que l'État l'approuvera.



---

# TABLE DES MATIÈRES



## PREMIÈRE PARTIE

### Résumé de la campagne de 1709.



## DEUXIÈME PARTIE

### Notices sur les correspondants du duc du Maine.

## TROISIÈME PARTIE

### Lettres et relations adressées au duc du Maine.



## APPENDICE

# TABLE DES PLANCHES

PARIS. — IMPRIMERIE R. CHAPELOT ET C^e, RUE CHRISTINE, 2.

www.ingramcontent.com/pod-product-compliance
Ingram Content Group UK Ltd.
Pitfield, Milton Keynes, MK11 3LW, UK
UKHW022052260726
13993UKWH00001B/68

9 782019 922191